Prophète en son pays

Du même auteur

Enfant de Bohême, Gallimard, 2022.

Le Prophète et la Pandémie. Du Moyen-Orient au jihadisme d'atmosphère, Gallimard, 2021.

Sortir du chaos. Les crises en Méditerranée et au Moyen-Orient, Gallimard, 2018.

La Fracture, Gallimard/France Culture, 2016.

Terreur dans l'Hexagone. Genèse du djihad français, avec Antoine Jardin, Gallimard, 2015.

Passion en Kabylie, Gallimard, 2014.

Passion française. La voix des cités, Gallimard, 2014.

Passion arabe, Gallimard, 2013.

Quatre-vingt-treize, Gallimard, 2012.

Banlieue de la République. Société, politique et religion à Clichy-sous-Bois et Montfermeil, Gallimard, 2012.

Terreur et martyre. Relever le défi de civilisation, Flammarion, 2008.

Fitna. Guerre au cœur de l'islam, Gallimard, 2004.

Chronique d'une guerre d'Orient, Gallimard, 2002.

Jihad. Expansion et déclin de l'islamisme, Gallimard, 2000.

À l'ouest d'Allah, Seuil, 1994.

La Revanche de Dieu. Chrétiens, juifs et musulmans à la reconquête du monde, Seuil, 1991.

Les Banlieues de l'islam. Naissance d'une religion en France, Seuil, 1987.

Le Prophète et Pharaon. Les mouvements islamistes dans l'Égypte contemporaine, La Découverte, 1984.

Gilles Kepel

Prophète en son pays

Éditions de
L'Observatoire

ISBN : 979-10-329-2879-0
Dépôt légal : 2023, septembre
5e tirage : 2023, novembre

170 *bis*, boulevard du Montparnasse, 75014 Paris

« *Nemo propheta in patria.* »
Parole d'Évangile

I

L'assassinat de Sadate

Septembre 1980. Je vogue en direction d'Alexandrie, à bord d'un ferry italien qui a appareillé à Venise. Je vais rejoindre le poste de doctorant qui m'attend au Caire pour ma thèse sur les mouvements islamistes. J'ai 25 ans, et j'inaugure ma vocation - j'ai plongé dans l'inconnu comme s'élance dans l'azur insondable le navire. Je sympathise sur le pont avec un jeune instituteur affecté à l'école française d'Alexandrie. Je l'envie : son existence est tracée. Pourquoi ai-je précipité ma vie dans les aléas de cette fuite en Égypte ? Je songe à reculer. Le bleu où se fondent la mer et le ciel m'angoisse. Pourtant, il n'y a pas de retour possible - le bateau est parti. Enfin la ligne étale que dessine la côte sableuse à l'horizon, scandée par les hautes cheminées de la cimenterie du Mex, me rassérène. Nous nous perdons de vue à la douane avec mon compagnon de navigation, pour nous retrouver trente-six ans plus tard : il recouvrera ma trace en apprenant ma condamnation à mort prononcée par un jihadiste de Daesh et me rendra visite à Paris depuis les Charentes, où il coule sa paisible retraite, m'apportant un sachet de berlingots salés, spécialité du cru.

J'aimais l'odeur de l'Égypte – j'y avais déjà séjourné à quatre reprises, la première fois en 1974, voyageur estudiantin muni d'un mince baluchon lesté d'un volume de la *Correspondance* de Flaubert parmi mon linge – : le parfum des goyaves dans le train omnibus des nuits sans électricité de la haute vallée où montaient en marche les paysans enturbannés portant sur la tête les cagettes de fruits mûrs. Mais aussi cette senteur indescriptible de la poussière de sable, où se mêlaient le baume des pharaons momifiés, l'antimite des pensions bon marché, la fragrance du Nil charriant ses îles flottantes, l'essence brûlée des taxis antédiluviens. J'en adorais le dialecte musical et vocalique, cataracte infinie de mots d'esprit tourbillonnants qui allègent la pesanteur de la vie.

Après avoir donné son bakchich au transitaire qui me permit de sortir du port ma petite voiture balafrée d'éraflures dans la cale, je déjeunai à Alexandrie, avenue Fouad, chez la mère d'une amie cinéaste, Asma El Bakri, dans son immense appartement presque vidé de meubles vendus les uns après les autres pour payer les factures. Henriette Sakakini, dite Mouette, était l'héritière d'une dynastie déchue, ruinée par le socialisme et les nationalisations, des entrepreneurs syriens chrétiens jadis si cossus qu'un quartier du Caire porte encore leur nom. Septuagénaire alerte et francophone, elle fut répudiée dans un passé lointain par un pacha musulman qui lui avait laissé Asma et son frère cadet Seif el islam (l'« épée de l'islam ») – il s'appellerait Lionel en s'engageant à Orange dans la Légion étrangère. Mouette vivait avec sa dame de compagnie, la nonagénaire Mlle Koutouzov, descendante du maréchal russe qui vainquit Napoléon, et que la révolution bolchevique avait fait échouer jeune fille dans la cité de Cléopâtre. Elle y trouva un emploi ancillaire et pérenne auprès de cette famille de la bonne société dont elle accompagna la chute un demi-siècle après celle de sa propre lignée. J'avais rencontré Asma lors de mon deuxième séjour égyptien, en 1975, quand je balbutiais quelques mots d'arabe littéral appris à l'université de Paris Censier (où Michel Houellebecq situerait quarante ans plus tard son roman *Soumission*). Elle était l'amie d'un ami d'ami avec qui je voyageais, et ce dernier nous avait donné son numéro de téléphone. Je l'appelai pour faire connaissance, utilisant maladroitement cette langue écrite artificielle dont personne n'use spontanément en Égypte, où prévaut le dialecte - à la stupéfaction de mon interlocutrice. Lui ayant demandé dans cet idiome si elle parlait français, je m'entendis répondre dans un parfait langage de charretier : « Évidemment que j'cause français, connard, qu'est-ce que t'as à m'faire chier ? »

Revenue de sa méprise - elle m'avait pris pour un plaisantin qui se moquait d'elle, comme si un personnage mystérieux au bout du fil s'adressait à vous avec les mots du *Roman de la Rose* mêlés de latin d'Église -, elle nous invita obligeamment à la plage. Elle conduisait à tombeau ouvert, abreuvant d'injures fleuries en vernaculaire égyptien les automobilistes téméraires qui lui faisaient obstacle. Je découvris Agamy, l'estivage d'Alexandrie, alors bourgade de « chalets » coquets entourés de jardins sur le sable, une sorte de Deauville transplantée en Méditerranée. Je trouvai là le Hollywood du Nil : le réalisateur Youssef Chahine,

Rafik al-Sebban, un fameux critique cinématographique d'origine libanaise, quelques femmes fatales et une nuée de garçons - le maître et ses proches étant notoirement homosexuels (le terme « gay » n'était pas encore usité), dans une longue tradition locale dont le poète Constantin Cavafy avait été le chantre. L'arrivée en trombe d'Asma flanquée de deux jeunes Français inconnus créa la sensation, et un certain malentendu. Elle fut moquée gentiment du surnom de Messaline, et mon camarade et moi subîmes divers attouchements au prétexte de nous protéger des dangers de la baignade... Le soir, elle nous mena dîner chez Zéphyrion, un restaurant d'Aboukir, nous régalant d'oursins qu'elle paya d'une barrette de haschich tirée de son ceinturon de cuir...

Cette Égypte de la dolce vita a disparu. Agamy est devenu une banlieue de béton noyée dans les embouteillages, et les rares femmes qui osent encore le maillot de bain se sont regroupées dans un club privé entouré de barbelés et de gardes armés. La plage publique est le domaine des Belphégors voilées de noir de pied en cap qui se baignent tout habillées au milieu d'hommes barbus et de jeunes gens hâves, dans une mer polluée où flottent flacons et sacs en plastique parmi les rejets d'égouts et les étrons. Chahine, saltimbanque brouillon et génial, décédé octogénaire en 2008, n'a pas eu de successeur à sa mesure. Asma s'est éteinte en 2015, atteinte de la maladie d'Alzheimer, dans son pays, qu'elle ne reconnaissait plus.

En roulant en septembre 1980 vers Le Caire, après le déjeuner frugal chez Mouette, par la « route désertique », moins fréquentée en ces années-là que la « route agricole » qui traverse le delta du Nil, rendue dangereuse par les troupeaux de *gamoussa* (bufflonnes), les camions sans lumières aux pneus lisses et les taxis collectifs surchargés, j'appréhendais obscurément ce que j'étais venu découvrir. L'émergence de ce que l'on n'appelait pas encore les « mouvements islamistes » allait bouleverser de fond en comble l'Égypte et toute la région, de même que – je m'en rendrai compte quelques années plus tard – l'Europe, à partir de ses banlieues populaires. L'explosion démographique et l'envolée des prix du pétrole, devenue une arme entre les mains des monarchies sunnites de la péninsule Arabique puis de leur rival iranien – Khomeyni avait conquis l'année précédente le pouvoir à Téhéran –, feraient plonger des sociétés délabrées et tétanisées dans le chaos d'une régression intellectuelle, où prévaudraient les mots d'ordre religieux. L'aboutissement monstrueux de ce processus culminerait dans le « califat » autoproclamé de Daesh entre 2014 et 2017, avec sa débauche de violence terroriste morbide complaisamment affichée sur les réseaux sociaux, et dont je n'imaginais nullement alors que je serais personnellement la cible, scellant de la sorte ma destinée d'orientaliste.

C'est dans la rétrospective de cette menace létale que je retrace ce que fut mon itinéraire : bien sûr, je ne pouvais pas avoir la prescience de ce fatum à l'âge de 25 ans. Je m'efforçais à l'optimisme régulièrement désillusionné mais toujours renouvelé, propre aux enthousiasmes de jeunesse. L'observation des phénomènes paradoxaux du monde musulman me servirait de boussole pour interpréter au fur et à mesure le chambardement des sociétés tout autour de la Méditerranée. Comme une bonne partie des étudiants de ma génération au Quartier latin, j'avais milité dans un groupuscule gauchiste dès le lycée. Durant la décennie qui suivait Mai 68, c'était la norme. Aujourd'hui, on a tendance à revoir avec sévérité les chimères et les outrances de cette période (même si les oukases délirants des décoloniaux et des woke nous font apparaître bien modérés en rétrospective). Sans doute cet engagement primitif joua-t-il pour moi le rôle d'un rite de passage adolescent et cosmique permettant l'émancipation du cocon familial et créant l'illusion d'entrer brusquement dans le grand branle du monde, de plain-pied. Avec d'autres anciens camarades appartenant à cette génération, j'en garderai des exigences morales, un souci de justice, que je déclinerai au contact de l'Orient pour forger une armature qui me serait propre, au seuil de mon âge d'homme. J'avais été un activiste passionné de l'organisation trotskiste de la Ligue communiste pendant mes classes de seconde et de première – je ne me souviens pas précisément pourquoi j'avais opté pour cette chapelle en particulier : probablement des affinités de cour de récréation au lycée Louis-le-Grand, la rencontre avec un aîné charismatique, le secrétaire de cellule Duccio Vitale, fils du directeur de la Maison d'Italie à la Cité universitaire internationale.

Je consacrais le plus clair de mon temps à rédiger, polycopier et diffuser des tracts dénonçant le capitalisme et la bourgeoisie et annonçant le grand soir messianique du socialisme, vendant à la criée l'hebdomadaire *Rouge* (dont le rédacteur en chef était le camarade Krasny [« rouge » en russe], pseudonyme d'Edwy Plenel, qu'on retrouvera plus loin). Je participais chaque semaine à la réunion de cellule dans une cave de la Maison d'Italie (je prétendais aller au cinéma quand m'interrogeait mon père, ancien secrétaire de la cellule Montparnasse du PCF, donc d'autant plus soupçonneux, et qui haïssait avec passion à l'âge mûr le marxisme de sa propre jeunesse). Mes bulletins scolaires s'en ressentirent drastiquement : j'avais à 15 ans quitté le sillon du bon élève, au désespoir de mes parents. En terminale, j'avais pourtant déjà cessé de militer, mais je restais marqué par la doxa gauchiste. C'est le cours de philosophie qui m'apprit à mettre petit à petit celle-ci à distance, découvrant l'exigence socratique de vérité contre les sophistes, puis, en classes préparatoires et à la Sorbonne, m'intéressant aux ressorts de la rhétorique. Je ne me rappelle plus quel hasard me fit alors rencontrer le néoplatonicien du IIIe siècle Plotin d'Assiout (cette ville de la Haute-Égypte se nommait à son époque Lycopolis – la « cité du loup ») – peut-être la curiosité liée à mon premier voyage en Orient, en 1974, compensant une khâgne ratée, sanctionnée par l'échec sans appel au concours d'entrée de l'École normale supérieure ? Puis la sympathie pour mon professeur de Sorbonne Pierre Thillet, qui avait jadis enseigné le français à Minia, en 1950 – quand cette lingua franca était encore universelle – avec Michel Butor (dont le *Passage de Milan* est faufilé d'allusions « retour d'Égypte ») ? Je ne suis plus en mesure de comprendre, avec l'effacement de la mémoire, comment s'est tissée la toile d'araignée de ces cheminements aléatoires. J'avançais, voilà tout, sans me poser autrement de questions.

Je consacrai un mémoire à ce maître hellénophone de l'école d'Alexandrie, montrant que son émanatisme (la théorie selon laquelle la vie procède de l'Un, puis de l'Être, puis de l'Âme) était la traduction idéelle de la crue féconde du Nil qui se déploie puis se rétracte au rythme des saisons - à la stupéfaction incrédule de mes enseignants en Sorbonne. Ma contribution à la philosophie en resta là. Mais cette incursion modeste qui reliait un système de pensée à un phénomène concret constituerait mon fil rouge lorsque j'aborderais l'étude de l'islamisme, à laquelle je me préparais non sans appréhension en septembre 1980, au volant de ma Renault d'entrée de gamme sur la route désertique vers Le Caire.

L'Égypte durant cette année ultime de la présidence de Sadate - il serait assassiné le 6 octobre 1981 par ceux-là mêmes que je venais observer - était un État policier dont les services de renseignement, les *moukhabarat*, surveillaient de près les étrangers et notamment les arabisants dans mon genre, soupçonnés *a priori* d'espionnage. L'accès direct aux universités - investies par des mouvements islamistes pour y briser les groupes gauchistes, à l'instigation du pouvoir qui croyait ainsi les manipuler et s'y brûlerait les doigts - m'était donc interdit. Impossible d' y mener quelque enquête que ce soit telle que définie et codifiée par les manuels de sociologie canoniques, sauf à risquer arrestation immédiate et expulsion du territoire dans la foulée. Comme couverture, je pris donc en charge la coopération française avec Assiout, nid d'islamistes radicaux, au prétexte de ma familiarité avec... Plotin, dont nul ne se souciait sur place ni même ne connaissait l'existence (sans parler de l'œuvre !). Et personne, parmi les universitaires expatriés, ne voulait s'aventurer au mitan de la vallée fertile, loin de toute présence occidentale et de ses aménités.

Ce fut mon premier « terrain » et je dois dire que, entre deux incursions sur le campus, dans la ville ou les villages voisins dont provenaient les étudiants, pour y observer de première main la montée en puissance des mouvements islamistes locaux, je tirais un plaisir intense et puisais mon inspiration à me poser en secret pour regarder le Nil surabondant sur les lieux précis d'où l'avait contemplé le philosophe de l'Antiquité tardive. Même si le haut barrage en avait désormais écrêté les crues, asséchant la source ubéreuse de la pensée plotinienne, je passais de longs moments seul, assis sur des chaises en plastique, sirotant une décoction de thé imbibé de sucre de canne, dans la modeste cafétéria des professeurs, établie sur la rive, à méditer au fil du courant irrésistible du fleuve descendu des montagnes d'Afrique le deuxième traité de la cinquième *Ennéade* : « L'Un est tout et rien n'est l'Un [...] il fut surabondant [*hyperplérès*], et sa surabondance a produit une autre chose... »

Les islamistes d'Assiout se montraient d'autant plus virulents que la proportion élevée de chrétiens indigènes (coptes), jamais convertis à l'islam des envahisseurs arabes, en moyenne Égypte, très actifs dans les professions libérales et jalousés d'autant, suscitait des tensions intercommunautaires aisément perceptibles. On vivait en 1980 dans la préhistoire de l'âge numérique, une quinzaine d'années avant les balbutiements d'internet, qui mettrait toutes les sources à portée de clic. Dans cette époque reculée, il fallait récupérer les tracts et affiches virulents des *gama'at islamiyya* (« associations islamistes ») sans être remarqué, traîner l'air de rien en consommant un jus de fruits sur le trottoir boueux à côté des haut-parleurs des mosquées débitant la propagande le vendredi pendant le prêche et les « leçons » d'endoctrinement consécutives, converser à bâtons rompus avec les étudiants qui voulaient obtenir des bourses en France en les écoutant raconter leur vie quotidienne... Mais au fond, l'ex-militant gauchiste était familier de ces méthodes de prosélytisme, puisque je les avais expérimentées moi-même, au nom d'une idéologie différente par son contenu mais pas si dissemblable par ses modes de diffusion...

Il ne restait plus que deux Français dans la vallée après Le Caire et avant Louxor - où résidaient des archéologues et des professionnels du tourisme. À Assiout avait échoué un gros garçon, ancien coopérant durant son service militaire, sur lequel une jeune Égyptienne musulmane du cru avait jeté son dévolu. Il s'était converti à l'islam pour l'épouser, fait circoncire, et me racontait avec fierté comment ses beaux-frères l'emmenaient prier dans toutes les mosquées de la région - sans se rendre compte qu'ils le paradaient ainsi en trophée, assurés du paradis pour avoir amené un mécréant dans la vraie religion. Il avait embrassé avec le zèle du néophyte la polémique antichrétienne la plus virulente. Mais au fil de son propos, il me décrivait de l'intérieur ce qu'il observait dans ces lieux survoltés auxquels je n'avais pas accès, handicapé qu'il était toutefois par son ignorance presque complète de l'arabe. J'allais quelquefois dîner chez le couple, à qui je servais de traducteur conjugal occasionnel. Sa femme était d'une capiteuse séduction, et m'évoquait Koutchouk-Hanem, l'almée avec qui Gustave Flaubert coucha à Esneh en mars 1850, un peu en amont sur le fleuve. Je devais les retrouver vingt ans plus tard en Algérie, où le mari dirigeait un centre culturel français avant que le terrorisme jihadiste ne contraigne tous les étrangers à fuir ce pays. Il était revenu des illusions de sa primeur, ayant dû auparavant quitter l'Égypte, où la conversion ne l'avait pas prémuni d'une violente xénophobie à son encontre. Son niveau d'arabe était resté rudimentaire, mais son épouse, qui conservait dans les Aurès une trace évanescente de sa splendeur nilotique d'antan, avait perfectionné son français en conversant avec les « frères » algériens.

L'autre compatriote était jésuite au couvent de Minia, citadelle entourée de murs élevés, autour de laquelle les islamistes locaux avaient vissé des haut-parleurs de mosquée qui hurlaient à pleine capacité les cinq appels quotidiens à la prière, les homélies et le prêche du vendredi, les « rappels » nocturnes, etc. en une sorte de jihad sonore obsédant - jusqu'à résipiscence des chrétiens, dont la doxa islamique veut qu'ils eussent « falsifié leurs Écritures ». Il ne restait plus trace du passage de Butor trente ans auparavant - la littérature et la francophonie avaient été gommées par l'ubiquité de la religion musulmane, le nassérisme philo-soviétique, enfin l'américanisation promue par Sadate. Je dormais au monastère pour couper la fatigue de la conduite depuis Le Caire, l'attention constante face aux enfants qui se précipitaient sur la route sans regarder les véhicules lancés à vive allure, au bétail qui se dandinait impassible comme au temps des pharaons, aux charrettes chargées de cannes à sucre mal arrimées que les pneus écrasaient en crissant dans une odeur suave. Les paroissiens des jésuites leur apportaient une moisson de tracts islamistes qui soufflaient sur les braises de la sédition interconfessionnelle et que je recopiais scrupuleusement. Le religieux français qui m'accordait l'hospitalité, un homme cultivé et âgé, prenait cette situation obsidionale avec un calme qui ne laissait pas de me surprendre : je mis cela sur le compte de la foi ressourcée à ses origines, voire d'une appétence au martyre, rétroprojection des persécutions des saints sur lesquels s'était fondée l'Église primitive en ce pays. Je lisais le soir les deux volumes des *Saints d'Égypte* découverts à la bibliothèque, rédigés par le « R.P. Paul Cheneau, d'Orléans », publiés en 1923 à Jérusalem par la Custodie de Terre Sainte des RR. PP. franciscains, et dédiés « Aux jeunes Égyptiens ». Le second tome s'ouvrait sur le récit du martyre du légionnaire chrétien Victor à Lycopolis, le 14 mai 177, année où « le Nil manqua de fidélité aux règles de sa crue périodique, et le cri de "À mort les chrétiens" retentit ». Ayant refusé de sacrifier au culte de l'empereur, Victor subit les pires tortures du préfet romain Sébastien, sans aucunement en souffrir grâce au divin miracle – jusqu'à ce qu'on finît par lui trancher la tête et qu'il inaugurât ainsi sa vie éternelle. Je voyais en mon hôte une réincarnation contemporaine du saint légionnaire et de ses frères de martyrologe : il aspirait à achever son séjour terrestre aux côtés de ses coreligionnaires coptes, témoignant de leur persécution devant Dieu, les hommes et l'Histoire, préambule à la félicité dans l'au-delà.

J'avais fini par identifier à la faculté de droit d'Assiout un jeune assistant talentueux, à qui accorder une bourse pour préparer son doctorat en France. L'échec de toute coopération universitaire était patent par ailleurs : lorsque je fis mes adieux au doyen et au recteur au terme de ma mission, je remarquai que les manuels Dalloz et autres ouvrages de sciences politiques que j'avais convoyés dans le coffre de ma Renault 5 à la souffrance de ses amortisseurs, comme dons du contribuable de l'Hexagone à la bibliothèque, croupissaient toujours, trois ans après, stockés et empoussiérés sous un escalier où ils avaient été livrés à la critique rongeuse des mulots. Quant aux rarissimes conférenciers que je parvins à attirer depuis Paris *via* Le Caire, ils professaient devant des salles où l'on avait enfermé à clef les étudiants pour éviter qu'ils ne s'égaillent. Mon futur boursier s'intéressait au droit des satellites – et sans doute cette élévation vers des cieux techniques avait-elle aiguillonné ma sympathie, dans ce milieu qui semblait englué dans un limon désormais stérile qu'envahissaient comme un chiendent des passions religieuses. Un jour que nous déjeunions dans une gargote, il déposa sur la table un énorme pistolet. À ma question sur la destination d'une telle arme entre les mains d'un assistant à la faculté, il répondit que sa famille de notables ruraux, issue d'une grosse bourgade sur l'autre rive du Nil dont son père était le maire, menait une vendetta (*thâr* en arabe) pluriséculaire contre une lignée rivale. Et que les siens avaient abattu parmi les ennemis un jeune homme à l'âge et à la pondération sociale équivalant aux siens. Il y avait donc des chances raisonnables qu'il fût tué en rétorsion. En lui facilitant l'octroi de la bourse, je le mettrais à l'abri à l'étranger car il reviendrait si titré que sa valeur considérable rendrait impossible son assassinat - sauf à déclencher une guerre d'extermination entre les deux clans, à laquelle aucun n'avait intérêt. Je n'appris qu'ultérieurement, après son départ en France, que ceux-ci étaient en concurrence pour contrôler le trafic de haschich dans la vallée : son père m'avait reçu fastueusement au village, faisant égorger en mon honneur et au-delà de toute satiété pigeons, oie, mouton, buffle - à la semblance des banquets que représentent les fresques tombales de l'Égypte antique. Je perdis sa trace - je ne devais le retrouver qu'en 2010, trente ans plus tard, dûment promu en effet et dans des circonstances surprenantes qu'on verra plus loin.

Assiout était aussi la préfecture du gouvernorat où naquit en 1906, dans la bourgade de Mousha, Sayyid

Qotb, le maître à penser de l'islamisme radical contemporain - auteur auquel mon directeur de thèse, Olivier Carré, avait consacré un ouvrage savant. J'avais eu à cœur de lire minutieusement son manifeste, paru dans les années 1960, *Signes de piste*, dans la version originale arabe. C'était une sorte de *Que faire ?*, pour lequel le Coran aurait été substitué à *Das Kapital*, qui m'avait permis de décrypter la stratégie des militants que je voyais à l'œuvre sous mes yeux. Et réciproquement puisque je m'imbibais *in situ* du milieu dans lequel Qotb avait passé sa jeunesse : cela m'aidait à reconstituer l'atmosphère où il avait formé ses émotions puis dessiné les linéaments de sa vision du monde. Suivant toujours le fil rouge de l'interpénétration entre doctrine et action, j'accumulai aussi, au Caire, les journaux et revues que publiait, en biaisant avec la censure, la mouvance dans ses diverses tendances, notamment le mensuel des Frères musulmans *Al da'wa* (« l'appel à l'islam, la prédication ») et quelques autres dont le « président croyant » Sadate avait autorisé la parution pour faire pièce aux socialistes nassériens, encore très présents dans la presse et les médias. Je m'efforçais d'en lire à travers les lignes les informations souvent codées, pour reconstituer un tableau cohérent des groupes concernés.

L'idée de cette étude m'était venue durant ma scolarité à Sciences Po, en 1979. Pendant les vacances de Pâques, j'avais effectué une mission exploratoire au Caire pour tester la possibilité d'observer de près ces mouvements alors à peu près inconnus et difficiles d'abord. Mon attention avait été attirée au départ par une série de reportages d'une plume alerte publiés dans *Le Monde* par le correspondant sur place, Jean-Pierre Péroncel-Hugoz (la presse écrite avait encore en ces temps reculés les moyens financiers de payer des salaires d'expatriés), traitant de la vogue islamiste dans les campus où fleurissaient soudain voiles et barbes. À l'époque, un marxisme athée régnait sans partage au Quartier latin, et ce paradoxe m'avait semblé fournir matière à réflexion. J'avais proposé à mon professeur Rémy Levcau, dont je suivais le cours sur le Moyen-Orient, de valider celui-ci par cette petite enquête exploratoire de terrain, plutôt que par une note de lecture sur un ouvrage de la bibliographie. Je bénéficiais au Caire d'un hébergement chez un New-Yorkais enseignant à l'université américaine, Tom Clarke, rencontré à Chypre deux ans auparavant, alors que, boursier de langue arabe à l'Institut français de Damas, j'avais visité en auto-stop, à l'occasion des vacances de la fête du Sacrifice (*aïd al Adha*), la zone grecque et non musulmane de cette île partiellement envahie par la Turquie en 1974. Je fuis les holocaustes de moutons, les ruisseaux de sang épais coulant sur les trottoirs, les remugles des peaux laineuses brûlées au chalumeau. Comme beaucoup des amis occidentaux que je fréquentai en Orient, Tom avait le goût des garçons - il décéda du sida quelques années plus tard. Et ma connaissance initiatique de cette région dut beaucoup au rôle cardinal de ces passeurs homo- ou bisexuels - ainsi de la plupart de mes copains « franco-lévantins » (*sic* - dans la prononciation locale) d'Alexandrie - qui me racontaient leurs conversations avec les lieutenants de l'armée égyptienne après leurs ébats, un aperçu exceptionnel sur le moral des troupes et la progression en temps réel des idées islamistes propagées par les prédicateurs de retour d'Arabie saoudite. Comme l'avait exprimé avec les mots de son époque le chancelier Bismarck : « L'homosexualité constitue un très grave péril pour l'État parce qu'elle supprime les barrières sociales »...

Dans l'immeuble de l'université américaine où vivait Tom, au centre-ville du Caire édifié à l'époque coloniale sur le modèle d'un Paris haussmannien qu'aurait tarabiscoté l'Orient, résidait aussi un professeur plus âgé qui partageait ses penchants, Richard P. Mitchell, auteur de l'ouvrage de référence sur les Frères musulmans publié en anglais dix ans auparavant. Je fis sa connaissance grâce à mon ami et, sur la recommandation de ce voisin, j'obtins un entretien avec le « Guide suprême » de l'organisation, Omar Telmessani, vieil avocat revêche dont le nom (un gentilé signifiant « le Tlemcénien ») indiquait le lignage algérien d'ancienne date, fruit probable d'une station au retour du pèlerinage à La Mecque - qui ferait souche dans la vallée du Nil. En 1979, pas grand monde ne s'intéressait aux Frères - j'avais toutefois croisé dans l'antichambre du Guide un jeune diplomate arabisant de l'ambassade de la République islamique d'Iran tout juste proclamée (les hasards de la vie me le feraient retrouver à Téhéran trente ans après, dans les premiers cercles du pouvoir) : Khomeyni et ses disciples, on l'ignorait alors, avaient été très influencés par ce mouvement, et notamment par leur idéologue radical Sayyid Qotb - ils émettraient même en 1984 un timbre-poste à son effigie commémorant son « martyre » aux mains de Nasser...

De retour à Sciences Po après les vacances de Pâques, avec comme firman mon entretien dûment dactylographié en arabe par le secrétariat des Frères - qui se prémunissaient ainsi contre toute extrapolation des déclarations circonspectes du Guide -, j'avais convaincu Rémy Leveau de me prendre sous son aile l'année suivante en Égypte, où il partirait diriger la coopération universitaire française. Je dus à la confiance qu'il me manifesta bien plus que ce lancement initial de ma carrière et sa croyance en ma vocation : sa vie durant - il décéda en mars 2005 -, il me protégea tant qu'il le put, en divinité tutélaire, contre l'hostilité des institutions et le ressentiment de nombreux collègues, m'octroyant une liberté quasi absolue que je devrais chèrement payer après sa disparition. Ce fils de notables ruraux normands fut le Semeur par excellence de notre jeune génération d'orientalistes en herbe. Parti observer le système politique du Maroc indépendant par amour pour sa fiancée nommée coopérante dans le royaume alaouite, major de la première agrégation de science politique en 1973 grâce à la thèse qu'il effectua sur le fellah marocain défenseur du trône, il comprend d'emblée que ce qui lève au sud de la Méditerranée ne correspond pas aux théories en vogue dans les amphithéâtres ni aux schémas des chancelleries. Il perçoit que la connaissance des langues et cultures arabes, qu'il ne maîtrisait pas lui-même et qui étaient décriées en ces décennies de croyance béate dans le progrès occidental, fût-il socialiste ou capitaliste, constitue un prérequis indispensable pour penser les bouleversements à venir. C'est lui qui rapproche l'analyse des sources primaires et textes classiques des sciences humaines - et pour y réussir il s'investit dans des fonctions administratives chronophages au détriment de son œuvre propre, qui ont fait de lui le grand entrepreneur professoral de son époque. La postérité a injustement effacé le nom de ce passeur indispensable, qui sacrifia ses enfants de papier pour d'improbables rejetons de chair et d'encre - les étudiants.

C'est peu dire que mon activité n'était guère appréciée de ceux qui en étaient avertis dans le microcosme universitaire ou diplomatique français d'Égypte. Pour les cuistres tiers-mondistes qui arbitraient les élégances académiques, mon sujet de recherches était nul et non avenu. Le phénomène que je prétendais étudier n'existait pas : ce n'était qu'une machination policière de Sadate, ce laquais de l'impérialisme américain vendu au sionisme (le raïs avait signé en 1979 un traité de paix avec l'État hébreu) - à preuve l'usage que ses services de renseignement faisaient des islamistes pour lutter contre les « progressistes » nassériens et autres gauchistes sur les campus. Sur ce dernier point, les tiers-mondistes n'avaient pas tort, mais ne comprenaient point la dynamique extraordinaire d'un mouvement qui, après que Sadate eut ouvert la boîte de Pandore, se retournerait contre lui et chambarderait son pays, toute la région et jusqu'à l'Occident. Quant aux agents de l'ambassade, il leur était inacceptable qu'un électron libre de 25 ans imaginât connaître un objet politique dont seul le Quai d'Orsay avait le droit de décréter la réalité et évaluer les effets éventuels. Ma simple et modeste existence gênait les hiérarchies d'un pouvoir qui contrôlait le savoir et que coiffait l'infaillible et omnisciente École nationale d'administration - je consacrerais le reste de ma vie à lutter pour survivre face à cette noblesse d'État qui traite les universitaires en laquais. On menaça plusieurs fois de demander mon rappel en France au prétexte du risque que je courais et faisais prétendument courir, mais Rémy Leveau y fit systématiquement obstacle, me sauvant la mise.

C'est dans le ciel serein des certitudes de ces idéologues progressistes et énarques autosatisfaits que survint en coup de tonnerre l'assassinat de Sadate par les militants de l'« Organisation du jihad », le 6 octobre 1981, suivi du soulèvement d'Assiout à l'instigation des mêmes activistes. Je garde un souvenir à la précision presque clinique de cette journée cruciale pour l'histoire du monde... et décisive pour ma propre destinée. C'était un jour férié, commémorant la « victoire » du raïs dans la guerre d'octobre 1973 contre Israël et célébrant Sadate en *batal al 'oubour* - « héros de la traversée » (du Canal de Suez par l'armée égyptienne, bien que les tanks et les soldats de l'État juif l'eussent repassé en sens inverse quelques jours plus tard) - et j'étais resté à mon domicile cairote. L'employée de maison venait de quitter son service après le déjeuner, pour rentrer dans un quartier informel de bric et de broc de l'immense banlieue spontanée de la capitale peuplée de migrants ruraux où elle résidait. Sympathique et chaleureuse, elle gagnait - par rapport à ses collègues - assez bien sa vie, travaillant chez un *khawaga* - un étranger occidental. Son mari était motard dans la police, une source de revenus stable, faible mais décente - sans parler de la considération du voisinage : son uniforme vert imposait le respect car il pouvait dresser des contraventions. À son niveau élémentaire, il s'inscrivait toutefois dans la hiérarchie éternelle qui, de Ramsès à Sadate, ployait sous sa férule depuis la nuit des temps les habitants de la vallée du Nil. Elle me montrait fièrement les photos des appareils électroménagers qu'elle avait acquis (bien que son domicile ne fût pas encore raccordé à l'électricité), devant lesquels le couple et son unique petite fille pomponnée - elle la lavait régulièrement dans ma baignoire - posaient en conquérants : ils allaient s'en sortir et forcer le destin social. Je la vis soudain revenir bouleversée à travers le jardin, vers mon appartement en rez-de-chaussée, je me dis qu'elle avait oublié quelque chose d'important.

– [*Ma lek ya Ihsân ?*] Qu'est-ce qui t'arrive, Ihsan ?

– Monsieur Guil [le dialecte cairote ignore le phonème [ʒ] qu'il remplace par [g]], monsieur Guil, je viens de l'entendre sur la radio du portier, ils ont tiré sur Sadate ! Plût à Allah qu'ils l'aient tué ! [*In'sha Allah yimawwitouh !*]

Je ne lui avais jamais parlé de mes activités ni exprimé la moindre opinion sur la situation de l'Égypte - la profession de son mari m'incitant à une prudence salutaire. Mais cette explosion de haine pour le « président croyant » et le blanc-seing donné aux meurtriers - de la part d'une épouse de policier - en disaient long. Plus encore le tabou social qu'elle avait brisé en requérant devant un étranger la sanctification du Dieu de l'islam (dont se réclamaient aussi les tueurs) pour l'assassinat.

Les autorités françaises au Caire m'intimèrent le silence médiatique sous peine de rapatriement immédiat - même si le diplomate en charge des affaires politiques (qui n'avait rien vu venir et ne faisait pas mystère de son mépris abyssal pour mes « élucubrations farfelues ») chercha à faire de moi dans l'urgence son informateur (quasi) indigène. Mais la tétanisation de toute l'Égypte causée par le meurtre de Pharaon, le relâchement de la censure voulu par le successeur de Sadate, Hosni Moubarak, à ses débuts entrouvrirent le couvercle de plomb qui pesait sur la société, et j'eus accès à des comptes-rendus de procès, d'interrogatoires, la presse publia des reportages et des images des accusés, sollicita des témoignages en quantité. Mon objet de recherches déconsidéré et obscur, soudain enrichi d'une masse inédite de données, était devenu du jour au lendemain le centre d'intérêt de la planète entière. La parole se libéra. L'une des *noukat* - ces blagues acides dont raffole l'humour égyptien - circulant au Caire mettait en scène un balayeur nettoyant le sol sous la tribune présidentielle au lendemain du régicide. Sadate arborait, en signe de piété ostensible, un cal foncé au milieu du front, marquant ainsi la régularité de ses prosternations lors des cinq prières quotidiennes. Le dialecte surnomme ce chancre brunâtre *zebiba* - littéralement « raisin sec ». Notre homme avise au sol une concrétion noirâtre parmi la poussière, se penche, la saisit et l'observe : « Allons bon ! C'est quoi, ce truc ? Ah, mais c'est la *zebiba* du raïs ! » Dans la confusion entre image et objet qui se produit dans l'âme simple du personnage s'exprime l'ironie populaire qui ne s'en laisse pas conter face à la mascarade idéologique du despote : la *zebiba* redevient un véritable raisin sec, qui aurait été collé comme un postiche sur le front présidentiel pour manipuler la religion au profit de Pharaon. Lorsqu'il s'effondre, l'accessoire se détache et tombe parmi les balayures.

Dans la foulée de cet événement, des journalistes étrangers par centaines, des dizaines d'universitaires et d'étudiants américains débarquèrent au Caire pour pérorer sur l'islam politique ou le classifier à partir de nomenclatures préélaborées en chambre entre Berkeley et Harvard au gré des vogues et engouements sur les campus d'outre-Atlantique. Il y aurait désormais une très forte compétition dans un domaine où j'avais œuvré esseulé - mais je bénéficiais d'une certaine avance sur cette concurrence profuse. Je travaillai d'arrache-pied pour achever puis soutenir au plus vite ma thèse, dont je communiquai le texte à mon ancien « camarade » de Louis-le-Grand, Éric Vigne. On s'était connus adolescents à l'entrée du lycée où nous diffusions des tracts qui excommuniaient réciproquement nos deux groupuscules : il appartenait à la secte mao-stalinienne « Le Prolétaire/Ligne Rouge », dont La Mecque était l'Albanie d'Enver Hodja, et si l'une de nos organisations était parvenue au pouvoir à l'époque, elle aurait fait immédiatement fusiller ou pendre les militants de l'autre. Mais l'âge adulte adoucit nos mœurs : Éric était devenu lecteur aux éditions La Découverte, successeur du François Maspéro de notre jeunesse, et il m'écrivit une lettre fort aimable pour me remercier de l'« envoi de [ma] thèse, ou plutôt du livre que nous allons prochainement publier ».

Le jury de la soutenance était présidé par un personnage charismatique et haut en couleur, le professeur aixois Bruno Étienne, méridional chaleureux et iconoclaste, protestant et franc-maçon devant l'Orient éternel, aussi extraverti et à fleur de peau que le catholique normand Rémy Leveau, ancien élève de la Congrégation des oratoriens, était réservé et flegmatique. Il ne connaissait pas non plus l'arabe, mais de longs séjours en Algérie et au Maroc après l'indépendance lui avaient conféré un flair très sûr et un détachement ironique par rapport à la rhétorique des États tiers-mondistes car il avait observé de près l'envers du décor. De passage au Caire au printemps 1981, il m'avait requis pour l'emmener écouter et rencontrer un prédicateur islamiste très populaire, le cheikh aveugle Abdel Hamid Kishk, qui attirait des foules considérables le vendredi dans une banlieue de la capitale et dont la renommée avait atteint jusqu'aux quartiers marseillais d'immigrés. Le jour en question, avant le sermon à la mosquée, nous étions allés déjeuner dans une de ces gargotes sans âge encore tenue par des Grecs - elles ont aujourd'hui disparu - où l'on pouvait boire du vin - cela aussi est devenu quasi impossible, à l'exception des grands hôtels pour étrangers. La bibine locale - commercialisée sous le nom de « Rubis d'Égypte » par les vignobles Gianaclis, un ancien domaine hellène nationalisé par Nasser - était infâme et la rumeur voulait même que les employés islamistes pissent dans les cuves pour infecter les infidèles et les mauvais musulmans. Faute de mieux, nous nous en étions contentés, mais sortîmes de table la langue pâteuse, la tête lourde, l'haleine chargée de cet alcool frelaté. Je m'en étais préoccupé, eu égard à notre prochain rendez-vous avec le cheikh :

– Euh, je crois qu'on pue la vinasse...

– Eh, t'inquiète pas ! Soit ils connaissent et ils pourront rien dire pour pas se trahir, soit ils connaissent pas et... ils diront rien !

– Vraiment ?

– Eh oui ! Et de toute façon, ils auront enlevé les souliers et ça va sentir si fort des pieds là-dedans que ça couvrira l'odeur du pinard !

Sa dernière hypothèse, inspirée par une longue familiarité avec le terrain, fut confirmée d'emblée, il faisait très chaud et personne dans la salle de réception du saint homme ne remarqua notre exhalaison pestilentielle... Le cheikh Kishk expliqua à Bruno, qui m'avait fait lui traduire qu'il était protestant, que « le protestantisme est plus proche de l'islam ». Dûment recommandés de la sorte, nous eûmes tout loisir d'écouter le sermon en bonne place, juchés sur le plateau d'une camionnette Toyota, en surplomb de la foule des fidèles extatiques...

Parfois il lui arrivait quand même de commettre des bourdes. Lors d'une visite ultérieure à l'université islamique Al Azhar, où je l'accompagnais comme truchement, nous avions été reçus par un doyen de faculté qui nous avait fait attendre debout tandis qu'il se prosternait vers

La Mecque, accomplissant ses dévotions sous nos yeux. Après m'avoir susurré « T'inquiète pas, il fait ça pour nous humilier comme chiens d'infidèles ! », il me demanda : « Traduis-lui que je suis spécialiste de l'islam contemporain en Afrique du Nord et en France. » À peine m'étais-je exécuté que notre interlocuteur répliqua avec colère : « Il n'existe ni islam contemporain ni islam ancien, ni islam maghrébin ni islam français ! L'islam est unique, universel, éternel et total ! » Et le reste de l'entretien ne consista qu'en une fin de non-recevoir en dépit de mes relances appliquées.

Après la soutenance de ma thèse, qui se tenait dans les locaux du Centre d'études et de recherches internationales de Sciences Po, près du carrefour Vavin, où je serais ensuite affecté pour une douzaine d'années, j'offris le « pot » traditionnel dans l'arrière-salle du café voisin, Le Sélect. Maxime Rodinson, « biographe juif et marxiste de Mahomet » (il était vilipendé comme tel en Égypte par les étudiantes francophones voilées), dont l'érudition immense était toujours en éveil, et que fascinait en outre, comme ancien communiste, le monde où il vivait dans la multiplicité de ses bouleversements, m'avait fait le grand honneur de siéger au jury. « Vous commettez des fautes horribles en transcription », me dit-il sévèrement à notre première rencontre, en pointant des erreurs de translittération vocalique de participes passés arabes que je m'empressais de corriger sous sa férule. Mais mon travail, en dépit de ces peccadilles, avait stimulé la curiosité de ce « fils de cordonnier né en 1915 boulevard Saint-Marcel dans le XIIIe arrondissement de Paris » - ainsi qu'il se définissait dans sa notice iconoclaste du *Who's Who*. Comme il me demandait à quoi j'allais désormais me consacrer et que je lui répondis que je souhaitais par la suite étudier la naissance de l'islam dans la France contemporaine, il me raconta cette anecdote remontant à son enfance, entre les deux guerres - dont je ferais mon viatique : il accompagnait sa mère (ses parents avaient adhéré au PCF dès la fondation au congrès de Tours, en 1920) à la « Fête de *L'Humanité* » dans les années 1930. Sa mère y avait abordé un Algérien qui vendait à la criée l'organe du parti de Messali Hadj, *El Ouma* (« La communauté des croyants » [musulmans]), *organe national de défense des intérêts des musulmans algériens, marocains et tunisiens*. Elle lui avait posé la question :

– C'est quoi, *El Ouma* ?

Et ce dernier de rétorquer :

– *El Ouma* ? Euh... c'est... *L'Huma* !

« La seule arme du critique - avait écrit Maxime Rodinson dans une "Autocritique" annexée à la réédition en 1981 de son livre *Peuple juif ou problème juif ?* - [...] est de trier à chaque instant au sein des représentations idéologiques les éléments rationnellement fondés et les extrapolations, les déformations, les focalisations abusives. » Je dédierai à sa mémoire *Fitna*, celui de mes livres qui parut après sa disparition, en 2004.

II

Les Banlieues de l'islam

Octobre 1984. Je m'engage, muni du viatique sibyllin de Maxime Rodinson, sur une voie semée d'embûches : aller observer *in situ* la « naissance d'une religion en France » - sous-titre des *Banlieues de l'islam*, le livre que je tirerai de cette aventure, en 1987. Rémy Leveau m'a mis le pied à l'étrier. Durant ses allers-retours entre l'Égypte et la France, au tout début du septennat inaugural de François Mitterrand, il remarque les grandes grèves dans les usines automobiles à l'automne 1982 - où, pour la première fois dans l'histoire du mouvement ouvrier français, des travailleurs en bleu de chauffe, occupant l'établissement, accomplissent sur le parking la prière collective en direction de La Mecque. Dans la confusion du petit écran, un reportage filmé chez Talbot à Poissy ou Citroën à Aulnay-sous-Bois précède au journal télévisé une séquence montrant un défilé de mollahs armés de mitraillettes en route vers le front irano-irakien sous la guidance de l'ayatollah Khomeyni. Le lien est spontanément fait par le téléspectateur entre la révolution islamique à Téhéran et la subversion sociale dans l'Hexagone. Il se passe quelque chose de paradoxal - que les oracles de notre sociologie et nos dirigeants politiques répugnent à déchiffrer, se réfugiant dans le même déni stupéfait que j'avais connu au Caire en d'autres circonstances.

Mais les enjeux sont infiniment plus urgents : l'Égypte se situait ailleurs, là-bas dans le tiers-monde, en Afrique, et ne nous concernait - croyait-on, à tort - qu'indirectement. Aulnay, c'est ici, au coin de la rue ou au sortir du RER. Et puis il y a eu le surgissement des « étés chauds », expression journalistique qui fait florès dès après l'élection de François Mitterrand en mai 1981, en plein « état de grâce » entre la gauche enfin revenue au pouvoir en ayant acclimaté en son sein les soixante-huitards plus ou moins assagis et une société française traversée d'autres fractures que celles que le Quartier latin avait théorisées treize ans auparavant. Des « jeunes », pour la plupart enfants d'immigrés nord-africains, narguent la police par des « rodéos » de voitures volées, puis affrontent les forces de l'ordre dans les « cités » : cet usage du terme qui désigne, par une antiphrase aveuglante, des zones où la citoyenneté fait justement problème, commence à se répandre à cette époque. Un étranger admirablement francophone mais demeurant au loin qui lirait, de passage à Paris, un article du journal *Le Monde* intitulé « Les jeunes dans les cités » penserait de bonne foi qu'il traite d'une classe d'âge résidant dans l'espace urbain. Or cette litote cache un phénomène que l'on ne sait ou n'ose nommer : la survenue dans la société française d'adolescents d'origine maghrébine ou subsaharienne vivant en fratries nombreuses dans les HLM des quartiers populaires, et dont les pères sont massivement touchés par le chômage, depuis l'augmentation des prix du pétrole, après la guerre israélo-arabe d'octobre 1973 et le bouleversement de l'économie qui a suivi - ensemble avec la politisation de l'islam. C'est à ce gigantesque tabou, social comme sémantique, que je vais me confronter, m'essayant, par l'observation des banlieues de l'Hexagone sur le terrain et fort de l'expérience de l'islamisme égyptien, à ce « tri au sein des représentations idéologiques » que prônait Maxime Rodinson. Je ne peux imaginer ce que sera la violence des réactions pour avoir enfreint l'omerta du prêt-à-penser. Pourtant, ce que j'ai observé dès le milieu des années 1980 deviendra l'une des principales lignes de faille de l'identité brisée de l'Europe durant la décennie 2010, ravagée par le terrorisme jihadiste.

Grâce à Rémy Leveau, j'ai pu entrer au CNRS comme « attaché de recherches » avant la publication du *Prophète et Pharaon*, tiré de ma thèse et que mon ex-camarade Éric Vigne a fait paraître. En vieux renard de l'université, mon mentor m'a prévenu de l'animosité que déclencherait la divulgation d'un premier livre hors des circuits orthodoxes - même aux éditions La Découverte, héritières du publiciste soixante-huitard François Maspéro, et futures chambres d'écho de l'islamo-gauchisme des amphithéâtres. Il valait mieux avoir sécurisé un emploi de fonctionnaire stagiaire avant les levées de boucliers que susciterait la « vulgarisation ». Quelle prémonition fut la sienne ! Circonstance aggravante : j'avais fait la connaissance en 1983 à Princeton du savant anglo-américain juif Bernard Lewis, qu'une polémique opposait au professeur de littérature comparée de Columbia University à New York, le

Palestino-Américain Edward Saïd. Ce dernier l'avait vilipendé dans son best-seller *L'Orientalisme. L'Orient créé par l'Occident* – qui demeure, jusqu'à aujourd'hui, la bible des études « postcoloniales » ayant établi sur l'Université une emprise tentaculaire. Lewis (qui me crut juif, sans doute à cause de mon patronyme) avait été intéressé par mon travail. Éric Vigne, qui publiait la traduction d'un des ouvrages de celui-ci à La Découverte (postfacée par Rodinson), lui demanda donc de me rédiger à son tour une préface. Le mandarin d'outre-Atlantique l'obligea d'autant plus volontiers que la critique de Saïd l'avait affecté : il ne dédaignait pas quelques soutiens « de gauche » – que cette maison d'édition lui assurait. Il ne s'était pas beaucoup fatigué à écrire son texte, recyclant une communication non publiée qui n'avait aucune relation à mon livre, à laquelle il avait ajouté quelques lignes circonstancielles. J'étais trop jeune pour comprendre ces manœuvres byzantines, décrypter ce cynisme calculé et en prévoir les conséquences. La caution de Lewis me valut automatiquement les éloges de la virago anti- (et ex-) communiste Annie Kriegel dans les colonnes du *Figaro*, déclenchant *ipso facto* et en rétorsion l'excommunication majeure de la *Revue d'études palestiniennes*, qui me dépeignit comme un agent sioniste (les uns et les autres s'étaient persuadés à tort avec une égale certitude de mon appartenance au « peuple élu »... à l'appui de leurs thèses contradictoires). Les dés étaient jetés : le milieu gauchiste dans lequel j'avais baigné au lycée m'anathématisait comme apostat, et ce stigmate infamant marquerait tout au long ma carrière dans un biotope universitaire majoritairement acclimaté à cette idéologie.

Pire, j'avais été élu au CNRS contre un permanent du Parti communiste français en charge de sa politique extérieure dans le monde arabe, Alain Gresh, fils du fondateur du Parti frère égyptien, Henri Curiel. Le PCF, à sa grande époque (il n'avait pas encore entamé en 1983 son déclin abyssal), dans une sage gestion de ses ressources, préférait faire financer le salaire de ses employés par l'État que par les cotisations des militants, et disposait à cette fin de puissants relais dans les commissions de recrutement à l'université. Mon rival malheureux, toujours d'une parfaite urbanité, deviendrait un pilier du *Monde diplomatique*, l'organe central de la doxa tiers-mondiste française, et l'un des principaux compagnons de route de Tariq Ramadan - que nous croiserons plus loin.

Tels étaient les auspices funestes sous lesquels j'allais explorer les « banlieues de l'islam ». J'empruntai l'expression à André Miquel, dernier professeur au Collège de France spécialiste de l'univers musulman moderne qui connût l'arabe au XXe siècle (il prit sa retraite en 1997) - bien que cette institution pluriséculaire eût toujours mis son point d'honneur depuis la Renaissance à accueillir les linguistes les plus éminents. Il faudrait attendre 2015 pour qu'un nouvel arabisant fût nommé, le professeur Déroche, spécialiste de codicologie et du Coran primitif : mais au tournant du millénaire, quand Ben Laden mènerait le 11 septembre 2001 sa « double razzia bénie » (*al ghazwatayn al moubarakatayn*) sur New York et Manhattan, il n'était plus jugé nécessaire qu'au pinacle de notre Université on sût déchiffrer voire baragouiner cette langue tandis que le jihadisme ravageait le monde musulman, l'Occident et jusqu'à l'Hexagone ! La sclérose de la vieille Sorbonne médiévale avait tétanisé le Collège voulu par François Ier, la cooptation mandarinale rancie prévaudrait sur la « recherche en train de se faire »... ! Miquel, géographe de formation, sensible aux terrains, avait eu une expérience initiatique assez rude du monde arabe : jeune attaché culturel au Caire, il s'était retrouvé en novembre 1961 coffré et mis au secret par le régime nassérien, accusé d'être un agent israélien chargé de tuer le raïs... Il serait libéré l'année suivante, à l'occasion des accords d'Évian, qui consacraient l'indépendance algérienne ! Cette formation express lui avait donné du « flair » dans son approche des textes et de l'histoire, nourrie de sa connaissance des enjeux contemporains. Il avait ainsi qualifié par cette image périurbaine moderne de « banlieues » les marges du « domaine de l'islam » médiéval, à l'instar de la ville anatolienne de Mardin. C'était une prescience stupéfiante : Mardin fut l'objet d'une fatwa emblématique du théologien du XIIIe siècle Ibn Taïmiyya, le référent doctrinal des assassins de Sadate en 1981. Selon cet auteur canonique, il fallait traiter en infidèles - donc mettre à mort - ceux qui y résidaient sans s'être soumis à la loi d'Allah. Les jihadistes égyptiens justifiaient par là le régicide, au prétexte que le raïs avait trahi l'islam en reconnaissant Israël en 1979. Et ce serait une préfiguration insoupçonnée de ce qui adviendrait en Europe à l'ère de Daesh, trente ans plus tard. Mais on en était encore aux balbutiements de ce drame au milieu de la décennie 1980, et le mandarinat universitaire y resterait d'autant plus sourd qu'il ne voulait point se donner les moyens d'entendre...

Paradoxalement, mon enquête ne commença point dans une zone périphérique délaissée par l'État mais en plein Quartier latin, à un jet de pierres du Collège de France et de la Sorbonne, lors d'une conférence donnée en 1984 au foyer de la Maison des Mines de la rue Saint-Jacques, l'antique *cardo maximus* de la Lutèce latine, par Vincent-Mansour Monteil, sous l'égide du Groupement islamique en France (GIF), la première implantation dans l'Hexagone des Frères musulmans. Cette grande école accueillait en effet un certain nombre de matheux maghrébins islamistes, grâce à qui les Frères disposaient de salles pour leurs conférences d'endoctrinement. Le phénomène ne m'avait pas trop pris au dépourvu car les facultés de médecine et d'ingénierie égyptiennes constituaient des viviers de militants qui arboraient pilosité abondante et cal brunâtre au milieu du front. La mythologie du progrès générateur du bonheur de l'humanité qui prévalait durant les Trente Glorieuses s'était fracassée au Moyen-Orient et en Afrique du Nord sur la corruption des élites issues de l'indépendance - socialistes comme capitalistes -, sur leur despotisme, la privation des libertés publiques, la torture, etc. Cela avait découplé les sciences et techniques de leur mise en œuvre sociale - un processus qui en Occident, au contraire, avait nourri le rationalisme scientiste, la sécularisation et la laïcité. Dans le monde musulman, cette faillite politique avait favorisé un regain de piété, refuge transcendantal face aux turpitudes d'ici-bas, dont la cause était imputée aux séquelles du colonialisme jusqu'à l'ère de l'indépendance incluse. La figure de l'élève ingénieur ou du carabin islamiste s'était imposée sur les campus (les facultés de droit et de lettres seraient submergées ultérieurement). Pour rationnelle qu'elle fût au bled, cette situation n'en était pas moins paradoxale en plein Paris, où le meeting du GIF se tenait aux « Mines », pépinière de l'élite polytechnicienne française. En allant écouter Monteil, je m'étais trouvé replongé dans l'ambiance des universités d'Assiout ou du Caire, avec des barbus partout, à cette différence qu'on y parlait plutôt français et qu'on débattait dans le Ve arrondissement, au cœur de la rive gauche parisienne et à deux pas de la maison où Jehan de Meung rédigea le *Roman de la Rose*...

Élève et ami de Louis Massignon, ancien militaire et diplomate, polyglotte, homosexuel flamboyant, auteur d'un célèbre volume sur l'islam noir, l'agnostique Monteil s'était converti en 1977, à 64 ans, accolant à son prénom de Vincent celui, synonyme, de Mansour (« le victorieux »), et avait graduellement basculé dans un antisémitisme qui l'amena à contribuer à la *Revue d'histoire révisionniste*, publication négationniste de la Shoah qui parut entre 1990 et 1992. Je remarque dans la salle divers pamphlets en arabe déjà vus au Caire, où l'antisionisme de façade cédait rapidement le pas à une haine des juifs illustrée par des caricatures dignes de la propagande nazie des années 1930. Phénomène courant au Moyen-Orient, mais rarissime en France. Je suis stupéfait par l'éloge des brochures en vente au public que l'orateur prononce : « Ce sont de bons livres », dit-il. Je prends contact en arabe avec les responsables du GIF, qui tirent de ma connaissance de cet idiome la conclusion que je suis un sympathisant potentiel, voire un futur converti : ils m'invitent dans leurs locaux du boulevard de Ménilmontant, un « quartier pourri », précisent-ils - ignorant que j'y suis venu au monde...

On ne se trouvait plus là en effet dans l'ambiance feutrée de la rive gauche. Ce quartier de ma naissance - à la polyclinique des métallurgistes CGT de la rue des Bleuets, où accouchaient « sans douleur » les mères communistes à l'instar de la mienne, en juin 1955 - a bien changé en trois décennies. La rue Jean-Pierre-Timbaud, au métro Couronnes (où j'avais passé les quinze premiers jours de ma vie dans un immeuble vétuste et voué à une proche démolition), autrefois le domaine des immigrés d'Europe centrale et des provinciaux désargentés débarqués des wagons de troisième classe, est désormais une enclave ethno-religieuse maghrébine, pleine de librairies islamistes, et encadrée par deux mosquées, Omar et Abou Bakr. Au nord du boulevard - surnommé alors le « canal de Suez » en référence à la frontière qu'avait tracée *de facto* cette voie d'eau séparant l'Égypte d'Israël entre les guerres de juin 1967 et d'octobre 1973 -, c'est le *mellah* des juifs sépharades. Sur les deux rives opposées, les bistros proposent du couscous, mais ceux du trottoir septentrional s'affichent sous les auspices du rabbinat de Paris et du Beth Din. Quelques années plus tard, l'immigration chinoise déploiera son empire sur les commerces du quartier, écrasant du même coup halal et casher sous le rouleau compresseur du nem.

Mais la rue Jean-Pierre-Timbaud conservera son caractère distinctement islamique, notamment grâce à la mosquée Omar, dont les portiques aux arcs outrepassés font le coin avec la rue Morand. Je découvre dans ce lieu de culte un mouvement que je n'avais pas remarqué sur les rives du Nil et dont je n'ai jamais entendu parler. Je comprendrai vite son importance majeure, en France et dans le monde entier. Son objectif consiste à réislamiser « par le bas » les populations musulmanes aliénées par l'Occident ou par toute « mécréance ». Il se nomme le *tabligh*, qui signifie « propagation de la foi » (correspondant à la *propaganda fidei* en somme, dans le vocabulaire du Vatican). Il n'était mentionné à peu près nulle part, à l'exception de quelques textes difficiles d'accès (internet n'existait pas encore) portant sur l'Inde où il était né, en 1927 - l'année précédant celle de la fondation des Frères musulmans en Égypte. La coïncidence des dates n'était pas fortuite : les deux mouvements réagissaient chacun à leur façon à la disparition du califat ottoman, aboli par Atatürk en 1924. Les Frères s'activaient « par le haut » pour prendre le pouvoir et instaurer la *chari'a* (la loi divine tirée des injonctions coraniques pour régenter la société), le *tabligh*, lui, visait les « âmes », construisant « par le bas » une prédication itinérante universelle qui établirait une rupture mentale et culturelle absolue entre « croyants » et infidèles, un séparatisme ontologique combattant l'adultération de la religion et ramenant au bercail les « égarés ».

L'Inde britannique des années 1920 - le Raj - était colonisée par des « mécréants » et peuplée d'une vaste majorité d'hindous : le *tabligh* y érigea une « citadelle intérieure » pour sauvegarder les dix pour cent de musulmans dominés du sous-continent. Comme cette dynamique n'avait pas d'objectif politique, elle fut négligée par les observateurs. Or, la France et l'Europe des années 1980 ressemblent, vues du *tabligh*, aux Indes d'antan gouvernées par Londres : les musulmans y sont minoritaires et le pouvoir est aux mains des mécréants. Il faut « réislamiser par le bas » les fidèles en urgence, pour prévenir toute assimilation ou intégration dans la société d'accueil.

Ce prosélytisme cible surtout les milieux les plus démunis, et en traînant avec les ouailles de la rue Jean-Pierre-Timbaud, en observant les « sorties » de prédication qu'ils effectuent en groupe pour des durées variant d'un week-end à quarante jours afin de mailler l'Hexagone de leur prosélytisme, à travers les foyers de travailleurs immigrés, les cités HLM, j'ai d'abord du mal à comprendre les enjeux, tant mes interlocuteurs sont frustes. Je finis par dénicher au fond des rayons de l'une des librairies locales des manuels de doctrine, et une sorte d'histoire sainte qui retrace les diverses heures de gloire du mouvement depuis sa fondation. Ce prêchi-prêcha déconcertant est rédigé dans un français approximatif, traduit de l'ourdou dans l'île de la Réunion - le département ultramarin comporte une forte proportion d'Indiens mahométans et francophones. Par la suite, je parviens à créer le contact avec quelques Tunisiens mieux éduqués, parmi lesquels se recrutent les principaux dirigeants en région parisienne. Contrairement aux Frères musulmans et autres jihadistes, ils refusent d'aborder tout sujet politique ou organisationnel, et fuient l'intellectualisme, tenu pour péché d'orgueil : pour vivre heureux, prions cachés.

Ce sont paradoxalement leurs prolixes adversaires islamistes politiques qui me donnent les informations les plus détaillées concernant ces piétistes : ils les haïssent car, par leur rejet de l'engagement, ces derniers feraient le jeu des régimes en place au Maghreb, acquiesçant à la paix sociale sans remettre en cause les pouvoirs établis, que les militants veulent renverser pour édifier sur leurs ruines l'État islamique totalitaire. Mais en même temps, les *tablighis* fournissent à ces derniers un terrain de chasse sur lequel prélever des proies : en effet, la foi intense mais simple des adeptes ne parvient à combler que ceux qui ont des attentes sommaires. On pouvait attirer les plus exigeants par une habile séduction, et ils deviendraient d'autant plus exaltés que la dévotion zélée les avait formatés. Je remarque que les prédateurs se mêlent aux fidèles crédules pendant la prière, puis organisent de petits groupes de discussion à la fin de celle-ci parmi lesquels ils prélèvent toujours un peu de « gibier ». Cette méthode sera reprise et développée avec une bien plus grande ampleur par les groupes terroristes au début du siècle suivant.

Cette découverte fortuite, qui devait me donner d'emblée la clef du processus de l'islamisation qui prenait alors ses marques en France, joua dans l'Hexagone le rôle de mon travail de terrain d'autrefois à Assiout : observer des phénomènes sociaux, écouter les sermons, lire les textes, puis approcher avec empathie les militants les plus loquaces pour engager le dialogue ouvertement. Seule différence par rapport à l'Égypte : je ne risque plus l'expulsion du territoire ! Car ce à quoi je me trouve si extérieur se déroule non seulement dans mon propre pays mais, extraordinairement, à quelques centaines de mètres du lieu de ma naissance, trente ans auparavant. Pourtant, à y réfléchir quelques décennies plus tard, je me rends compte qu'il y avait là bien moins d'étrangeté que je ne le perçus à l'époque. Après tout, j'étais venu au monde dans ce XIe arrondissement prolétarien en 1955, conçu dans l'urgence par mon père, ressortissant tchécoslovaque tout juste naturalisé. Il était voué, par cette décision de l'administration, d'apparence généreuse, à verser au plus vite son sang dans le djebel. La guerre d'Algérie avait commencé à la Toussaint 1954 et l'on comprit sans tarder qu'y serait expédié et décimé le contingent, en premier lieu les métèques sans parents ni relations. Seule issue à cette fatalité mortelle : être classé soutien de famille. C'est ainsi que je fus conçu en urgence absolue, durant une permission au tout début du service militaire paternel, peut-être dans un bois près de la caserne de Montlhéry, alors que ma mère, jeune mariée et à peine reçue à l'agrégation d'anglais, venait de fêter ses 20 ans. Un destin ironique voulut que le futur arabisant vît brusquement le jour pour éviter à son géniteur sous les drapeaux d'être égorgé au bled par des Arabes ou de massacrer nombre d'entre eux. Trente ans plus tard, le quartier de ma naissance, peuplé de ces mêmes Arabes installés dans l'ancienne métropole après avoir chassé la

France de leur pays, était devenu une sorte de médina parisienne, et j'y aurais la fulgurance de découvrir le *tabligh* - observant en avant-première par cet étrange retour à la source de ma propre vie le processus d'islamisation qui grignoterait le pays d'immigration de mon père à partir de ses marges les plus populaires, depuis le quartier où je naquis, tout au long des décennies suivantes.

Presque personne dans les institutions françaises en 1985 ne voit rien venir de ce qui causera un bouleversement majeur de notre nation. Il existait toutefois parmi les fonctionnaires une exception : je fis la connaissance d'un inspecteur des renseignements généraux de la préfecture de police de Paris, Bernard Godard, un peu plus âgé que moi, que je croisais régulièrement lors des événements publics - meetings, conférences de presse, fêtes religieuses, etc. - de l'islam en France. Il me repéra car il entrait dans ses attributions d'identifier et approcher le quidam suspect qu'il observait tournant dans les mosquées sans s'y adonner à la prière, mais je découvris rapidement que sa hiérarchie ne s'intéressait pas à ce qu'il observait, objet légitime de sa frustration. Les grands flics aveugles qui le commandaient communiaient ainsi dans une sainte ignorance avec les mandarins sourds-muets qui me voyaient comme un olibrius. Né au Maroc, il avait le « feeling » avec les personnes d'origine maghrébine, bien qu'il ignorât l'arabe, et il souhaitait améliorer son savoir en sociologie et en orientalisme pour progresser dans sa carrière. Je lui propose alors de rejoindre le DEA - le

« Diplôme d'études approfondies », comme on appelait cette cinquième année d'études préalable à la thèse - qu'a créé Rémy Leveau à Sciences Po et où j'enseigne. Malgré les réticences de son corps d'appartenance, il reprend en parallèle à son travail un cursus universitaire et cela le mènera quelques années plus tard à rédiger des livres très documentés. Devenu commandant, il jouera un rôle majeur auprès de Jean-Pierre Chevènement, ministre de l'Intérieur entre 1997 et 2000, lors de sa tentative d'organiser l'islam dans l'Hexagone.

Je ne connaissais quasiment pas mon propre pays, à l'exception des Alpes-Maritimes - dont ma mère était originaire -, de quelques lieux de vacances familiales, du Loiret - où mes parents avaient acquis ce qu'on nommait alors une petite « résidence secondaire » -, ainsi que de Paris. La décennie de mes 20 ans, j'ai sillonné en tous sens le Proche-Orient, plus familier de l'Anatolie que de l'Aquitaine, des djebels druzes ou alaouites que du Massif central. Je comble cette ignorance à la trentaine, en arpentant de Roubaix à Marseille et de Mantes-la-Jolie à Vénissieux les banlieues défavorisées des HLM et les zones populaires vétustes. C'est une France en creux que j'observe, survivante orpheline de l'empire disparu, à travers la sédentarisation sur son sol des flux d'immigrés anciennement colonisés : une sorte de projection de Mercator du Maghreb, qui le prolonge au septentrion. Ainsi Nice est tunisienne : les séjours chez ma grand-mère maternelle, qui a pris sa retraite d'institutrice dans les quartiers nord de la ville, tout juste lotis d'immeubles bon marché où fleurissent les antennes paraboliques branchées sur les télévisions du bled, sont l'occasion de découvrir l'Association musulmane des Alpes-Maritimes - ou Amam, de tendance fririste : l'acronyme signifie « [En] avant ! » en arabe. Elle déploie le prosélytisme du Mouvement de la tendance islamique parmi les originaires des régions défavorisées de Msaken ou Jendouba, qui émigrent en masse vers la Riviera (l'aéroport de Nice n'est qu'à quarante-cinq minutes de vol de Tunis, mais à une heure quinze minutes d'Orly). Elle cible d'emblée leurs enfants, qui grandissent entre les cités HLM des rives inondables du Var et celles de l'Ariane, zone enclavée en contrebas de l'autoroute et derrière l'incinérateur municipal. Ses locaux sont situés près d'un hypermarché où mon aïeule fait ses courses hebdomadaires. Tandis qu'elle parcourt les rayons de la grande distribution qui commence alors à se répandre partout, en tuant les commerces de centre-ville que reprendront des boutiques « ethniques », je m'y procure des brochures photocopiées exaltant dans une bande dessinée naïve les vertus de l'éducation islamique la plus stricte et décriant la perdition morale de l'Occident permissif. Au Vieux-Nice, où j'ai passé ma prime enfance dans les senteurs de la socca (farine de pois chiches dorée dans l'huile d'olive) et du stockfish (morue séchée) qui garnissaient la chiche assiette familiale aux jours festifs, les magasins traditionnels de produits locaux et les marchands de vin ferment inexorablement. Ses venelles mutent en une casbah que domine l'odeur du couscous, le pois chiche s'y déclinera désormais en hoummous, et j'observe les premières boucheries halal. Je me remémorerai ces épisodes lorsque, trente ans plus tard, les Alpes-Maritimes fourniront le second contingent de jihadistes pour Daesh après la Seine-Saint-Denis, et quand Mohamed Lahouaiej Bouhlel, Niçois de Msaken, lancera son camion sur la foule qui assiste à la fête nationale sur la promenade des Anglais, le 14 juillet 2016, massacrant indifféremment, au nom du jihad, les azuréens indigènes, les touristes et nombre d'immigrés tunisiens sédentarisés - stigmatisés comme « apostats ».

À l'ouest du Var et jusqu'au petit Rhône, et en remontant la vallée de ce fleuve puis de la Saône jusqu'à la région parisienne et au Nord-Pas-de-Calais, on se retrouve en Algérie dont l'autre capitale, dans l'ancienne métropole, est Marseille. C'est le territoire que vient de parcourir et de marquer comme sien à l'automne 1983 la Marche pour l'égalité et contre le racisme, surnommée avec plus d'acuité ethnique et sociale la « marche des Beurs » - dont la plupart des leaders sont d'origine algérienne, et qui s'élance des HLM du nord de Marseille ravagés par la toxicomanie pour finir reçue en délégation à l'Élysée par François Mitterrand. Les quartiers du Panier et de la Canebière, le Vieux-Port de Marcel Pagnol sont désormais une extension du Belcourt algérois d'Albert Camus et de Bab-el-Oued. Les grands ensembles qui ont défiguré à jamais les paysages de Cézanne, en direction d'Aix-en-Provence, ont été édifiés après 1962 pour accueillir des dizaines de milliers de rapatriés aux lendemains de l'indépendance. Leurs barres et leurs tours ont vu succéder à ces derniers, au fur et à mesure que la prospérité des Trente

Glorieuses leur permettait de fuir le béton inhumain vers l'habitat pavillonnaire, les immigrés dont les familles ont, après avoir fait partir la France d'Algérie, établi à leur tour des « colonies » dans l'Hexagone...

Un beau jour de 1985, je visite une association islamique installée dans le rez-de-chaussée d'une HLM de La Castellane, au nord de la ville, d'où l'on contemple un sublime panorama en surplomb sur la cité phocéenne, les îles et la mer qui nous relie au bled par-delà l'horizon – et n'est pas sans évoquer celui, en miroir inversé, de la baie d'Alger depuis Notre-Dame d'Afrique... Parmi les minots qui tapent dans un ballon, sur le bitume de la place Tartane, il y a sans doute Zinedine Zidane, âgé alors de 13 ans, cinquième enfant d'un couple d'immigrés kabyles : « C'est là que j'ai appris l'essentiel de ce que je sais faire », déclarera en 2001 à *France Football* celui qui sera sacré « meilleur joueur européen de l'histoire » en 2004, deux décennies après mon incursion sur son terrain de jeu. J'y discute avec le responsable de l'association, dans un local qui sert de mosquée et où a été établie une classe pour enseigner le Coran aux jeunes : un verset est inscrit à la craie sur le tableau, en caractères arabes soigneusement vocalisés. Je comprendrai plus tard que les appartements situés au-dessus des salles de prière sont prisés, car les dealers n'osent pas squatter la cage d'escalier de peur d'encourir le châtiment d'Allah. Mon interlocuteur volubile s'exprime avec un accent marseillais à couper au couteau, me fait l'éloge du rôle pacificateur du lieu de culte dans la cité en des termes chaleureux qui ne me permettent pas d'identifier son appartenance à tel mouvement spécifique de l'islam contemporain. À un moment de la conversation s'engage le dialogue suivant :

– Et en fait, vous êtes algérien ou français ?
– Je suis ni français ni algérien - je suis marseillais et musulman, té, con !

En 1985, on pouvait encore poser sans encombre la question qui m'attira cette réplique. Quatre décennies plus tard, tandis que je rédige ces lignes, elle serait scandaleuse, révoquée en suspicion, stigmatisée comme xénophobe voire « islamophobe » : cette alternative interrogée est devenue un tabou. Tout descendant des populations autrefois colonisées est devenu, dans le parler des militants, un « indigène de la République », et il est de droit chez lui dans l'ancienne métropole - où il continue à mener sous de nouvelles formes le combat pour l'émancipation jusqu'à la défaite culturelle et politique de la France sur son propre sol, conséquence de son insertion dans le « domaine de l'islam » (*dar al islam*), comme cela sera formulé dès 1989. Or à l'époque, la question que je posais - une vingtaine d'années à peine après l'indépendance algérienne - était encore audible par mon interlocuteur, ne serait-ce que parce qu'elle reprenait en les valorisant les termes exaltants de la « guerre de Libération » et de son résultat. Mais c'est le « recadrage » de la réponse qui me frappe comme un coup de foudre, avec la même force que la prédication du *tabligh* découverte quelques mois plus tôt rue Jean-Pierre-Timbaud. Et cela d'autant plus que nous sommes à La Castellane, berceau du futur héros français universel par excellence que sera Zizou, et j'entends la réplique formulée dans ce parler à la Raimu, fortement accentué dans les milieux populaires autochtones, qui a imbibé le phrasé de mon interlocuteur comme l'encre un buvard. La prolificité des couples maghrébins et subsahariens encouragée par de généreuses allocations familiales fera une génération plus tard de leur progéniture la population majoritaire dans ces quartiers au détriment des Provençaux « de souche », et des vagues migratoires chrétiennes précédentes – Italiens, Espagnols, Grecs, Arméniens, Corses *et alii*.

Cette réponse est toujours présente à mes oreilles en 2023, alors que visage et nom de celui qui l'a prononcée se sont effacés de ma mémoire. J'entends encore la scansion rapide des mots, dont tous les vocoïdes [ɛ] (*ai, ei*) sont réalisés [e] (*é*), le *o* ouvert, la résonance des consonnes voisées... et l'explétif « té, con ! » qui clôt émotionnellement le propos (il ne comporte, dans l'usage local, aucune connotation hostile, plutôt une nuance de complicité cordiale). « Marséyé » désigne l'ancrage dans le bitume des quartiers nord, ce qu'on nommerait ailleurs le *turf* des ghettos américains, sinon un écho contemporain de la glèbe des serfs d'antan. En 1985, il ne saurait exister en milieu immigré algérien d'identification à la nation française – dont la guerre d'indépendance de 1954-1962 (nommée au bled la « guerre de Libération » à l'image de la libération de la France du joug nazi) a permis de s'arracher au prix de, selon la doxa arabe, « un million de *chuhada* ["martyrs"] ». Les historiens évaluent le nombre de victimes algériennes entre le tiers et le quart de ce total en réalité – outre 30 000 militaires et civils français, et près de 100 000 supplétifs algériens « harkis » de l'armée française et leurs familles massacrés pour « trahison » par leurs coreligionnaires. La plupart des parents, qui ont sympathisé avec le FLN, voire combattu dans ses rangs, arborent fièrement leur passeport algérien - même si ce sont les accords préférentiels avec l'occupant d'hier qui leur permettent de circuler dans l'ancienne métropole, d'y travailler et résider à des conditions privilégiées par rapport aux autres étrangers.

Plus encore, les enfants nés dans l'Hexagone de parents nés eux-mêmes dans les départements qui constituaient l'Algérie avant l'indépendance de juillet 1962 sont, de droit, français à la naissance - en vertu du « double *jus soli* ». À l'époque, cette disposition apparaît haïssable et honteuse pour la plupart des travailleurs immigrés algériens, et ils n'en font pas la demande pour leur progéniture : ce serait une défaite intime entachant le mythe fondateur de la « victorieuse guerre de Libération » que de refaire allégeance à l'ex-colonisateur dont on a éliminé le drapeau tricolore, voire une apostasie par rapport à l'identité islamique d'appartenir à un État laïque, donc de *koufr* (impiété). La plupart des enfants, bien que français *de jure*, sont donc déclarés algériens, et disposent d'une carte de séjour d'étranger au lieu de la carte nationale d'identité à laquelle ils ont droit. Pourtant, la population qui est venue travailler dans l'ancienne puissance coloniale haïe ne peut guère se référer, *a contrario*, à l'État algérien indépendant, sitôt adulé, sitôt quitté, faute de pouvoir y subvenir à ses besoins.

Ainsi la projection de soi des travailleurs immigrés a commencé, dès le milieu de la décennie 1970, à trouver dans l'islam, soudain revalorisé par l'explosion des prix du pétrole et le prosélytisme des pétrodollars saoudiens, un objet de fixation à vocation supranationale. Et « musulmann », dans la prononciation du responsable de la mosquée, émerge ici en substitut des identités désormais caduques. Les pieds dans les quartiers populaires de Marseille nord et la tête dans la transcendance céleste, il se définit verticalement en réponse à ma demande, déniant toute légitimité aux deux États qui, chacun, le tirent à l'horizontale par un bras, au risque de l'écarteler. Symptôme de ce refus de s'identifier à la France, les associations islamiques de l'époque s'intitulent : « *de* Grenoble », « *de* Nice », en référence à une localité neutre religieusement, mais « ... *en* France » - car cette nation est porteuse d'une altérité identitaire inacceptable, faisant partie du *dar el-koufr*, ou « domaine de mécréance ». Il faudra attendre 1989, la fatwa de Khomeyni contre Salman Rushdie et l'affaire du voile à l'école publique pour qu'elles se revendiquent « *de* France » - afin d'y faire valoir au nom des droits de la citoyenneté l'enracinement de leur ambition prosélyte sur la nouvelle « terre d'islam » hexagonale, voire européenne.

Je reviendrai à Marseille longuement en 2012, l'année où pour la première fois quelque quatre cents candidats issus de l'immigration maghrébine se présentent aux élections législatives de juin, consécutives à la victoire le mois précédent de François Hollande au scrutin présidentiel - pour lequel le « vote musulman » (qu'il recueille à près de 90 %) s'est avéré crucial. Certains y font campagne en tant qu'enfants de « moudjahidin » - les combattants du FLN qui tuaient les soldats français - pour siéger au Palais-Bourbon… Le 19 mars de cette même année, cinquantenaire des accords d'Évian, le « Franco-Algérien » Mohamed Merah a massacré les élèves juifs de l'école Ozar Hatorah de Toulouse après avoir abattu à Montauban des militaires supposés musulmans et stigmatisés comme « apostats », à la manière dont le FLN exécutait les harkis. Sa mère se réjouira publiquement que son fils eût « mis la France à genoux » (Merah avait exigé que l'adjudant-chef d'origine marocaine Imad Ibn Ziaten, sa première victime, s'agenouille pour qu'il le tue - le sous-officier refusa). Pour certains, la guerre recommencera en 2012, au nom d'un jihad pleinement assumé désormais un demi-siècle plus tard, sur le territoire de l'ancienne métropole.

À l'ouest du petit Rhône, et jusqu'à la façade atlantique, en remontant par les régions agricoles, du Médoc bordelais aux usines automobiles de la vallée de la Seine, on est au Maroc. La gestion de ce protectorat par le maréchal Lyautey, qui y avait maintenu puis renforcé les institutions religieuses - faisant interdire par l'administration française aux non-musulmans de pénétrer dans les mosquées -, avait permis l'épanouissement d'une classe de prédicateurs, imams et oulémas, servant d'administration religieuse au sultan, laquelle était en revanche tombée en désuétude dans les ex-départements français de l'Algérie coloniale voisine. Durant les premiers temps de l'islamisation dans l'Hexagone, ce sont ces clercs marocains qui en fournissent majoritairement les cadres - la République laïque et la monarchie alaouite de Rabat collaborant, au grand profit de celle-ci, pour tenter d'en faire des relais de surveillance des mosquées et salles de prière. Ils échapperont rapidement au contrôle de Paris d'abord, et dans une moindre mesure du *makhzen* - le Palais marocain - ensuite, dès lors que Gaston Defferre, premier ministre de l'Intérieur de François Mitterrand et maire de Marseille, la métropole algérienne de France, afferme la mosquée de Paris à un représentant (non francophone) du FLN, Cheikh Abbas, en 1982. L'islam marocain en France comporte quant à lui une puissante composante rurale - comme au bled, ainsi que Rémy Leveau le démontra dans son livre de 1976 *Le Fellah marocain, défenseur du trône* - et les grands crus de la viticulture bordelaise n'auraient pu perpétuer l'excellence française parmi les sommeliers de la planète sans cette main-d'œuvre paysanne musulmane venue de ses douars berbères, à la fois familière des façons agricoles depuis la nuit des temps et si peu onéreuse pour les négociants des Chartrons...

Mais ces fellahs ont aussi été recrutés du Souss au Tafilalet par les racoleurs des usines automobiles, avant la crise du pétrole consécutive à la guerre de 1973, transplantés par villages entiers à Billancourt, Flins, Poissy, Aulnay, Sochaux. Les industriels en ont fait des OS d'autant plus dociles qu'ils prennent d'habitude en charge le *fqih* local : en contrepartie d'un aménagement du temps sur la chaîne de montage, celui-ci dirige la prière et l'organisation du culte de sorte que les cadences semblent moins infernales ici-bas dans l'attente des rétributions célestes au-delà. Durant les Trente Glorieuses, personne n'anticipe l'islamisme militant : ce n'est qu'à partir de l'automne 1973, quand l'explosion des prix du brut se traduit par des licenciements massifs parmi les manœuvres, au premier rang desquels les travailleurs immigrés maghrébins et sahéliens, que cette foi devient une variable d'ajustement non plus seulement sociale, mais politique. Tandis que, d'un côté, les pétromonarchies s'enrichissent fabuleusement et diffusent le salafisme wahhabite, de l'autre les musulmans immigrés, employés dans les usines et les mines en France, sont précipités dans le chômage. Et le paradoxe veut que ce soit en manifestant ostensiblement à l'occasion des grèves leur identité religieuse comme une revendication qu'ils protestent contre les effets d'un bouleversement causé (sans qu'ils le perçoivent) par leurs « frères » ultra-rigoristes de la péninsule Arabique.

Telle avait été l'intuition de départ de Rémy Leveau en remarquant les mouvements sociaux dans l'automobile avec occupation des entreprises et prières sur le parking, alors que nous achevions notre séjour au Caire en 1982. Pour vérifier cette hypothèse, il trouve les financements nécessaires à une enquête par questionnaire dont il me confie la réalisation en juin 1985 – qui correspond cette année-là au mois de ramadan. C'est la première fois que je travaille en groupe, il me faut gérer des fonds et des relations avec des collègues. La vénération pour les « équipes de recherches » – au détriment de la réflexion que nourrit l'investigation solitaire – tient lieu de dogme fondamentaliste au CNRS et à l'Université. Elle vient à la fois de la fascination qu'exercent les sciences « dures » sur leurs parentes pauvres des humanités à l'époque du progrès technique mythifié et élaboré dans les grands laboratoires de chimie ou de physique, et de la mainmise sur la masse des chercheurs de la doctrine communiste et de ses succédanés gauchistes, selon lesquels seule la pensée collective est porteuse de la Vérité. De fait, cela favorise le contrôle par le groupe, inhibant toute réflexion hors des sentiers battus et des modes idéologiques, tandis que l'individualisme est par définition bourgeois, donc réactionnaire. Dans cette controverse, je crois avant tout à l'intuition, à l'étincelle qui se produit entre les connaissances livresques et les hasards suscités des rencontres sur le terrain – qui m'ont permis de découvrir les militants islamistes à Assiout, de rencontrer le *tabligh* rue Jean-Pierre-Timbaud, ou d'entendre la réplique sur « marseillais et musulman » à la cité de La Castellane. L'enquête collective, avec ses grandes machines, ses objectifs quantifiés, ses « délivrables », ne saurait s'y substituer : elle n'est pertinente que si elle vérifie ou infirme la validité de ces intuitions. Cette position de principe, dont je ne fais aucun mystère, me vaut l'hostilité présumable de mes évaluateurs dans les commissions dont je relève au CNRS : les représentants syndicaux, en particulier, s'efforceront d'entraver ma laborieuse progression de carrière – et cela d'autant plus qu'en privilégiant la rédaction d'ouvrages pour informer le débat public sur une question cruciale pour nos sociétés, et non d'articles dans des revues confidentielles à comité de lecture, destinés à renforcer l'allégeance à des sectes mandarinales en usant des « mots de la tribu », je déroge aux coutumes endogames du milieu – *horresco referens* !

L'enquête, administrée au cours du ramadan (juin) 1985 à cinquante-huit personnes vivant en France et se définissant comme musulmanes, se fonde sur un questionnaire que le jargon universitaire nomme « semi-directif ». Les consignes en ont été élaborées et testées au préalable, avec des collègues formidables et stimulants, jeunes et venant d'horizons divers, parmi lesquels la sociologue de l'immigration Catherine Wihtol de Wenden, les anthropologues africanistes Jacques Barou et A. Moustapha Diop. Ces derniers ont en outre obtenu l'autorisation de mener une autre recherche aux usines Renault, encore installées alors à Boulogne-Billancourt, la fameuse « forteresse prolétarienne » si emblématique du communisme que les intellectuels de gauche revenant effarés de leur voyage en URSS préféraient généralement rester silencieux pour éviter de la « désespérer »...

Catherine, Jacques et Moustapha y ont découvert comment l'islam de paix sociale, prêché par les imams-ouvriers « maison » venus du bled (un phénomène plus répandu encore chez Citroën et Peugeot), a été contré par la CGT, qui, jadis athée parce que marxiste, investit désormais par opportunisme le discours musulman afin de conserver son emprise sur les OS immigrés. Elle oppose des « imams CGT » appelant à la grève au nom d'Allah aux prédicateurs « jaunes », qui prônent l'accélération des cadences pour arriver plus vite au paradis. Cette instrumentalisation de la religion, pour favoriser les intérêts à court terme de chaque camp dans le conflit exacerbé par la crise économique et les licenciements, se mêle inconsciemment aux logiques à l'œuvre, dans un tout autre contexte, lors de la révolution iranienne, qui fusionne islam, tiers-mondisme et anti-impérialisme, inaugurant la recette originelle du cocktail « islamo-gauchiste » dont les ultimes mixtures précipiteront quatre décennies plus tard l'université dans un coma éthylique.

Mais les phénomènes étaient dissociables à l'époque – et quand les ministres socialistes de François Mitterrand voyaient en 1982 la main de Khomeyni dans le bleu de chauffe des grévistes prosternés vers La Mecque sur les parkings des usines occupées, ils ignoraient tout simplement les manœuvres de leurs partenaires communistes au sein de l'Union de la gauche pour conserver le pouvoir dans les bastions ouvriers. Finalement, l'automatisation et les délocalisations de l'industrie française emporteront ceux-ci dans le souffle irrésistible de la mondialisation, créant un chômage structurel parmi les immigrés qui hâtera les mutations depuis la conscience prolétarienne vers l'identité islamique, de *L'Huma* vers l'Oumma.

Notre enquête du ramadan 2005 est administrée en cinq langues : en français, arabe (et dialectes), turc, bambara et sarakolé. Parmi les thèmes portant sur la religion, la politique, le travail, l'éducation ou la vie quotidienne, l'une des consignes, à laquelle nous n'avions pas accordé d'importance particulière en la concevant, s'avérera la plus révélatrice par les réponses obtenues. Elle nous permettra de jauger les différents modes de relation aux normes religieuses. En apparence, elle est fort simple : « Accepteriez-vous que vous ou vos enfants soyez invités à manger chez un non-musulman ? » Une petite minorité, exclusivement au sein des non-francophones, turcs ou africains sahéliens, le refuse en toutes circonstances. Un échantillon à pleine plus important exige que la nourriture servie soit halal. La majorité se partage entre une acceptation sous condition de ne consommer ni porc ni alcool (cas le plus nombreux), et un acquiescement sans aucun préalable (ces personnes critiquant parfois la consigne comme raciste ou discriminante...). C'est la fulgurance inattendue du questionnaire. En ramadan (août-septembre) 2010, je dirigerai une autre enquête comparable, avec le double de participants, dans l'agglomération de Clichy-Montfermeil, en Seine-Saint-Denis, où ont commencé les plus vastes émeutes des banlieues peuplées d'enfants de l'immigration, à l'automne 2005. Nous avons posé à nouveau cette même question. En vingt-cinq ans, les proportions se sont inversées dans les réponses. Si le refus absolu a peu progressé, l'exigence du halal a explosé, passant très largement en tête, distançant nettement le simple rejet du porc et de l'alcool, tandis que l'agrément inconditionnel a quasiment disparu. Toujours est-il qu'en un quart de siècle j'ai pu documenter, notamment dans la jeune génération née et éduquée en France et socialisée dans les zones reléguées, la montée en puissance d'une identité communautaire forte revendiquée comme telle dans certains territoires de la République - que Bernard Rougier qualifie, dans un volume qu'il dirige en 2020, de « conquis par l'islamisme ».

Les Banlieues de l'islam en avaient observé dès 1985 acteurs et dispositifs, lieux de pouvoir et signes faibles. Rien de tout cela n'a été jugé significatif par les autorités de l'État ni les élites mitterrandiennes comme chiraquiennes engoncées dans le déni de réalité - jusqu'à l'attentat contre la rédaction de *Charlie Hebdo*, en 2015 : la prise de conscience s'effectuera dans la plus totale confusion et avec un retard considérable.

Pourtant, à sa parution à l'automne 1987, le livre obtient une certaine couverture de presse, l'hebdomadaire *Le Nouvel Observateur*, alors influent à gauche, y consacre même sa une, affichée sur les kiosques, et en publie les bonnes feuilles... peut-être trop abondantes - elles épuiseront la satiété du lecteur potentiel. L'auteur est convié à l'Élysée par Jacques Attali, conseiller spécial, qui manifeste une curiosité sans lendemain. Mais le phénomène semble trop marginal sans doute à nos princes. La vie politique française se focalise sur la cohabitation entre le président socialiste et son Premier ministre, gaulliste. Pour assurer la réélection, l'Élysée s'emploie à faire monter le Front national, afin de diviser la droite, en créant le mouvement SOS Racisme, qui sert de « chiffon rouge » à un électorat populaire « Français de souche » frappé lui aussi, ainsi que les immigrés, par le chômage de masse consécutif à la crise du pétrole de 1973, et le renvoie dans les bras de Jean-Marie Le Pen. Dans cette stratégie manipulatrice à court terme, il n'y a pas de place pour l'anticipation des mutations profondes de la société française durant les décennies à venir... Pourtant, dès le début de son second septennat, François Mitterrand sera rattrapé par l'affaire du voile islamique à Creil, puis par la guerre du Golfe avec la projection de ses conséquences dans l'Hexagone.

Dans le milieu universitaire, l'ouvrage fait l'objet d'un rejet acerbe. Certains s'étonnent ironiquement que le président du Front national n'en ait pas rédigé la préface... Les sociologues institutionnels de l'immigration, dont quasiment aucun n'est arabisant, n'ont cure de la dimension islamique du phénomène que j'observe, le réduisant exclusivement à des enjeux sociaux et économiques. Dans les mots de Karl Marx (*Pour une critique de la philosophie du droit de Hegel*), la religion - « opium du peuple » - est la « réalisation chimérique de l'existence humaine », et « nier la religion, ce bonheur illusoire du peuple, c'est exiger son bonheur réel ». Je ne cherche pas à en disconvenir personnellement, si l'on veut, mais cela n'est pas mon objet - après tout, le marxisme est aussi analysable en termes identiques de « réalisation chimérique » - et la chute du mur de Berlin, en novembre 1989, sanctionnera en l'occurrence l'« avenir d'une (autre) illusion », celle de la foi communiste... Toutefois, l'enjeu social qu'il m'importe d'observer en 1985-1986 de Billancourt à La Castellane est la force de mobilisation islamique, pour analyser sa signification, tenter d'anticiper ses effets - dont chacun jugera ultérieurement quelles leçons tirer en son âme et conscience. Cette simple exigence épistémologique dérange tant de positions acquises dans le monde universitaire et politique qu'elle se heurte à une attitude de déni principiel. Celui-ci vise à protéger l'ignorance de ceux qui proclament que ce qu'ils ne connaissent pas ne saurait exister, et a entravé délibérément la traduction sociale de mes recherches. Les monstres jihadistes des années 2010 et 2020 ont été engendrés par un « sommeil de la raison » qui dure depuis le dernier quart du XXe siècle, rythmé par la berceuse, fredonnée à l'infini par Olivier Roy et ses épigones, dont le refrain égrène « Ça ne sert à rien de connaître l'arabe pour étudier l'islam en France ». Elle légitimera au nom de la science le paisible endormissement d'une haute administration et de ses relais dans la classe politique, qui partage cette ignorance culturelle et linguistique et en fait vertu. La déficience du savoir de nos élites a ainsi ouvert un boulevard à l'extrême droite, qui fait son miel électoral de l'exacerbation des tensions communautaires éclatant au visage de nos concitoyens déboussolés, alors que le consensus des politiciens « respectables » a longtemps préféré les mettre sous le boisseau, confortés en cela par nos maîtres aliborons.

Le régime algérien, dont j'ai analysé en détail la prise de contrôle de la grande mosquée de Paris, facilitée par Gaston Defferre en 1982, fait attaquer mon livre *Les Banlieues de l'islam* par divers folliculaires à sa solde. Dans le quotidien algérois francophone *El Watan*, un vague matheux - qui fait des allers-retours avec le bled et consacre beaucoup du temps qu'il passe dans l'Hexagone à venir perturber systématiquement les conférences publiques où j'interviens -, débute une « recension » signée sous pseudonyme par une présentation de l'auteur en ces termes : « Mais qui est vraiment Kepel ? Fils d'un immigré tchèque dont on ne sait si la destination première devait être Paris ou Tel-Aviv... », etc.

Sans doute est-on toujours le juif - fût-il imaginaire - de quelqu'un… Je retrouverai la trace de cette filiation, fabriquée par la Sécurité militaire, en août 2022, lors d'un voyage du président Macron en Algérie. Le protocole m'a fait asseoir lors du dîner officiel à la droite du général qui est le conseiller « pour tout ce qui concerne la sécurité et la défense » du président Tebboune - selon le chevalet en arabe figurant devant son assiette. Il me fait état de ses doctorats obtenus dans les anciens pays soviétiques - nous sommes entre intellectuels - et nous devisons de divers sujets internationaux, quand il m'interpelle soudain en ces termes :

– Professeur, vous qui êtes de confession juive…

Mes démentis n'y feront rien, mon personnage a été construit comme tel par le discours du pouvoir. Que ses agents diffusent ce mensonge dans la volonté de me nuire en monde islamique, c'est de bonne guerre ; que mon interlocuteur croie à ces billevesées me semble plus préoccupant, qu'il me le dise m'inquiète sur les talents communicationnels au plus haut niveau de la Sécurité militaire. L'humour algérien fait pourtant de cette institution la principale réussite du pays depuis l'indépendance…

III

La Revanche de Dieu

Mes premières années d'immersion dans les banlieues de l'islam ont été endeuillées par la fin tragique de Michel Seurat, dont l'histoire déplorable sera malheureusement annonciatrice de l'interpénétration jihadiste entre le Moyen-Orient - puis l'Afrique du Nord - et la France. Je rencontre Michel à l'Institut français d'études arabes de Damas en 1977, pendant l'année que j'y passe pour un stage de langue intensif. C'est le seul concours que j'ai remporté haut la main durant ma scolarité : nous n'étions que sept candidats pour dix places ! Un signe du déclin de l'attrait pour les études arabes. Seul obstacle sérieux : les lauréats reçoivent une lettre de félicitations de l'administration française qui signale « devoir [leur] préciser que les autorités syriennes ont, dans le passé, demandé un certificat de baptême pour délivrer le visa d'entrée »... En d'autres termes, on vérifie sans le dire que le futur boursier n'est pas juif ! Considération incongrue en France à l'époque, et je n'aurais jamais pu devenir arabisant - mes parents communistes à ma naissance ne voulaient bien évidemment pas me faire baptiser - si ma bisaïeule n'avait tenu à ce rite, car il aurait été honteux dans son village de l'arrière-pays mentonnais que son descendant ne comptât pas parmi les chrétiens. Je lui dois la condition de possibilité de ma vocation, scellée à l'église Notre-Dame du port de Nice ! À l'époque en effet, il n'y avait guère de candidats d'origine musulmane à la bourse pour Damas – aujourd'hui, ce champ de connaissances est numériquement dominé par des étudiants barbus et étudiantes voilées en recherche identitaire... Ils seraient bien en peine de fournir le fameux certificat d'aryanité déguisée que l'étudiant ex-trotskiste alla quérir à la sacristie en 1977 !

Avec les six autres « boursiers » de 20 ans affectés à l'Institut de Damas, nous sommes fascinés par Michel Seurat : cet aîné trentenaire, « pensionnaire scientifique », effectue ses recherches sous la direction du prestigieux sociologue Alain Touraine. Arabisant hors pair, excellent connaisseur du terrain, il s'impose très vite comme notre mentor. Il est aussi militant de la cause arabe et palestinienne – et il le restera jusqu'à la fin de ses jours, alors même que les vicissitudes de celle-ci seront la cause de sa mort. Face à pareil engagement « sartrien », j'ai pris, dès l'enquête en Égypte, mes distances – optant pour la « neutralité axiologique » prônée par Max Weber. Je ne nourris aucune antipathie envers les Palestiniens, mais n'en conçois pas davantage à l'encontre des Israéliens comme peuple – et il me semble surtout urgent, dans la décomposition des certitudes gauchistes et devant la montée en puissance islamiste, de conserver une boussole pour savoir où je vais au milieu des flots tempétueux de la région, sauf à me retrouver « désorienté », situation fâcheuse pour un orientaliste... terme honni depuis le livre d'Edward Saïd, *L'Orientalisme*, paru en 1979 (j'en rédige un compte-rendu naïvement élogieux dans la feuille *Le Progrès égyptien* quand je réside au Caire au début de la décennie 1980, fasciné par l'érudition anglophone et francophone de l'auteur, sans me douter que les disciples de Saïd seront les fourriers de l'inculture et les fossoyeurs des études arabes).

Malgré cette différence d'appréciation, Michel et moi restons liés par une curiosité commune pour les ressorts des sociétés arabes, celés à ceux qui projettent sur elles leurs propres fantasmes universalo-progressistes confortés par l'ignorance de la langue et de la civilisation, faisant écran à la compréhension de la réalité. Il me tança - après la publication du *Prophète et Pharaon*, médiocrement accueilli par de nombreux militants dont il était proche - sur ma « froideur ». Il en allait sans doute, par-delà la dissemblance de nos tempéraments, d'une question de générations et d'origine. Il avait 21 ans en Mai 68, moi 13. J'étais arrivé après la bataille, quand l'enthousiasme avait cédé la place aux bisbilles et excommunications. Et il était empreint d'une « sensibilité » remontant à son enfance tunisienne à Bizerte à travers les aléas de l'indépendance - alors que, malgré les émotions fortes que j'avais vécues durant mes séjours en Syrie et en Égypte, je conservais une approche plus analytique. Résidant à Beyrouth après avoir quitté Damas au début des années 1980, il trouvait chez moi à Paris le gîte et le couvert lors de ses passages, prétexte à palabrer jusqu'aux petites heures.

Ce 22 mai 1985 fatidique, après une nuit consacrée davantage à refaire de conserve le Moyen-Orient qu'à dormir, je le conduis de bon matin à l'aéroport d'Orly. Il est enlevé après sa descente d'avion dans la banlieue sud et chiite de la capitale libanaise par un groupe jihadiste local pro-iranien – Khomeyni fait alors pression, en prenant des otages, sur la France, qui soutient Saddam Hussein dans la guerre dévastatrice opposant les deux États. Le terrorisme islamiste s'invite soudain dans la vie de l'Occident. Trois mois plus tard, le 30 août, l'épouse, syrienne, de Michel persuade l'un de ses geôliers de le laisser sortir une journée pour embrasser ses petites filles. On vivait encore en ce temps-là dans une sorte de « malentendu progressiste », l'illusion qu'on pourrait s'accorder entre anti-impérialistes d'Europe et du tiers-monde. Lorsque Michel est rentré de cette permission inopinée et que les pouvoirs iranien et syrien qui contrôlent les ravisseurs découvrent cette faille dans leur surveillance, on lui inflige un régime sévère – il contracte probablement une hépatite en détention. Le 5 mars 1986, un communiqué signé d'une élusive « Organisation du jihad islamique » annonce la mort du « chercheur-espion spécialisé » – ajoutant l'ignominie à l'abjection.

Pour tous ses proches, c'est un choc émotionnel insondable. Mais par-delà les longues journées de communion dans la douleur avec sa veuve, Mary, où nous tentons de la conforter, je comprends instinctivement que, à l'instar de Michel, tous ceux qui s'inspirent de son exemple sont menacés. Il faudra vivre sous cette épée de Damoclès, et construire une sorte de prophylaxie : se distancier, continuer à manifester de l'empathie pour notre objet d'étude, mais se garder du danger mortel que porte la connivence fantasmatique dans laquelle la plupart de ses amis « tiers-mondistes » ont baigné. Les temps ont changé : l'irruption islamiste rebat les cartes. J'établis également une barrière étanche entre mes vies professionnelle et personnelle, afin de ne prêter le flanc ni ne donner prise. Les modes, les engouements me seront indifférents, car demeurera toujours ce point de non-retour, ce traumatisme fondateur : l'assassinat de Michel par ceux dont il se croyait proche, dont il imaginait partager les combats « progressistes ». Sauf à être sourd, on ne peut ignorer que le téléphone arabe, depuis la diaspora en France jusqu'au Moyen-Orient, a instillé le doute sur le malheureux et que l'accusation infâme des meurtriers a trouvé bien des relais – y compris parmi les « idiots utiles » de notre Université qui murmurent à qui veut les entendre que celui-ci « participe à des réunions avec le Centre d'analyse et de prévision du Quai d'Orsay » (une instance pourtant bien bénigne, qui basculera à son tour dans la doxa islamo-gauchiste au moment des « printemps arabes » de 2011). Pour se protéger, il faudra se durcir. Et j'ai survécu à trois décennies de rumeurs, de menaces de toutes sortes jusqu'à ce que me tombe finalement sur la tête, à mon tour, trente ans exactement après la mort de Michel, une manière de fatwa appelant à mon exécution – que j'avais augurée. De Khomeyni à Daesh s'est perpétrée une trace sanglante pour les orientalistes français. En prémonition, j'ai dédié en 1987 *Les Banlieues de l'islam* à la mémoire de Michel Seurat.

Ce raisonnement prudentiel m'amène à prendre du champ pendant trois ans avec le monde arabe et à aller respirer le vent du large. Je ne souhaite pas être absorbé par la spirale d'une polémique nourrie d'aigreurs, qui entraînerait la surenchère et rendrait mon propos inaudible. Et puis la planète connaît des bouleversements d'ampleur : le 9 novembre 1989, le mur de Berlin cède, le communisme soviétique disparaît. On ne comprendra que plus tard que la défaite de l'Armée rouge en Afghanistan, face aux jihadistes financés par l'Arabie saoudite et les autres pétromonarchies sunnites de la péninsule, et formés par la CIA, a précipité cet effondrement. Dans les mondes juif et chrétien, protestant comme catholique, des mouvements se développent et présentent à première vue des affinités surprenantes avec ce que j'ai vu en islam, du pape Jean-Paul II et du cardinal Lustiger au télévangéliste Jerry Falwell ou au rabbin de Loubavitch, depuis Communione e Liberazione, en Italie, jusqu'au Goush Emounim, en Israël. Comment mon objet d'études s'inscrit-il dans ce champ universel ? Il faut sortir de ma zone de confort, me risquer à la comparaison avec des domaines moins familiers : c'est un enjeu d'hygiène intellectuelle. Des collègues spécialistes de ces autres religions ressentent au même moment un besoin complémentaire : nous nous sommes lus réciproquement et décidons d'unir nos forces pour compenser nos faiblesses. Ce sera un grand souffle d'air frais, l'occasion de partir à la découverte en remettant - ou presque - les compteurs à zéro. Avec Danièle Hervieu-Léger, Jean-Paul Willaime, Régine Azria, et d'autres jeunes connaisseurs du christianisme et du judaïsme qui se joignent à nous épisodiquement, nous créons le séminaire « Religion et politique » où échanger des idées, partager expériences et bibliographies, dont chacun tirera son miel en vue de ses recherches ultérieures. La vie nous séparera, mais je garde un souvenir magnifique de ces moments rares d'apprentissage mutuel.

C'est aussi l'occasion de passer aux États-Unis l'automne 1989, ayant obtenu à cet effet une bourse franco-américaine qui me permet de dévorer une étrange littérature évangélique à la bibliothèque du Congrès, à Washington, tout en enseignant sur le Moyen-Orient à l'université Johns-Hopkins. Avec mes collègues James Piscatori et Dale Eickelman, nous formons un groupe soudé d'arabisants qui nous sommes connus au Social Science Research Council dans un comité tout neuf consacré à l'analyse des phénomènes de l'islam politique. La traduction anglaise du *Prophète et Pharaon* m'a ouvert des portes et a créé un petit effet de mode pour le « jeune orientalisme français », d'autant que, avec Olivier Mongin, directeur de la revue *Esprit*, nous avons publié un recueil posthume des articles de Michel Seurat intitulé *L'État de barbarie*, qui a attiré l'attention de ceux qui savent encore lire un idiome dont je vois inexorablement s'effacer durant ce séjour américain la qualité ancienne de lingua franca. Mais je me trouve d'abord en immersion dans ces États-Unis évangélistes, alors largement inconnus en France et ignorés de mes interlocuteurs habituels, intellectuels libéraux ou *radical chic* vivant dans la bulle paradisiaque des campus luxueux - au regard de la misère de l'enseignement supérieur français - sur les côtes atlantique ou californienne.

Jadis confinée parmi les *rednecks* - les ploucs - de la Bible Belt, la « ceinture de la Bible » états-unienne parallèle au Sud à celles du blé ou du maïs, cette croyance a percé dans le monde estudiantin, à l'instar de ce que j'ai observé en Égypte chez les islamistes. Et le capitalisme américain étant ce qu'il est, des entrepreneurs et autres promoteurs pieux ont construit des universités privées spécifiques - grâce aux donations que lèvent les téléprédicateurs pour des projets « en dur » (*brick and mortar*) - qui permettent d'isoler les chères têtes blondes des grandes facultés « permissives » où l'on craint que les étudiants ne découvrent le *group sex* en fumant des joints. On y enseigne l'ingénierie - une discipline qui, là encore comme chez les Frères musulmans, remporte les suffrages des militants religieux - ainsi que la « communication » - comprendre : la manipulation des médias dans un but de propagation de la foi. La leçon ne sera pas perdue, durant les années suivantes, pour Al Jazeera et consorts. Comme j'ai l'air plus jeune que mon âge, je me fais aisément adopter par les élèves fondamentalistes du Liberty Baptist College, à Lynchburg, en Virginie, fondé par Jerry Falwell - le « pasteur de Ronald Reagan ». Je partage leur vie de prière et de militantisme nourrissant l'idéologie du Parti républicain et de sa « Moral Majority », ses campagnes contre l'avortement, son culte des armes à feu, et sa dévotion aux guérisons miraculeuses. J'y observe une stratégie de rupture au quotidien avec l'« humanisme séculier » qui me rappelle celle des *gama'at islamiyya* affrontant la « laïcité impie » à l'université d'Assiout. C'est en visionnant avec mes camarades de chambrée un film apocalyptique dont j'ai complètement oublié aujourd'hui le titre que j'entends l'expression « *The revenge of God* » - et j'ai à mon tour une sorte d'illumination extatique : ce sera celui de mon livre !

Délaissant les évangélistes sudistes pour les ghettos juifs de Brooklyn, j'y fais la connaissance de l'octogénaire Menahem Mendel Schneerson, le rav de Loubavitch, lors de la « fête des Cabanes » (Souccot). Se rendent en pèlerinage auprès de lui des sépharades français qui ont rejeté du même geste le couscous tunisois ou casablancais de leur maman et l'assimilation avec les *goyim* (les Gentils) de l'Hexagone pour adorer la carpe farcie des ashkénazes et se réinventer une identité « feuj » hyperbolique. Là encore, la culture du shtetl de l'Europe centrale, que les israélites émancipés de la Haskala (les Lumières juives) écrasaient de leur mépris, a trouvé dans la prospérité du Nouveau Monde le vecteur d'un dynamisme qui permet de découpler la réussite matérielle de la sécularisation. La postmodernité fournit à une piété exacerbée son vocabulaire. L'un des journaux francophones des Loubavitch explique à ses lecteurs que la distance entre les juifs et le reste de l'humanité est la même qu'entre celle-ci et les animaux. Quant au rabbin charismatique, au regard duquel ses assistantes cachent à l'aide d'un vieux chiffon le sein affriolant des filles maghrébines du peuple élu que l'idole vivante ne saurait voir, il me donne un dollar miraculeux et me bénit « pour tous fos travaux dans fotre domaine de zpécialité ». Il parle français avec un fort accent yiddish, souvenir de ses études d'ingénieur à Paris entre les deux guerres, quand il habitait rue Boulard, dans le

XIVe arrondissement, non loin du domicile familial de Montparnasse. Ultérieurement, je retrouverai son dossier scolaire à l'École spéciale des travaux publics, boulevard Saint-Germain : il comporte des lettres manuscrites de l'intéressé rédigées d'une écriture fine, demandant à être dispensé de passer les examens le samedi, jour du Shabbat. La secrétaire de l'établissement, qui n'a aucune idée que l'ancien élève est désormais une déité pour ses adeptes, m'a laissé consulter les documents sans surveillance. Quand je raconte l'épisode à certains, ils s'affligent de ma probité de nigaud : si je les avais subtilisés et revendus aux États-Unis, le dollar béni eût crû et multiplié à l'infini, ma fortune était faite !

J'ai eu accès au saint homme grâce à un camarade d'études à Sciences Po devenu responsable des relations publiques du mouvement – et qui aujourd'hui en dirige la branche française, principal vecteur du judaïsme militant dans l'Hexagone. Lors d'une émission de télévision enregistrée du rabbin Josy Eisenberg consécutive à la publication du livre *La Revanche de Dieu*, mon ancien condisciple, qui n'a pas trop apprécié les pages concernant sa chapelle, m'accuse d'être « infirme du point de vue religieux ». Je lui demande en réponse de gloser le passage de sa revue qualifiant la différenciation entre les juifs, l'espèce humaine et l'animal. À ma stupéfaction, le rabbin-producteur m'interrompt séance tenante d'un « Coupez ! » à l'adresse du caméraman – justifiant cette censure par « l'usage que pourraient faire les antisémites de cette citation ». Je repars à l'assaut de mon contradicteur en étayant mon propos de la bénédiction que m'a donnée son rav infaillible et extralucide pour tous mes travaux, ce à quoi il me rétorque : « Mais le judaïsme n'est pas votre domaine de spécialité ! » Je lui concède le point de bonne grâce, en riant de cette casuistique. Moi que l'antisémitisme arabo-musulman a inventé en juif, je ne suis qu'un *goy* (Gentil) pour les membres du peuple élu... aussi éloigné d'eux que l'animal l'est de l'homme !

Au cours d'un déménagement, j'égarerai le dollar sacré - que j'ai fait plastifier par les marchands du temple Loubavitch de Brooklyn, avec photo du rav superposée au portrait de George Washington et formules propitiatoires en caractères hébraïques au verso. La période consécutive à cette disparition correspondra à de grandes difficultés dans ma vie professionnelle, un burn-out, et un conflit majeur avec le directeur de Sciences Po, Richard Descoings, qui me contraindra à quitter l'institution. Mais celui-ci décède inopinément, puis je suis recruté à l'École normale supérieure : jetant à cette occasion de vieux documents pour mon ultime délogement universitaire, quelque chose glisse de la liasse vouée à la corbeille à papiers et tombe à mes pieds : c'est le dollar bénit ! Il figure depuis lors telle une monstrance au faîte de ma bibliothèque d'esprit fort... On ne sait jamais !

Après la chute du mur de Berlin, le directeur de mon laboratoire de recherches à Sciences Po, qu'ont exaspéré la couverture de presse des *Banlieues de l'islam* et ma gloriole médiatique, me prédit que l'« intégrisme musulman » n'intéressera désormais plus personne, et m'avise paternellement de réorienter ma carrière en me repliant sur mon atavisme lignager, d'apprendre le tchèque de mes origines et de me délocaliser en Europe centrale et orientale, où se jouera selon lui l'avenir de la planète. Suivant pour partie ce sage conseil, je me rends, pour la première fois professionnellement, dans le pays de mon père : le catholicisme y a été persécuté avec acharnement pendant les quatre décennies de communisme, et c'est une autre occasion de tester mes hypothèses tout en renouant par la bande avec une partie de mon identité dont le Rideau de fer m'avait tenu forclos. Au couvent de Saint-Gilles, dans la vieille ville de Prague, je fais la connaissance d'un dominicain, compagnon de cellule de Vaclav Havel : le R.P. Dominique Duka – ultérieurement cardinal-archevêque de la capitale tchèque. Contrairement à ceux qui prônent une voie polonaise de rechristianisation de l'espace politique dans l'esprit du pape Wojtyla, il plaide alors pour la compatibilité des valeurs entre l'Église et la Charte 77 des dissidents (il en a baptisé certains en prison) – même si la plupart ne sont pas croyants. Cette attitude n'est pas vraiment la norme du Saint-Office que préside le Bavarois Joseph Ratzinger – futur successeur de Jean-Paul II : parvenu à force d'intrigues de curie jusqu'au saint des saints au Vatican pour le rencontrer, je suis éconduit par le secrétaire de ce dernier, un jésuite belge (pourtant le frère de mon médecin homéopathe). Il m'a fait passer des tests pour mesurer ma foi lors de notre entrevue préalable à ma demande de rendez-vous avec Son Éminence.

– Avez-vous fait votre communion ?
– Euh... je suis baptisé !
– M. Gorbatchev aussi était baptisé !

Le test catéchétique s'avérant plus difficile que le concours d'admission à l'Institut de Damas, il m'est signifié sans appel qu'il faut briser là. J'aurais pourtant été très intéressé de rencontrer le futur Benoît XVI, dont la controverse de Ratisbonne susciterait des réactions virulentes en monde musulman... Par une triste coïncidence, l'annonce de son décès, dans sa qualité curieuse de « pape émérite », advient lorsque je corrige ces lignes le concernant.

Mais c'est le cardinal Lustiger, lequel n'a pas non plus souhaité recevoir un impie, qui s'agacera au plus haut point de l'interprétation que je propose de son best-seller *Le Choix de Dieu*, un livre d'entretiens avec les sociologues Wolton et Missika, destiné à mettre le prélat sur un pied d'égalité avec la fine fleur de l'intelligentsia parisienne - voire à en remontrer à celle-ci. Il y compare la société contemporaine « hédoniste » à un nouveau paganisme auquel la réaffirmation de l'identité catholique doit mettre fin. Je note le parallèle avec la démarche de Sayyid Qotb, qui analyse le monde musulman moderne comme replongé dans les ténèbres de la *jahiliyya* - la barbarie et l'ignorance qui auraient caractérisé l'Arabie avant la Révélation à Mahomet - et aspire à une « nouvelle génération coranique » pour rebâtir l'État islamique sur ses ruines. Monseigneur, qui a repris en main le diocèse de la capitale d'une main de fer, me fait anathématiser dans la bonne presse quand mon livre *La Revanche de Dieu* paraît. Deux ans plus tard, j'assiste à New York University à une conférence qu'il donne. Il ne m'a pas identifié, mais capte mon regard qui suit attentivement son exposé, et lorsque le président de séance me passe la parole pour poser une question et me désigne par mes titre universitaire et patronyme, le cardinal s'exclame : « Ciel ! C'est vous ! » Il se lance dans une tirade très énervée où il me reproche de penser faux en comparant ce qui est incomparable. Étant présenté à lui par la suite, durant la réception en son honneur, pour tenter de faire baisser la tension, il m'incrimine vertement pour avoir raisonné « par passage à la limite ». Le dialogue n'est guère possible... Quelques décennies plus tôt, je me serais retrouvé mis à l'index, et deux siècles auparavant sur le bûcher de l'Inquisition ! Aron Jean-Marie Lustiger m'a toutefois concédé un point : ce que j'ai écrit sur l'islam « tient la route », mais pourquoi diable me suis-je fourvoyé dans cette comparaison inepte avec judaïsme et christianisme contemporains ? J'ai outrepassé mon « domaine de spécialité » - comme m'en avait fait le reproche le leader français des Loubavitch.

C'est la commission dont je dépends au CNRS qui se fait le bras séculier de cette excommunication : *La Revanche de Dieu* n'a « aucune valeur scientifique » et persévérer dans cette voie peccamineuse m'interdira toute promotion de grade, me préviennent des âmes charitables. Bref, mon avenir de chercheur est remis en cause. Il faut dire que, par une coïncidence que je ne puis attribuer qu'à la divine providence, le livre est un succès de librairie, traduit rapidement en dix-neuf langues, presque un miracle de la Pentecôte. Dès la publication, en janvier 1991, l'auteur, jusqu'alors boudé par le petit écran, écume les plateaux de télévision sans plus avoir le temps de se démaquiller entre deux enregistrements. La cause en est l'offensive militaire occidentale contre l'Irak de Saddam Hussein, l'« opération *Tempête du désert* », déclenchée le 17 de ce mois, dans laquelle François Mitterrand a engagé l'armée française, et qui occupe l'attention des médias jour et nuit. Parmi les généraux en uniforme et au poil ras qui, baguette en main pointant des cartes d'état-major, infligent aux téléspectateurs des briefings indigestes sur les mouvements de troupes dans les sables et en Mésopotamie, les rédactions ont sorti de leur chapeau un arabisant de 36 ans inconnu du grand public qui explique le contexte politique et culturel de ce conflit inédit. Pourtant, *La Revanche de Dieu* ne comporte pas une ligne sur l'Irak (où je n'ai à cette époque jamais mis les pieds) ni sur son dictateur-président, autrefois laïque virulent, désormais complaisamment photographié prosterné en prière vers La Mecque devant Koweït City envahie, et qui a fait inscrire *Allah Akbar* sur le drapeau pour ne pas laisser à Khomeyni le monopole de la propagande religieuse. J'ai tenté de m'émanciper par cet ouvrage d'une focalisation exclusive sur les sujets islamiques. Mais j'ai consacré tout de même le premier quart du livre aux bouleversements du monde musulman à l'occasion de l'année charnière 1989, et ces remarques inédites dans pareil contexte ont fourni aux rédactions le « bon client » dont elles avaient besoin. Je suis rattrapé malgré moi par l'islam dont j'avais voulu me distancer en le comparant avec les autres fois et croyances qui envahissent le domaine politique dans ce dernier quart du XXe siècle, à contre-courant d'une sécularisation générale et irréversible dont la promesse a été prêchée *ad nauseam* par les gourous du progrès.

C'est ainsi que je me retrouve convié le 19 janvier 1991 à l'émission de l'animateur Bernard Pivot *Bouillon de culture*, qui fut en ces temps anciens le Saint-Graal cathodique pour tout auteur, débutant comme confirmé. Intitulée « Que dit le Coran ? », elle est exclusivement consacrée, dans l'urgence, deux jours après le commencement de la guerre, à l'islam à travers la personnalité de son Prophète et la signification de son texte sacré aujourd'hui. Pivot - ou l'équipe qui a rédigé ses fiches - n'a retenu de mon livre que la première partie sur le monde musulman, tout le restant l'indiffère. Je trouve autour d'une table ronde dont la forme invite au spiritisme, outre un dignitaire marocain de l'Unesco jouant le rôle de gardien du temple des Écritures saintes, la juriste et arabisante Anne-Marie Delcambre (tous deux quinquagénaires), elle-même auteur quelques années plus tôt d'un ouvrage illustré sur Mahomet destiné à la jeunesse, et le pape de l'orientalisme français, Jacques Berque - dont la traduction du Coran vient de paraître. Ce dernier, qui décédera quatre années après cette soirée, est né en 1910 en Algérie, et a vécu une première existence d'administrateur colonial avant d'avoir la révélation universitaire. Connaisseur érudit de la langue arabe et de ses culture et civilisation, familier de la société rurale du Maghreb, comme la plupart des officiers des affaires indigènes d'antan, il démissionne en 1953, à la suite du bannissement par la France du sultan du Maroc Mohammed V - refusant de l'entériner - et rejoint l'Unesco puis est élu en 1956 professeur au Collège de France, jusqu'à sa retraite, en 1981. Pendant ce quart de siècle, il met son savoir au service du nationalisme arabe et des indépendances, avec une prédilection pour le Maroc (il sera décoré du grand Ouissam alaouite par le souverain) et... l'Irak, où il voit l'avenir radieux de l'arabité. Il a pris sous son aile des jeunes gens issus du tiers-monde et ayant ambition d'y retourner - il fut le professeur d'Ali Shariati, précurseur de la révolution islamique iranienne et de la synthèse entre islamisme et gauchisme, durant son séjour à Paris de 1959 à 1964.

Mais il s'employa à décourager les vocations de ceux qui auraient pu lui succéder en France, conservant ainsi, jusqu'à cette soirée du 19 janvier 1991 qui le trouve octogénaire, le monopole du magistère orientaliste. Dans une scène évoquant une comédie de Molière, ce Saturne ayant dévoré ses enfants est flatté obséquieusement par le dignitaire marocain et adulé par Mme Delcambre telle une ménade en délire - à tel point que le mandarin agacé lui pose une colle à laquelle elle ne sait pas répondre, la traitant en potache agitée qui perturbe la classe. Cette situation comique me fait éclater de rire à l'écran, me valant les remontrances exaspérées de Pivot après l'émission qu'il n'a pas su contrôler, car il ne comprend rien aux enjeux qu'elle a suscités. D'un côté, Berque et le sujet de Hassan II qui lui fait allégeance dénient tout usage politique de l'islam ; de l'autre, Mme Delcambre réfute toute possibilité d'expression démocratique par les musulmans du fait de leur religion – elle finira sa vie en 2016 comme pasionaria d'extrême droite. Pour ma part, je tente d'expliquer à l'animateur, qui sans cesse me ramène à ses marottes, ce qu'est l'idéologie de Sayyid Qotb, ce que représente le *tabligh*, lui racontant ce qui s'est dit la veille lors du sermon du vendredi rue Jean-Pierre-Timbaud, à Belleville, où l'imam a critiqué l'appel au jihad de Saddam Hussein – bref, ce que j'ai appris en parcourant les campus égyptiens et les banlieues françaises. Mais je précise aussi que cela ne caractérise pas l'ensemble des croyants, dont beaucoup sont en lutte contre ces mouvements qui souhaitent les assujettir. Il n'en a cure, mais cela me vaut les avanies des deux quinquagénaires qui, ne s'étant jamais sali les mains sur le terrain, me traitent de haut, et le mépris olympien du titan de l'orientalisme français, sidéré de se découvrir une lointaine progéniture qui a échappé à sa dévoration. Pourtant, j'avais lu avec l'admiration du néophyte l'œuvre de Berque lors de mes premiers pas au Levant et en Égypte, même si son style élégant avait évolué avec la sénescence vers une afféterie qui finit par me décourager. Mais je lui reprochai surtout d'avoir castré la génération de ses enfants, d'avoir rendu la mienne orpheline d'un savoir et d'une érudition qu'il m'avait fallu acquérir seul.

De fait, il interrompit la transmission de la connaissance héritée du legs colonial – controversée, mais précieuse – dont il avait été un agent, pour présenter une vision idéologique embellie et acritique du nationalisme arabe, comme s'il avait voulu mettre à distance son propre passé, se distinguant ainsi des auxiliaires « savants » de la domination européenne. Il avait du reste été traité avec mansuétude dans *L'Orientalisme*, d'Edward Saïd, qui l'avait absous des péchés de Bernard Lewis et consorts. Cette posture lui interdisait de penser ce qui se jouait avec la mouvance islamiste qu'il préférait occulter, exaltant au contraire une lecture lénifiante et poétique du texte coranique. Sa traduction, qui lui vaut l'invitation par Pivot ce 19 janvier 1991, n'est d'aucun usage pour comprendre comment les Écritures sont utilisées afin de mobiliser les croyants derrière leur étendard sur les champs de bataille d'Irak et d'ailleurs. Elle se fourvoie dans une impasse en se réfugiant dans l'amphigouri - ne nous en sortira, bien plus tard, en 2019, que le monument d'érudition efficiente intitulé *Le Coran des historiens*, publié sous la direction notamment d'Ali Amir-Moezzi.

Je me jure ce soir-là, en témoignage de reconnaissance pour le soutien matériel et moral que m'a apporté Rémy Leveau, de transmettre ce que j'ai appris à la génération qui me suivra. Celui-ci a du reste créé la filière doctorale « Analyse du monde arabe » à Sciences Po pour reproduire en la systématisant l'expérience que j'ai construite à tâtons, en autodidacte de l'orientalisme rénové, de Censier à Marseille en passant par Damas et Assiout. Trente ans plus tard, au crépuscule de ma vie professionnelle, je suis fier d'avoir fait ce choix, consacré de longues heures à réécrire des thèses, à arracher pour mes étudiants des bourses et des contrats, perdu mon temps à siéger pour favoriser des recrutements dans des commissions de sélection interminables. J'ai créé, aux Presses universitaires de France, la collection

« Proche Orient », destinée principalement à publier les livres issus des thèses de mes étudiants - elle comporta vingt-trois volumes. Pourtant, je n'aurais jamais imaginé, à l'époque, la quantité de trahisons, de coups de poignard, les vicissitudes à supporter de la part de tant d'anciens élèves dès lors qu'ils avaient percé grâce à mon soin, pressés qu'ils étaient de tuer à leur tour le père symbolique que j'étais devenu pour se faire leur place au soleil. La virulence des conflits universitaires n'a d'équivalente que la médiocrité de leurs enjeux.

Mais l'orientaliste est un animal à sang froid et au cuir épais, il en va de la survie de l'espèce : étant issu par mes lignages paternel et maternel de deux villages de chasseurs de sangliers, nous avons dû en ingurgiter familialement les vertus à force de consommer leur chair depuis les temps préhistoriques, tels les cannibales qui acquièrent la force de l'adversaire dont ils ont fait festin. En rétrospective, j'ai mieux compris le comportement égotiste de Berque, tranquille comme Baptiste jusqu'à sa neuvième décennie : en faisant le vide autour de lui, il a été plus retors - ou moins idéaliste - que moi, et s'en est fort bien porté.

Durant la réception qui suit ce *Bouillon de culture*, ses zélateurs outrés se scandalisent de mon insolence en dévorant leurs petits fours : pourtant, le mandarin et moi n'avons pas échangé un mot. Maxime Rodinson me téléphone le lendemain matin, enchanté que par ce seul éclat de rire, j'aie déboulonné la statue de l'idole - Berque le grand bourgeois « progressiste » a beaucoup contribué à mettre obstacle à ce que le fils du cordonnier juif, communiste et métèque Rodinson, né sur le boulevard

Saint-Marcel, où Victor Hugo a situé certains épisodes des *Misérables*, ne devînt jamais professeur en chaire.

Le monde de l'islam, dont j'avais souhaité resituer les bouleversements en contexte avec *La Revanche de Dieu*, m'a rattrapé par les bretelles. Les phénomènes qui semblaient confinés en dehors des frontières de l'Europe et de l'Occident y ont soudain fait irruption - comme j'en ai eu l'intuition en parcourant les banlieues de l'Hexagone. Ce que j'ai découvert alors a été balayé comme la poussière sous le tapis par la bien-pensance académique et politique - mais les effets s'en répercutent en boomerang dès l'année qui suit la sortie du livre, en 1988.

À l'automne, Salman Rushdie publie au Royaume-Uni *Les Versets sataniques*. L'auteur, né à Bombay en 1947, devenu une figure de la haute intelligentsia londonienne, récompensé par les plus prestigieux prix littéraires, incarne le monde postcolonial : le « réalisme magique » de sa prose traduit les déchirements et les recompositions infinis et dramatiques entre la culture hybride du Raj - cet empire britannique des Indes jadis sous emprise musulmane mais à vaste majorité hindoue - et celle de l'ancienne métropole, désormais déchue dans sa prééminence planétaire par rapport aux États-Unis, mais qui conserve une influence incommensurable grâce à l'universalité de la langue anglaise. *Mutatis mutandis*, les Indes furent à la Couronne britannique ce que l'Afrique du Nord fut à notre République. Mais le français ayant perdu son statut de langue internationale à la fin du XXe siècle au profit de l'ubiquité de l'anglo-américain, ce dernier constitue l'idiome unique, le *globish*, alors que ce qui ne s'écrit qu'en français reste confiné dans notre pré carré linguistique.

C'est dans ce contexte que se comprend l'impact de l'« affaire Rushdie » à la parution des *Versets sataniques*. L'auteur y déconstruit respectivement l'identité anglaise et celles du sous-continent et de l'islam par un phénomène de corrosion réciproque qu'induit la migration dont il est lui-même le vecteur, créant de la sorte une postmodernité aussi bariolée qu'irritante, féconde que perturbante. Cette œuvre exigeante et éblouissante suppose toutefois que ses lecteurs eussent souscrit au préalable à ce qu'Umberto Eco, à l'occasion de la publication de son *Pendule de Foucault* – cette même année 1988 – nomma le « pacte fictionnel » : l'acceptation que le récit relève du genre romanesque. Or, cette notion est proprement impensable pour un adepte de la doctrine islamiste sous ses divers avatars, selon laquelle toute narration se décline exclusivement soit en Vérité – qui culmine dans les Saintes Écritures « insupérables » (comme Berque traduit le terme arabe *ma'soum*) –, soit en errements, dont le blasphème constitue l'aboutissement abominable. Et *Les Versets sataniques* comportent un passage qui pousse au paroxysme la déconstruction du grand récit coranique en faisant d'un personnage appelé Mahound (sobriquet du Prophète dans certains textes chrétiens médiévaux de polémique antimusulmane) le patron d'une maison close dont les douze pensionnaires portent les noms des épouses de Mahomet – consacrées comme « mères des croyants » dans la tradition sacrée. Dans le même esprit, Margaret Thatcher, alors Premier ministre britannique, est qualifiée de « salope » (*Maggie the bitch*) et vilipendée en les termes dont l'accablent de manière habituelle les bobos de gauche londoniens dont Rushdie est l'une des coqueluches.

Des extraits décontextualisés du livre sont diffusés par divers réseaux islamistes, en Inde tout d'abord - où le roman est rapidement interdit, de peur d'attiser la « sédition confessionnelle » -, puis au Royaume-Uni. Le 14 janvier, un autodafé est organisé par une foule de barbus vêtus de *shalwar-qamis* (l'habit traditionnel du sous-continent, équivalent à la djellaba du monde arabe) comme de complets-vestons devant la mairie de Bradford, ville ouvrière du Yorkshire où résident de nombreux Pakistanais, dévastée par le chômage à la suite de la délocalisation en Asie de l'industrie textile. Un mois plus tard, le jour de la Saint-Valentin, Khomeyni édicte depuis l'Iran une fatwa par laquelle il condamne à mort l'auteur ainsi que « tous ceux qui, impliqués dans sa publication, auront connaissance de son contenu », appelant « tous les musulmans zélés à les exécuter rapidement, où qu'ils les trouvent, afin que personne n'insulte les sacralités islamiques ». L'affaire suscite un tollé dans tout l'Occident, car elle est attentatoire à la liberté d'expression sur laquelle sont fondées les démocraties - le bûcher de Bradford a déjà évoqué le souvenir des livres brûlés par l'Inquisition espagnole ou les nazis. Plus encore, la sentence émanant de l'ayatollah qui ne dirige que l'Iran, mais s'applique pourtant *Urbi et orbi* (une fatwa n'a d'effet que sur la juridiction contrôlée par le clerc qui l'émet) signifie que la planète entière a été érigée, par ce coup de force, en « domaine de l'islam ». La mondialisation des médias, avant même l'apparition d'internet au milieu de la décennie suivante, a rendu possible cette extension infinie : un « espace de sens islamique » global se crée, traduisant concrètement l'injonction que la prédication et le jihad n'aient de cesse « jusqu'à ce que la terre tout entière soit à Allah ».

En s'en proclamant par sa fatwa meurtrière le héraut, Khomeyni réussit un doublé politique : outre qu'il impose la *chari'a*, dans sa conception répressive, comme norme pour l'humanité, il s'affirme comme le héros par excellence de tous les musulmans supposément offensés par le « blasphème » de Salman Rushdie. Grâce au retentissement extraordinaire de l'affaire, qui bouleverse les usages établis dans un monde jusqu'alors culturellement dominé par les valeurs occidentales - dont la liberté d'expression - et fait la une de toute la presse, Khomeyni obnubile l'événement du lendemain, 15 février, et frustre symboliquement de sa victoire son concurrent jihadiste sunnite soutenu par la CIA. Le retrait de l'Armée rouge de Kaboul passe quasiment inaperçu, relégué en pages intérieures des gazettes - alors même qu'il ne signifie rien de moins que l'effondrement de l'Union soviétique, prélude à la disparition du communisme, cette doctrine hégémonique du XXe siècle qui expirera quelques mois plus tard en conséquence, avec la chute du mur de Berlin, le 9 novembre.

La chouette de Minerve, dit le philosophe, ne se lève qu'au crépuscule : on n'a pas perçu en temps réel ce télescopage des registres médiatique, idéologique, militaire et politique de la mi-février 1989, qui représente pourtant un renversement de toutes les valeurs. Et en rétrospective, on n'en a toujours pas pris la mesure. J'ai pu le constater en dînant avec le principal intéressé, Salman Rushdie, à l'université de Princeton, le 10 mai 2017, trois décennies après la fatwa de sinistre mémoire.

L'auteur des *Versets sataniques*, malgré le meurtre de son traducteur japonais et des dizaines de victimes au cours d'émeutes, avait alors survécu à cette épreuve épouvantable sans atteinte à son intégrité physique. Il en tira un récit détaillé de sa vie sous escorte, intitulé *Joseph Anton* (le titre est un clin d'œil à ses deux romanciers préférés, Conrad et Tchekhov), paru en 2012. Lorsque j'apprends qu'un ami commun, le professeur Bernard Haykel, qui a organisé le même jour nos deux conférences sur le campus, nous réunira pour le dîner, je lis ce texte. J'y mets un soin d'autant plus grand que je vis depuis presque une année sous protection policière à la suite de ma condamnation à mort par un jihadiste de Daesh, le 13 juin 2016. C'est l'écho sunnite tardif de la fatwa chiite inaugurale de Khomeyni - dans le contexte de la vague de terrorisme islamiste qui s'abattra sur la France à partir du massacre de la rédaction de *Charlie Hebdo*, le 7 janvier 2015. Je suis stupéfait de découvrir au fil des pages de *Joseph Anton* l'abjecte relation culpabilisante qu'entretiennent les policiers anglais avec Rushdie, lui faisant reproche permanent du dérangement qu'il cause au Royaume-Uni, lui manifestant que tout cela est sa faute, qu'il eût mieux valu qu'il n'écrivît jamais *Les Versets sataniques* - le contraignant à des déménagements incessants dont son éditeur doit assurer les frais. Peut-être ce sadisme fut-il imputable autant à la vengeance de Mme Thatcher contre celui qui l'a insultée tout au long du roman incriminé qu'à l'improvisation par laquelle il fallut affronter une situation inouïe ? À l'inverse, l'État français a totalement assumé ma protection (comme celle de toutes les autres personnes menacées par les jihadistes), considérant que c'était un devoir national et je voue une reconnaissance sans limites au ministre de l'Intérieur d'alors, Bernard Cazeneuve, ainsi qu'aux officiers et chauffeurs de sécurité qui risquaient chaque jour de se faire tuer avec moi, voire à ma place.

Il me semble donc opportun d'échanger des impressions avec mon commensal en comparant nos expériences de victimes de condamnations à mort par des islamistes, à quelques décennies de distance. On m'a averti qu'il avait un caractère *difficult*. De fait, la lecture de *Joseph Anton* - par-delà le récit factuel qui m'intéressait au premier chef - s'est avérée frustrante d'un point de vue littéraire, le narcissisme de l'auteur engendrant quelque lassitude. Sa conférence, à laquelle j'assiste avant le dîner, est de la même eau. Nous avons été placés à table côte à côte par notre amphitryon dans cette salle à manger de Prospect, le « Faculty club » de Princeton, où j'avais été convié par Bernard Lewis et son collègue Charles Issawi trente-cinq ans plus tôt lorsque je venais de terminer ma thèse, retour d'Égypte. Rushdie ne se montre pas en effet très convivial au premier abord, mais paraît flatté de mon intérêt pour *Joseph Anton*, qui n'est pas son œuvre la plus célèbre, et m'interroge sur sa cause. Je lui explique que je suis le lointain continuateur de son calvaire originel. Je comprends qu'il juge incongrue cette comparaison, sa fatwa représentant une première mondiale et ma condamnation une simple occurrence dans une séquelle infinie depuis lors : à preuve, il n'en a jamais entendu parler. Je lui demande donc s'il sait lui-même pourquoi c'est le 14 février 1989, ce jour précisément de la Saint-Valentin, qu'il a été condamné à mort :

– Quelle importance ?
– Eh bien, c'était la veille du 15 !

Il me regarde avec consternation : comment cet idiot de Français s'est-il retrouvé assis à sa droite ?

– Et alors ? [*So what?*]
– Ce jour-là, l'Armée rouge a été chassée de Kaboul par le jihad afghan soutenu par l'Arabie saoudite et la CIA, prélude à l'effondrement du communisme, le 9 novembre suivant. Mais le retentissement médiatique planétaire de votre fatwa a obnubilé cet événement, permettant à Khomeyni de poser en héraut de l'islam offensé face à ses rivaux saoudiens et sunnites, qui avaient subventionné ce jihad...

Il tourne la tête vers la personne assise à sa gauche. Agacé, il n'échangera plus un mot avec moi durant le dîner.

Le 12 août 2022, lors d'une conférence dans un festival culturel de l'État de New York, Rushdie est poignardé sur la scène par un jeune chiite de 24 ans, Américain d'origine libanaise. Ce dernier est né en Californie neuf ans après la fatwa de Khomeyni, et tente de tuer l'écrivain. Celui-ci survit, mais subit des séquelles terribles de l'agression. L'assassin (le terme vient de l'arabe *hashishin* – des sicaires médiévaux fanatisés et drogués par des extrémistes religieux musulmans dans les monts du Levant et d'Iran) a été socialisé à ce « jihadisme d'atmosphère » lors de séjours de vacances estivales dans le village perché du Sud-Liban dont son père est originaire. Par rapport à l'immense solidarité dont Rushdie avait bénéficié en 1989 dans la classe intellectuelle de la planète (et au-delà), les manifestations de soutien de l'été 2022 furent bien plus tièdes, signe de l'impact croissant de la doxa islamiste sur la norme « politiquement correcte » qui arbitre l'expression majoritaire de l'intelligentsia occidentale, de la presse et du monde universitaire.

Pour comprendre ce basculement, il est nécessaire de garder la mémoire longue de cette histoire du jihad contemporain dans son rapport avec la culture occidentale, d'en faire la mise en récit, malgré les difficultés et les pressions. C'est à quoi j'avais entrepris de m'atteler, dès l'année 1989.

IV

À l'ouest d'Allah

L'irruption de l'islamisme politique sur le sol occidental coïncide avec l'effondrement du communisme et de ses succédanés, symbolisé par la chute du mur de Berlin, le 9 novembre 1989. On peut dater de ce même événement charnière, qui clôt symboliquement un XXe siècle taraudé par le marxisme, l'irruption d'une mouvance hybride qui lui succédera dans sa fonction de corrosion intellectuelle et politique de notre civilisation européenne. Je la nommerai, avec d'autres, l'« islamo-gauchisme » - et cela fournira prétexte à l'excommunication (ou *takfir* en arabe) dont les nouveaux clercs porteurs de cette idéologie fulmineront l'anathème à mon encontre sur les campus et les réseaux sociaux - qui commencent à étendre leur toile arachnéenne lors de ce grand chambardement séculaire.

En ce début de la décennie 1990, je ressens les secousses telluriques qui font craquer les fondements de notre vieux monde, dont j'ai exploré quelques lignes de faille, de l'Égypte des assassins de Sadate aux mosquées des quartiers nord de Marseille, avant d'effectuer des relevés de cette sismicité à travers la planète, des évangélistes fondamentalistes de Virginie au pape polonais Jean-Paul II, des Loubavitch de Brooklyn jusqu'aux *haredim* des yeshivas orthodoxes israéliennes à Mea Shearim. Il me faut maintenant me recentrer sur l'irruption inédite de l'islamisme politique comme tel en Occident, dont j'anticipe qu'il va y établir la « nouvelle frontière » de son expansion planétaire. C'est du reste la prédiction que prêchera un peu plus tard sur sa chaire cathodique de la chaîne qatarie Al Jazeera – elle émet à partir de 1996 – le plus fameux télécoraniste (sur le modèle des télévangélistes protestants américains) au monde, le cheikh égyptien Youssef al-Qaradawi. Cette principale figure médiatique des Frères musulmans acquerra une stature internationale avant de décéder en septembre 2022 au Qatar, à 96 ans. En 1995, lors d'un congrès de l'Association de la jeunesse arabo-musulmane à Toledo (Ohio), il proclame : « La conquête par la *da'wa* [prédication], c'est ce que nous espérons. Nous allons conquérir l'Europe, nous allons conquérir l'Amérique ! Pas par l'épée mais par la *da'wa*. » Cette « troisième expansion », finale, de l'islam, dont il se fit l'ardent prosélyte au cours des dernières décennies de son existence, constitue dans son esprit l'aboutissement des deux tentatives précédentes. La première avait déjà conquis la Toledo originelle en l'an 712, avant que la bataille de Poitiers, en 732, ne marquât l'arrêt de la progression islamique en Europe, liquidée sept siècles plus tard, en 1492, par la chute de la Grenade andalouse aux mains des rois catholiques et l'achèvement de la Reconquista dans la péninsule Ibérique. La deuxième expansion, turque, connut son apogée lors de la prise de Constantinople par le sultan Mehmet II, en 1453, et fut sanctionnée par l'échec de l'armée du grand vizir devant Vienne, deux cent trente ans plus tard, en septembre 1683, prélude au reflux d'Europe puis à la disparition de l'Empire ottoman après la Première Guerre mondiale.

Fidèle à la méthode que j'ai élaborée durant la première décennie de mon parcours universitaire, je vais tout d'abord récolter les matériaux empiriques épars, sur le terrain, pour tenter ensuite d'en proposer une analyse. Ce processus complexe, malaisé, est rarement payé de retour en matière éditoriale : en effet, la circulation des idées, indépendamment de la qualité ou non des recherches, s'inscrit dans un cycle de marketing intellectuel régi par l'impitoyable principe de la « fenêtre de tir ». En d'autres termes, un concept qui anticipe sur son temps est rarement détecté par la machinerie médiatique, et ne connaît qu'une faible diffusion. J'en ai déjà fait l'expérience avec *Les Banlieues de l'islam*, dont le succès d'estime cacha l'absence d'impact sur la réflexion publique - pendant la décennie qui suivit sa parution, en 1987, alors même que ce thème envahirait dès après notre espace social et politique, au grand désarroi des décideurs institutionnels incapables de convertir en action la réflexion des chercheurs. Le succès planétaire de *La Revanche de Dieu* était le fruit d'un malentendu : alors que ce livre ne traitait que pour un quart de son contenu de l'islam contemporain, il se trouva sur le marché au moment de l'invasion de l'Irak, qui suscita une gigantesque demande informationnelle propulsant malgré lui son auteur sur le devant de la scène comme arabisant de service. Mais le propos de l'ouvrage fut obnubilé par la nuée radiophonique et télévisuelle.

L'enquête que je mène ensuite chez les Black Muslims américains, ainsi que dans le Royaume-Uni de l'affaire Rushdie et dans la France du voile islamique viendra à la fois trop tard par rapport à l'actualité, du fait du recul pris pour inscrire les événements en perspective, et trop tôt pour un public qui n'est pas préparé à en anticiper les conséquences. Avec la quarantaine, on fait l'apprentissage de ce début de la sagesse qui requiert de s'économiser pour durer, savoir encaisser les coups, subir sans faiblir les revers de fortune, et persévérer dans l'épreuve pour en sortir raffermi. Aller de l'avant tout en consolidant les acquis requiert de trouver un fragile équilibre entre la créativité débridée de la jeunesse et la prise de responsabilités – celle-ci risquant d'étouffer celle-là. La question se pose dans l'université où les haines internes sont d'autant plus grandes que les enjeux en sont modestes : au dernier quart du XXe siècle, lorsque je commence à y faire ma vie, le déclassement financier de ces professions de surdiplômés a conduit à une paupérisation croissante, relativement aux revenus du secteur privé comme de la haute fonction publique, et à une perte de l'estime sociale de soi.

Cela s'est traduit par deux conséquences fatales. D'une part, ce milieu sera la proie aisée de toutes les idéologies hypercritiques, voire destructrices envers un système politique qui méprise ses intellectuels – l'islamo-gauchisme en constituera l'aboutissement le plus saillant. D'autre part, de nombreux maîtres, contraints de rechercher à droite et à gauche des compléments de revenus par des activités chronophages, seront défaillants à incarner par leur magistère et leur disponibilité les valeurs universelles de cette même société, notamment à destination des élèves et étudiants issus de l'immigration. Cela créera une vacuité de modèles auxquels s'identifier et s'y substitueront les entrepreneurs communautaires prônant le séparatisme sur les décombres de l'Europe à subvertir. *A contrario*, les « hussards noirs » qu'avaient été les instituteurs de la IIIe République surent socialiser intellectuellement les enfants des paysans puis de l'exode rural et des premières vagues de l'immigration, européenne comme maghrébine, chrétienne comme juive ou musulmane, aux valeurs de l'urbanité, et construire une élite méritocratique par l'ascension sociale, canalisant les aspirations d'une jeunesse avide de savoirs nouveaux, propres à améliorer leur vie en les sortant de la glèbe servile.

C'est ce contexte pathogène que je sens l'urgence d'explorer en exhumant les lignes de faille de trois sociétés occidentales confrontées au phénomène inédit de la sédentarisation de l'islam sur leur sol. J'avais accumulé, avec *Les Banlieues de l'Islam*, un matériau français. Le défi consistait désormais à tenter de généraliser cette réflexion par la comparaison outre-Atlantique et outre-Manche, puis de la passer au test des grands challenges de l'année 1989 sur les deux rives de la Manche : l'affaire Rushdie d'un côté, celle du voile islamique de l'autre.

Je commençai par m'intéresser à ce phénomène paroxystique – et en cela très américain – des Black Muslims. Dans un milieu d'anciens esclaves projetés vers la misère des ghettos noirs représentant la face d'ombre de la prospérité des États-Unis, ravagés par la violence et la toxicomanie – un phénomène qui anticiperait le devenir de certaines « banlieues de l'islam » européennes mais qu'atténuerait dans le Vieux Continent une protection sociale plus forte qu'outre-Atlantique –, la référence fantasmée à la religion de Muhammad devint une ressource de salut ici-bas. Les adeptes de la Nation of Islam inventèrent à leur usage une identité musulmane originelle qui aurait été occultée sciemment par les esclavagistes blancs dans les plantations sudistes de canne à sucre ou de coton. Cette religion américaine était une curieuse croyance hétérodoxe, sans lien pendant des décennies avec l'islam universel, où le ramadan advenait à date fixe à Noël (le jeûne inversant la bombance des Blancs durant la trêve des confiseurs), où le poisson-chat (ou silure) et la galette de maïs, des plats typiques de la *slave diet* – l'ordinaire des esclaves – étaient frappés de l'interdit alimentaire du *haram* islamique, et où le Coran tenait lieu de gospel à la manière des diverses sectes baptistes ou évangéliques.

Pareille doctrine de rupture avec les normes et conventions de l'environnement culturel et social des États-Unis, ségrégationnisme inversé aboutissant au suprématisme noir, s'accompagnait d'une discipline sévère sur les corps et l'apparence des adeptes, cheveux ras, costume-cravate de rigueur, obéissance absolue au chef, et adjonction au « prénom d'esclave » anglais du nom du Prophète de l'islam, à l'instar du fondateur, le « messie » Wallace Muhammad dans les années 1930 ou de son successeur Elijah Muhammad. Sa figure la plus connue, Malcolm X - qui embrasserait le sunnisme orthodoxe en 1964 lors du pèlerinage à La Mecque -, fournit un modèle d'identification universel grâce à son autobiographie, où la foi musulmane découverte en prison s'avère la voie de rédemption du délinquant ordinaire. Devenu une figure des luttes des Noirs américains pour les droits civiques et contre la discrimination raciale, Malcolm X (arabisé en Al-Hajj Al Shabazz avec sa conversion saoudite, avant de mourir assassiné en 1965) acquit une nouvelle postérité grâce au film que lui consacra Spike Lee en 1992. Sa version vidéo suscita un grand enthousiasme dans une partie de la jeunesse issue de l'immigration maghrébine ou sahélienne en France. Elle incarnait un itinéraire de fierté retrouvée passant par la rupture, au nom de l'islam, avec les valeurs des sociétés d'accueil occidentales.

Je m'étais rendu à cette époque, pour les besoins de l'enquête, dans le nord-est de la capitale américaine (dont la population est majoritairement *black*), une zone où les Blancs ne se risquaient guère, à la rencontre du responsable local de l'organisation, Mr. Conrad Muhammad. La secrétaire de celui-ci m'avait fortement incité à préférer le taxi au métro pour parvenir au lieu du rendez-vous, et à privilégier un « chauffeur qui connaisse le Nord-Est », périphrase signifiant un conducteur noir. Ce dernier (il s'avéra nigérian) n'avait accepté de me conduire, attendre et ramener qu'en triplant le prix de la course, et exigea que je me baisse aux feux rouges pour éviter une attaque de rançonneurs contre son véhicule transportant un « Caucasien », lorsqu'il se trouverait à l'arrêt. Pendant le trajet, où je me fis l'effet de parcourir en diligence le Far West à la merci d'un raid de Peaux-Rouges, il me brossa un tableau apocalyptique de la criminalité dans les zones que nous traversions à vive allure. Quelle ne fut pas sa stupéfaction à l'arrivée dans le quartier contrôlé par la milice de l'organisation, The Fruit of Islam - au vu des jeunes gens athlétiques avec le look caractéristique des adeptes. Pas un papier gras par terre, nul ivrogne affalé, des bacs de fleurs aux fenêtres, et, me confia-t-il après avoir attendu durant mon rendez-vous et engagé la conversation avec les habitants, une zone totalement nettoyée des trafiquants de drogue.

— Vous avez rencontré le boss de cette cité ! s'exclama-t-il, désormais admiratif envers son client. Vous ne pourriez pas me pistonner pour que je trouve un logement ici ?

La Nation of Islam était dirigée depuis Chicago par Louis Farrakhan, avec lequel la communauté juive américaine entretenait des relations conflictuelles. À la racine de cet antagonisme, une relecture de l'époque des grandes luttes antidiscriminatoires des années 1960, où juifs et Noirs s'étaient alliés, l'antisémitisme étant alors de rigueur dans diverses institutions, notamment de prestigieuses universités où des quotas étaient appliqués au recrutement. Les Noirs avaient fourni la masse des manifestants, mais les juifs avaient tiré les marrons du feu - selon la version répandue par la doxa militante. Plus encore, ces derniers avaient construit la victimisation majeure de leur communauté en focalisant l'attention universelle sur la Shoah, alors que le principal génocide de l'histoire de l'humanité consistait en la traite négrière - dont ils auraient été les principaux instigateurs et bénéficiaires, selon le livre de Farrakhan consacré à l'« histoire secrète de la relation entre Noirs et juifs ». Cet ouvrage pseudo-savant avait été dénoncé avec force par les organisations juives américaines.

Par-delà la polémique nourrie par des considérations idéologiques anachroniques - la traite avait été alimentée par des négriers musulmans africains qui, au nom de la *chari'a*, vendaient (tel Daesh les femmes yézidies) des captifs animistes (*kouffar*) à des capitaines chrétiens de vaisseaux nolisés au départ de Gorée par des marchands ou par des courtiers dont certains étaient juifs - cette concurrence entre discours de victimisation donnerait le coup d'envoi à un mouvement qui a pris une ampleur énorme. Il se traduit aujourd'hui dans les controverses sur le décolonialisme et les mouvements woke qui ont envahi le monde universitaire et le ravagent en faisant prévaloir l'idéologie sur la connaissance. Quand j'avais observé les symptômes annonciateurs de ce phénomène global dans les États-Unis du début de la décennie 1990, et rendu compte dans la première partie d'*À l'ouest d'Allah* - paru en 1994 -, cela ne suscita aucun intérêt.

Il en était allé de même des deux autres sections du livre, consacrées respectivement à la déconstruction minutieuse des affaires Rushdie en Angleterre et du « voile islamique » en France. Là encore, ce travail était demeuré sans grand écho. La cause en était sans doute que, cinq ans après les faits, le public préférait oublier ces épisodes pénibles et former le vœu pieux qu'ils n'eussent constitué qu'un hapax à valeur anecdotique. La suite des événements montrerait qu'ils seraient au contraire prolongés et démultipliés. La propension de nos contemporains à ne réagir aux événements que dans leur instantanéité, l'effacement de la mémoire historique et donc l'incapacité à en tirer des leçons pour l'action, s'accroissent inexorablement avec le recours quasi exclusif aux ressources numériques, la prévalence du moment éphémère du clic sur le temps durable du livre. J'ai observé, effaré, la progression du phénomène année après année au long du demi-siècle écoulé, en parallèle avec la difficulté croissante des étudiants à rédiger leurs thèses car ils ne lisaient plus d'ouvrages - trop longs -, me contraignant à consacrer un temps considérable à réécrire nombre de celles-ci pour qu'elles puissent arriver en soutenance.

Les Versets sataniques constituent, justement, un roman. Un texte ample au propos et à l'argument narratif complexe, parfois déconcertant - comme on l'a indiqué plus tôt. L'immense majorité de ses contempteurs ne l'a pas lu, et ceux parmi eux qui l'ont acheté en ont fait l'acquisition à la seule fin d'empaler le volume de papier combustible sur une pique et le brûler en place publique, comme cela advint à Bradford en janvier 1989. Dans un Royaume-Uni qui, comme son nom l'indique, se satisfait politiquement de constituer un assemblage de pièces et de morceaux, où les identités écossaise, nord-irlandaise, galloise tirent à hue et à dia face à la prévalence anglaise - un processus que le Brexit ne fera qu'aggraver à compter de 2020 -, la sédentarisation des travailleurs immigrés arrivés dans les lendemains de la Seconde Guerre mondiale durant les décennies de plein-emploi s'est produite d'emblée selon un mode communautaire.

Celui-ci tenait à la fois de la projection sur l'empire des Indes du modèle des îles Britanniques, et de la gestion séparée des sujets hindous, musulmans ou sikhs, selon un processus qualifié de *communalism* (communautarisme). À leur arrivée en Grande-Bretagne, ces immigrés furent encouragés non à s'intégrer à des nationalités closes - on ne peut pas « devenir anglais », - mais à renforcer leur identité originelle, à dimension ethnique et surtout religieuse, qui leur permettrait de rejoindre le conglomérat britannique en lui adjoignant de nouvelles entités comme « *British Muslim* », « *British Asian* », « *Black British* », etc. Ce modèle s'est répercuté sur la statistique officielle du royaume, où les individus sont invités à se définir par leur confession, race ou couleur, et quantifiés comme tels (contrairement à la France laïque, où l'État ne peut procéder à un recensement sur ces bases). Lorsque Rishi Sunak, premier descendant d'une famille du Raj indien à gouverner l'ancien empire qui avait assujetti son pays d'origine, est entré au 10 Downing Street, en novembre 2022, tandis que le Brexit fracassait le Royaume-Uni, la presse a révélé qu'il avait prêté son serment sur la *Bhagavad Gita*, texte fondateur de la spiritualité hindouiste. À l'identique, la sacralité du Coran et de son Prophète fait partie intégrante du mode d'allégeance des élus musulmans à la Couronne. Dans pareil contexte, une action en justice fut intentée par des associations islamiques pour faire interdire *Les Versets sataniques*. Une loi contre le blasphème était alors en vigueur au Royaume-Uni, mais ne protégeant des outrages que l'anglicanisme en tant que religion « établie », du fait que le monarque en est le chef. Les plaignants, soutenus par des organisations sunnites transnationales financées de la péninsule Arabique, demandèrent son extension à l'islam (ce qui fut refusé par les tribunaux - et ladite loi serait elle-même abolie en mars 2008).

Déboutés, les mécontents décidèrent de se faire justice eux-mêmes, en recourant à l'autodafé du livre « satanique » en place publique et sous les caméras des télévisions. Le choc des images fut de deux ordres. En Occident, elles évoquèrent l'Inquisition espagnole ou le nazisme. Dans le monde musulman, elles suscitèrent dans un premier temps l'écho d'une solidarité impuissante - les juges britanniques n'ayant pas cédé, malgré les pressions venant des dirigeants sunnites. Cela fournit à l'ayatollah Khomeyni un prétexte extraordinaire pour damer le pion à ceux-ci, en démontrant qu'il était le héraut et le héros des offensés, se substituant aux cours « mécréantes » anglaises et en prononçant lui-même, par sa célèbre fatwa du 14 février 1989, la condamnation à mort, au nom de la *chari'a* telle qu'il l'interprétait, de Rushdie ainsi que de ses traducteurs et éditeurs. La date précise avait en outre été choisie pour précéder d'une journée le retrait de l'Armée rouge de Kaboul occupée par les Soviétiques depuis une décennie, et contraints à cette défaite à cause de la pression des moudjahidin sunnites financés par les États du Golfe et armés comme entraînés par la CIA.

Cet événement majeur, qui a bouleversé durablement les équilibres idéologiques de la planète, avait eu pour premier terrain les spécificités de la structuration de l'islam au Royaume-Uni. C'est pourquoi je m'étais rendu plusieurs fois à Bradford, au cœur du Yorkshire, et dans d'autres lieux emblématiques de l'implantation des musulmans indo-pakistanais au fin fond des anciennes cités industrielles, afin de reconstituer le fil des événements, des prises de décision, l'imbrication entre maillage communautaire et système politique britannique. J'avais observé qu'un député travailliste avait implanté son *political office* (sa permanence) au sein même d'une mosquée - phénomène ahurissant au regard de la laïcité. J'étais persuadé à l'époque que la France serait immunisée contre ce type de phénomène et, de fait, les manifestations organisées contre le roman de Rushdie par un groupuscule intitulé La Voie de l'Islam - auquel appartenaient deux petits-enfants convertis de Maurice Thorez, l'ancien dirigeant suprême du Parti communiste - n'avaient eu quasiment aucun écho. Ma persuasion d'alors serait largement relativisée par la suite des événements, et la communautarisation croissante de notre société serait aspirée dans la spirale de la mondialisation islamique. À Clichy-Montfermeil, en 2010, j'observerai les candidats aux élections faire campagne à l'intérieur des mosquées. Et en 2020, ce serait le lobby électoral islamique de la Seine-Saint-Denis, l'UAM93 (Union des associations islamiques), qui désignerait à la vindicte des croyants le professeur Samuel Paty. Le malheureux serait ensuite décapité, en octobre, à quelques pas de son collège de banlieue parisienne, par le jihadiste tchétchène Abdullakh Anzorov, au motif d'avoir fait discuter par ses élèves des caricatures du Prophète pour réfléchir sur la liberté d'expression.

Le pendant français de l'affaire Rushdie de 1989 advient à la rentrée des classes de cette même année, dans un autre collège de banlieue parisienne, à Creil - quelques semaines avant la chute du mur de Berlin, le 9 novembre. Elle faisait suite à une décision passée alors inaperçue, prise au début de l'été par la branche française des Frères musulmans, anciennement « Groupement islamique en France » (GIF), alors intitulée « Union des organisations islamiques *en* France », de changer cette dernière préposition pour « *de* France ». En apparence anodine, cette modification signifiait que les Frères, dans leur stratégie internationale, avaient décidé de reclassifier la France sur la carte de l'islamisation de la planète - ainsi que le reste des pays occidentaux où résidaient des musulmans, issus de l'immigration comme convertis. Cette représentation traditionnelle du monde distingue deux entités ontologiquement opposées : le *dar al islam* (domaine de l'islam, ou terre d'islam) - gouverné par la *chari'a*, le droit issu des Écritures saintes - et le *dar al koufr* (d'impiété), où ce droit ne s'applique pas car le souverain n'est pas musulman. Ce second domaine est à son tour divisé en deux zones à la nature changeante ; le *dar al solh*, « domaine du contrat » où les musulmans peuvent vaquer à leurs occupations bien que la *chari'a* ne soit pas appliquée, et le *dar al harb* (de guerre), où ils sont requis de mener le jihad armé pour parvenir à la conquête du territoire qui tombera alors dans l'escarcelle de l'islam. Or, le fait accompli de la présence de musulmans ayant fait souche en Occident, suivi par la naissance dans la « terre de contrat » de musulmans citoyens de ces États, change la donne. Ceux-ci (et *celles-ci*, car les modalités de la visibilité des femmes dans l'espace public s'avéreront emblématiques, leur « pudeur » constituant une pomme de discorde) doivent pouvoir légalement respecter les injonctions de la *chari'a* pour ce qui les concerne. En d'autres termes, ce *dar al solh* disparaît comme tel et se métamorphose *ipso facto*, pour elles et eux, en domaine de l'islam. Lorsque l'un des dirigeants d'alors de l'UOIF m'expliqua cette mue, on aurait pu croire à quelque casuistique abstruse - d'autant qu'il me précisa, le ton paterne, que l'élévation de la France au rang de *dar al islam* ne signifiait pas que la *chari'a* s'appliquait immédiatement aux non-musulmans de l'Hexagone. Mais les causes et conséquences de cette « rupture épistémologique » étaient considérables et s'amplifieraient sans cesse par la suite.

En premier lieu, elles prenaient acte - sans l'expliciter, du fait de la concurrence entre chiites et sunnites - de la révolution législative et géopolitique inaugurée par la fatwa de Khomeyni, qui étendait sa juridiction à la planète. La position consécutive de l'UOIF se présentait comme plus acceptable. En effet, l'organisation ne condamnait personne à mort, elle exigeait « simplement » que les musulmans *de* France puissent se conformer à la *chari'a*, dans le cadre de leur liberté de croyance garantie par la Constitution. C'était le fondement théologique de l'affaire de l'irruption du voile islamique au collège de Creil, à la mi-octobre 1989, qui advint dans la foulée de cette décision, et dont les développements empoisonnèrent la vie des écoles et lycées par la suite – jusqu'à la loi de mars 2004, issue des travaux de la Commission Stasi, prohibant le port des « signes religieux ostentatoires » dans les établissements scolaires financés par le contribuable.

Cette affaire montée par l'UOIF consacrerait cette organisation comme la représentante par excellence des musulmans de France, qu'adouberait en tant que telle Nicolas Sarkozy lorsqu'il se rendrait à son congrès annuel en avril 2003 – espérant à l'époque que ces croyants « conservateurs » (donc opposés à la gauche, alors encore principalement identifiée à la laïcité – avant que des pans entiers ne basculent dans l'islamo-gauchisme) lui apporteraient leurs suffrages à l'élection présidentielle suivante. Il reviendrait à d'autres organisations sunnites, plus radicales et explicitement transnationales, Al-Qaïda d'abord et Daesh ensuite, dans les deux premières décennies du XXIe siècle, de prolonger cette logique d'expansion planétaire du *dar al islam* en condamnant à mort dans les pays occidentaux anciennement « à l'ouest d'Allah » ceux qu'elles désigneraient comme apostats ou mécréants, s'alignant ainsi complètement sur la ligne de Khomeyni pour le dépasser haut la main dans leur macabre bilan.

V

Jihad

L'année 1989, qui marque l'espace islamique européen par les affaires Rushdie et du voile islamique, respectivement, sur chacune des rives de la Manche, représente aussi une date charnière pour le monde musulman en général. Elle scelle le triomphe éclatant du jihad sunnite sur le terrain afghan - même si la fulgurance en est obnubilée dans un premier temps par la fatwa chiite de Khomeyni. Les *moudjahidin* (mot à mot « combattants du jihad ») ont précipité le 15 février la chute de l'une des deux superpuissances qui régentaient le monde depuis les accords de Yalta de février 1945 : l'Union soviétique. Cela nourrira chez ces militants armés et leurs zélateurs un sentiment d'hubris et d'invincibilité, la certitude qu'ils s'inscrivent - comme aurait pu le formuler l'ancienne expression marxiste - « dans le sens de l'Histoire ». Mais foin désormais du « matérialisme dialectique », auquel ils ont porté l'estocade à Kaboul, prélude de quelques mois à la chute finale, celle du mur de Berlin, le 9 novembre. Bien plutôt, ils se projettent dans la légende sacrée transhistorique de l'islam et de sa révélation, en tant que « cavaliers sous la bannière du Prophète » - pour emprunter au titre du manifeste d'Al-Qaïda rédigé puis mis en ligne vers

1996-1997 par le médecin égyptien Ayman al-Zawahiri, qui sera ensuite le principal concepteur des attentats du 11 Septembre et enfin le successeur de Ben Laden à la tête de l'organisation, de 2011 à 2022.

Cette légende dorée, propagée en chaire dans les mosquées à longueur de sermons (*khutba*) et autres leçons (*dars*), est fondée avec la Révélation et initiée par l'an zéro de l'hégire – l'émigration du Prophète et de ses premiers compagnons de La Mecque à Médine, en 632 de l'ère chrétienne. Auparavant, il n'y eut que ténèbres et ignorance, ou *jahiliyya*. Ainsi les plus littéralistes des islamistes contemporains, à l'instar des talibans dynamitant les bouddhas de Bamyan en mars 2001, ou de Daesh anéantissant à coups de masse les antiquités assyriennes du musée de Mossoul en février 2015 ou ravageant le site de Palmyre avant de supplicier son directeur, se sentent légitimés à effacer toute trace d'un passé antéislamique afin d'en parfaire la dénégation. À partir de l'hégire, le moteur du temps est exclusivement celui des « conquêtes islamiques » (*foutouhat islamiyya* – « ouvertures à l'islam de nouveaux territoires »), ayant vocation à s'étendre à la planète.

Sa soumission entière et attendue à cette religion constituerait pour ces croyants les plus fondamentalistes leur... « fin de l'histoire », notion hégélienne remise à la mode par Francis Fukuyama dans son best-seller homonyme, paru en 1992 après la chute du mur de Berlin – et que cet auteur traduisait en triomphe éternel du modèle américain. Ironiquement, les jihadistes se projettent dans le futur selon le même mode téléologique que ce chantre de la démocratie de marché, mais leur objectif est sensiblement différent ! Pour eux, ce processus s'inscrit dans la continuité linéaire de la geste du Prophète et des califes successeurs : conquérir graduellement le *dar al koufr*, la « terre de mécréance », et instaurer sur ses décombres le règne de l'islam.

Or, depuis l'échec du siège ottoman de Vienne en 1683, le *dar al islam* n'avait fait que reculer sous la pression européenne, tant dans les Balkans qu'avec l'expansion coloniale du Maghreb aux Indes en passant par le Moyen-Orient. Certains de ces territoires se sont même laïcisés, à l'instar de la Turquie d'Atatürk, de la Tunisie de Bourguiba, d'autres instaurant - pire encore - le socialisme « athée », en Égypte, Algérie, Syrie, Irak, et jusqu'à l'Afghanistan passé sous la botte soviétique à compter de l'invasion de l'Armée rouge en décembre 1979. Cette multiséculaire décadence des musulmans - *inhitat al muslimin*, comme la nomment ses déplorateurs - n'avait été contrée au début du XXe siècle que par quelques lueurs d'espoir : la création des Frères musulmans à partir de la fin des années 1920 en réaction à la disparition du califat ottoman, ultérieurement la montée en puissance financière du wahhabisme saoudien, futur vecteur de la réislamisation planétaire. La victoire des jihadistes à Kaboul en 1989 - ses thuriféraires barbus en occulteront le soutien militaire américain et l'appui crucial de la CIA - joue un rôle cardinal dans cette réécriture sacrale de l'histoire. Elle stoppe le « déclin » des trois derniers siècles, rétablit le tempo de la conquête et relance l'espérance eschatologique d'une expansion irrépressible.

C'est pour prendre la mesure de ce phénomène majeur, qui inaugure l'émergence dans le système du monde d'un nouvel « espace de sens islamique » – au moment où s'effondre celui du communisme, qui avait traversé le XXe siècle comme l'alternative par excellence au capitalisme – que je ressens l'urgence de me lancer dans sa mise en récit globale. Le jihad – un terme dont la signification était jusqu'alors à peu près inconnue du public occidental – en étant le propulseur, j'intitulerai ainsi l'ample volume que je lui consacre, pour lequel la recherche m'amène à parcourir le monde, et m'occupe, avec la rédaction proprement dite, trois années pleines. Ce projet est mal vu du Centre de recherches internationales de Sciences Po, auquel j'appartiens, et son « Conseil de laboratoire », qui ne lui trouve aucune pertinence, m'en refuse tout financement, préalable à ma mise à l'écart définitive. Grâce à mon mentor, Rémy Leveau, je bénéficierai du soutien de la Fondation de France, qui me permettra de sillonner l'univers musulman de l'Indonésie à l'Afrique noire – outre l'espace arabe, dont j'étais le plus familier – pour étayer mes hypothèses. Le professeur Martin Schain, en m'invitant à passer l'année universitaire 1995-1996 dans les universités de New York et Columbia, m'ouvre quant à lui les bibliothèques en libre accès de ces temples du savoir, sans lesquelles je n'aurais jamais pu élaborer mes premiers faisceaux d'intuitions.

Ces dernières années héroïques du deuxième millénaire chrétien sont celles des balbutiements d'internet, avant que la masse des connaissances humaines ne devienne accessible à un téléphone connecté. Il faut encore, à cette époque prénumérique, aller chercher celles-ci à la source où les livres ont été à grand effort rassemblés sur des rayonnages, avant de parcourir les routes défoncées de l'Afghanistan sous la terreur des talibans, la brousse sénégalaise à la rencontre du calife des Mourides, à Touba – dont j'observe les disciples prosternés s'enduire le visage de sable mêlé de ses crachats, les bazars de Peshawar à Delhi, la Bosnie de la guerre civile jihadisée –, où je note la prolifération des centres culturels iraniens, l'Indonésie et la Malaisie, dont l'islam indopacifique placide s'est brusquement enflammé sous l'effet de la prédication des Frères musulmans et des pétrodollars de la péninsule Arabique, et jusqu'à l'Égypte de mes débuts. La banlieue cairote informelle d'Embaba – résidence de mon ancienne employée de maison Ihsan, qui m'avait annoncé en termes virulents l'assassinat de Sadate, en octobre 1981 – y est devenue pour quelques mois la « République islamique » insurgée du cheikh Gaber avant son écrasement par les blindés de Moubarak. Sans oublier les banlieues françaises où se pavane l'UOIF.

Je passe ainsi le cap de la quarantaine, propice aux tempêtes de la « crise de milieu de vie » – la *midlife crisis* des psychologues américains –, nourri de l'expérience et des épreuves de trois lustres d'apprentissage de mon métier entre Le Caire, Marseille, Jérusalem et Harlem, mais en disposant encore un peu de l'énergie portée de la jeunesse, et en me décentrant des guerres picrocholines de l'Université parisienne par la rupture fondatrice d'un an d'exil à New York. Peut-être pareille distanciation, parce qu'elle bouleversa habitudes et certitudes rassies, eut-elle vertu heuristique ? À force d'être imbibé de l'idiosyncrasie des militants islamistes, l'aurais-je vécue comme mon hégire personnelle ? On n'est jamais le mieux placé pour faire la théorie de sa propre pratique, mais la réminiscence d'expériences limites vécues durant l'élaboration de *Jihad*, avant qu'elles ne disparaissent de mes souvenirs, me semble la plus appropriée à restituer la fabrique de ce livre. Un quart de siècle après sa parution, il reste, parmi la vingtaine d'ouvrages que j'ai publiés, celui qui, malgré ses nombreuses imperfections, culmine avec plus du quart des 15 000 références dont me crédite la base de données de Google Scholars. Telle souvenance vivace en dira peut-être davantage sur la genèse de ce travail que les polémiques qu'il a suscitées.

En 1998, je suis parvenu à me rendre dans Kaboul passé sous l'emprise des talibans, après les années de guerre civile ravageuses entre commandants de moudjahidin consécutives au retrait soviétique. J'ai pu bénéficier à l'aller d'un petit avion affrété par la Croix-Rouge depuis Peshawar, au Pakistan, mais je devrai me débrouiller pour le retour. Par contraste avec le vacarme des bazars pakistanais, je suis stupéfait du silence de la terreur que font régner les maîtres du pays - ont suffi les exécutions publiques, suivant les jugements expéditifs des tribunaux de la *chari'a* condamnant à mort toute déviance réelle ou symbolique. Au marché local, où les transactions s'effectuent dans un murmure craintif, ne s'élèvent que les chants du bazar aux oiseaux, mais ces volatiles sont prisonniers dans des cages - comme les femmes derrière le grillage tissé de leur *tchadri* noir. Dans l'ancien ministère des Affaires étrangères, construit sur le modèle architectural soviétique, où je me rends pour obtenir mon visa de sortie, et dont les diplomates ont été chassés, exilés, emprisonnés ou tués, les parterres de fleurs d'antan ont été envahis par le chanvre indien, les portes ballantes s'ouvrent sur des bureaux vides couverts de poussière et de toiles d'araignées - dans l'un d'entre eux, un individu enturbanné finira, après des heures d'attente, par tamponner mon passeport, sur la requête de l'ONG qui m'héberge. Sur la route défoncée du retour vers le Pakistan, au niveau de Jalalabad, à l'un des innombrables check-points, soupçonneux, on me refuse le passage. La conversation s'envenime avec mon chauffeur - ce dernier parle *dari*, le persan afghan des urbains, les talibans s'expriment dans le langage *pashto* rural. Ils m'extraient du véhicule, mitraillette pointée, sans que j'aie la moindre idée de ce qui se passe. Je me rappelle simplement que s'étend au-delà de la route un immense champ de pavots en fleurs - peut-être ma dernière vision du monde avant d'être sommairement abattu. Finalement, le conducteur, blanc comme un linge, m'invite à remonter dans la voiture après une ultime palabre, et nous faisons demi-tour pour Kaboul, afin d'obtenir un nouveau laissez-passer. Je n'en mène pas large non plus.

Je porte alors la barbe - l'ayant délibérément laissée pousser car il est interdit de se raser dans l'« Émirat islamique », mais sans doute est-elle trop courte - la norme veut, selon la *chari'a* sunnite, qu'elle dépasse la longueur d'un poing fermé - et je me suis enveloppé dans un *chatoush*, le grand châle de laine local, que je ne sais pas bien porter. Toujours est-il que j'ai été soupçonné d'être chiite (les islamistes iraniens portent la barbe rognée), donc hérétique, par les talibans du barrage routier, qui ne savent pas lire les caractères latins de mon passeport, et mes réponses en arabe à leurs questions m'avaient rendu plus suspect encore. Je ne vaux guère plus que la rafale qui purgera la terre d'islam de la souillure que j'incarne... À force de parlementer, le chauffeur les a convaincus que je n'étais qu'un chien d'infidèle rattaché à l'une des ONG qui fournissent des subsistances indispensables à la population, c'est toujours mieux qu'un *rafida* (la dénomination polémique des chiites) que le commandement divin prescrit de liquider. Nous en sommes quittes pour la vexation de devoir refaire des kilomètres de route en rentrant à Kaboul, afin qu'un autre bureau me délivre un nouveau tampon identique que personne du reste ne contrôlera. Le second voyage, assuré par un chauffeur de langue *pashto*, n'est émaillé d'aucun incident d'ampleur à part les crevaisons multiples sur la route dont le bitume a disparu. Quant aux talibans qui nous interceptent, ils ne cherchent plus que d'éventuelles « minicassettes » de musique qui existaient à l'époque, strictement interdites par la *chari'a* comme corruptrices des mœurs, qu'ils confisquent et dont ils tirent le ruban magnétique pour enrouler les objets du délit à un piquet d'où ceux-ci se balancent au vent comme des pendus.

À l'été 2021, après le retrait américain de Kaboul et la dernière reconquête de l'Afghanistan par les talibans, je participerai en distanciel, par ces temps de Covid-19, à un débat radiophonique sur la situation paradoxale qui a vu les vaincus de 2001, à la suite de l'opération militaire occidentale postérieure au 11 Septembre, revenir au pouvoir – « vingt ans après », comme aurait pu l'écrire Alexandre

Dumas. L'un des intervenants de l'émission, un universitaire emblématique de la mouvance islamo-gauchiste, s'insurge contre la vision « caricaturale », répandue en Occident, des nouveaux maîtres d'un pays dont ils sont les enfants authentiques. Il veut pour preuves de leurs moralité et compatibilité avec les valeurs universelles que ceux-ci ont toujours éradiqué la culture de l'opium et le trafic d'héroïne… Me revient alors à l'esprit le champ de pavots que j'avais sous les yeux lorsque je croyais ma dernière heure venue en 1998, mais mon temps de parole est échu et je n'ai pas l'opportunité d'opposer à ce collègue « politiquement correct » un contre-exemple à son propos péremptoire, qu'il n'aurait de toute manière ni entendu ni écouté…

Jihad paraît en l'an 2000, et couvre la période 1979-1999, soit les deux décennies consécutives qui vont, pour la première, de l'invasion de l'Afghanistan par l'Armée rouge jusqu'au retrait soviétique de Kaboul et, pour la seconde, de l'émergence des jihads algérien, égyptien et bosniaque, en 1992, jusqu'à leur échec, entre 1995 et 1997. Il documente également ce que l'on peut savoir d'Al-Qaïda à cette époque, jusqu'aux attentats contre les ambassades américaines de Tanzanie et du Kenya, le 7 août 1998, sans pouvoir, bien évidemment, anticiper que celles-ci auront été le prélude au 11 Septembre 2001.

Sous-titré *Expansion et déclin de l'islamisme*, le livre argumente que le succès du jihad afghan durant la première décennie doit autant au soutien populaire qu'à l'aide militaire américaine destinée à porter le fer contre l'URSS afin de liquider le bloc communiste et à remporter la guerre froide. Il est aussi largement redevable aux financements des pétromonarchies pour lesquelles la victoire de moudjahidin sunnites, capables de bouter hors de la terre d'islam les mécréants soviétiques, leur permet de damer le pion à l'Iran chiite dans sa prétention à l'hégémonie sur les musulmans de la planète. Or, comme on l'a mentionné, le coup d'éclat de la fatwa contre Rushdie la veille du retrait de Kaboul par l'Armée rouge permettra à Khomeyni de contrer le succès militaire sunnite par une victoire médiatique.

Dans un second temps, à partir de 1992, les jihads lancés sur les rives du Nil, dans l'ex-Yougoslavie et en Algérie à l'initiative ou avec l'appui actif de ressortissants de ces pays qui ont combattu en Afghanistan (surnommés les « Arabes afghans »), ont échoué après des succès initiaux car ils n'ont pas été capables de mobiliser durablement la population, au-delà des cercles de combattants. Les exactions mêmes qu'ils ont commises - parfois encouragés par des agents provocateurs infiltrés dans leurs rangs - ont retourné contre eux les masses musulmanes qu'ils avaient voulu embrigader. Enfin, l'aide de l'armée américaine et de la CIA a fait la différence sur le plan militaire pour faciliter le succès de l'insurrection en Afghanistan dans les années 1980, alors que celles des trois autres pays, durant la décennie 1990, ont pâti de son absence, facilitant la reprise en main par le pouvoir établi.

En rétrospective, l'une des lacunes de cette étude concernait le jihad en Tchétchénie pendant cette même période, qui participait d'une logique et d'une évolution assez comparables aux trois pays que j'avais observés, et aurait des conséquences à longue portée - la plus dramatique, sur le sol français, serait la décapitation du professeur Samuel Paty, en octobre 2020, par un jihadiste tchétchène dont la famille s'était vu accorder l'asile humanitaire face aux persécutions russes... Mais l'accès à cette région en guerre s'avérait impossible pour moi.

L'ouvrage connut un certain écho, et fut rapidement traduit en une douzaine de langues. Or cela provenait sans doute, comme le succès antérieur de *La Revanche de Dieu*, d'un malentendu : la plupart des commentaires médiatiques y voyaient la prédiction du « déclin de l'islamisme », qui composait la seconde partie du sous-titre, alors que je m'étais efforcé d'analyser les causes et les modalités de la victoire du jihad afghan d'abord, en les contrastant ensuite avec les échecs de ses répliques durant la décennie consécutive. Le travail argumenté de l'universitaire était réduit à conforter les aspirations simplificatrices de certains journalistes. Cela valut à l'auteur deux salves de critiques dont la virulence était logiquement proportionnelle à la visibilité que la couverture de presse initiale donna à ce livre.

La première émana d'Olivier Roy. Nous étions jusqu'alors en termes assez cordiaux, organisant des colloques internationaux, et je l'invitais régulièrement à des sessions de formation destinées à des entreprises qui m'en avaient confié l'organisation, notamment pour parler de ses recherches sur l'Afghanistan, dûment citées dans *Jihad*. Il avait également commis un bref essai intitulé *L'Échec de l'islam politique*, fondé davantage sur un raisonnement logique personnel que sur l'analyse des données sociologiques et historiques ou l'enquête de terrain. Je ne l'avais pas trouvé pertinent pour mon propos et de ce fait n'en fis point usage. Alors que nos deux livres n'avaient rien en commun par leur méthode ni leur aboutissement, celui-ci fit la tournée des institutions universitaires pour se plaindre que je lui aurais chipé ses idées. Lorsque la rumeur m'en parvint, et pour désamorcer une polémique qui – à cette époque – n'avait pas lieu d'être si ce n'est d'avoir égratigné son ego, je lui proposai de citer son opuscule, pour solde de tout compte, dès la première réimpression, il agréa, et ce fut fait. Mais l'acrimonie persista, et évoluerait vers des interprétations radicalement divergentes du phénomène islamiste au cours des deux décennies suivantes. La confrontation des idées est à la base du progrès scientifique, mais tant les enjeux de société, les alignements idéologiques que le contrôle des financements de la recherche qui en furent la conséquence, à mon détriment, creusèrent une profonde rupture épistémologique entre nous, qui se traduirait par un conflit structurel.

La seconde série de critiques vint d'un certain nombre de titres de presse qui, après avoir tiré le livre dans le sens de leurs expectatives, accusèrent l'auteur, au lendemain du 11 Septembre, de s'être radicalement fourvoyé en mentionnant le « déclin » de l'islamisme (me faisant porter le chapeau de leurs propres conclusions hâtives). N'ayant pas lu l'ouvrage, mes contempteurs ignoraient que son propos était consacré à l'analyse comparée des causes et modalités de l'expansion jihadiste des années 1980, en contraste avec celles de ses déconvenues durant la décennie suivante. La suprême mise au pilori vint d'un hebdomadaire satirique qui, au vu des errances dont il me tenait coupable, n'en exigeait pas moins que ma mise à pied immédiate, afin de soulager le budget de l'Université, grevé par le salaire d'un incompétent...

Face à ce réquisitoire, c'est dans le manifeste d'Ayman al-Zawahiri, *Cavaliers sous la bannière du Prophète*, que je trouvais l'argumentaire du plaidoyer pour ma défense : le 11 Septembre - dont il fut le concepteur - procédait exactement du même bilan que j'avais fait de l'insuccès des jihads de la décennie 1990. L'attaque des tours jumelles et du Pentagone visait à renverser la situation de « déclin », afin de galvaniser pour de bon les masses qui n'avaient pas suivi, en Algérie, Bosnie ou Égypte, l'avant-garde jihadiste par peur de l'hyperpuissance occidentale. Avec la « double razzia bénie » sur New York et Washington, Al-Qaïda avait fait trébucher l'Amérique et aussi, en crevant l'écran télévisé, aspiré à remporter en 2001 la guerre médiatique, dont Khomeyni avait gagné une bataille avec sa fatwa de 1989. Il me faudrait resituer le phénomène dans un processus à plus long terme que ce que j'avais pu faire avec seulement vingt ans de recul, lors de la parution de *Jihad*, en l'an 2000, pour reconstituer la « dialectique » du jihadisme contemporain - une étude à laquelle je consacrerai les deux décennies ultérieures, à travers les soubresauts d'Al-Qaïda puis de Daesh. Dans l'immédiat, la traduction de *Jihad* en anglais, qui paraît postérieurement au 11 Septembre, permet une refonte de l'ouvrage qui intègre cet événement majeur et l'inscrit dans l'aboutissement des développements précédents - elle fournira la norme des éditions ultérieures, notamment de la réimpression en format de poche de la version française.

VI

Fitna

Le terme arabe *jihad* fait désormais partie du vocabulaire occidental, et il n'est plus nécessaire de le traduire - même si l'on dispute à l'infini pour déterminer s'il s'agit d'un simple impératif spirituel pour les croyants afin de parfaire, par un « effort » permanent, la mise en œuvre de leur foi durant leur existence terrestre, ou d'un engagement guerrier pour l'expansion de l'islam jusqu'à soumission de la planète entière à Allah. Il en va à la fois de l'un et de l'autre, à l'image du champ lexical de « croisade » qui fonctionne en miroir, et qui, en anglais plus qu'en français - idiome davantage laïcisé au cours du siècle écoulé -, conserve fortement jusqu'à nos jours son acception d'engagement spirituel ou social, en sus de sa signification de « guerre sainte ».

Fitna en revanche n'a pas passé la barrière linguistique. Je l'ai pourtant choisi - sur la suggestion d'un ami algérien - pour intituler le volume succédant à *Jihad*, parce que les concepts « indigènes » dont il est porteur m'ont semblé les mieux à même d'exprimer les logiques à l'œuvre dans les développements heurtés de l'islamisme militant porté à l'incandescence après sa « victoire » sur l'Armée rouge en Afghanistan, et cherchant sa voie pour transformer durablement cet essai, après les performances décevantes de ses activistes dans les années 1990 de l'Algérie à l'Égypte en passant par la Bosnie. Le terme *fitna*, dans le registre sémantique de l'arabe, où l'usage coranique - aussi riche que complexe - des mots demeure le référent principiel, fonctionne comme le principe inverse du jihad. La *fitna* (de genre féminin) exprime une violence mal maîtrisée et excessive qui déchire de l'intérieur l'Oumma (la « communauté des fidèles musulmans »), et la met ainsi au péril d'une fragmentation dont profitent les *kouffar* (mécréants) pour s'employer à la détruire. Il n'est pas sans pertinence de remarquer que *jihad* est un principe « rationnel » masculin - utilisé également comme prénom d'homme - tandis que *fitna* connote le registre irrationnel, pulsionnel, un prénom de femme en dérivant... Le Coran, dans la sourate « La vache », précise que « la *fitna* est pire que le meurtre », du fait du péril mortel qu'elle fait planer sur la communauté qui s'y adonnerait.

En prélude aux recherches qui aboutiraient à la publication de *Fitna*, j'effectue une tournée dans le monde arabe pour tâcher d'en « prendre la température » dans les lendemains du 11 Septembre. L'événement revêt un caractère si cataclysmique et stupéfiant pour les administrations occidentales qu'elle les prend totalement au dépourvu, et que les préventions qu'elles nourrissent habituellement contre les électrons libres universitaires dans mon genre sont momentanément levées - dans l'urgence. C'est ainsi qu'une mission « à chaud » m'est confiée par quelques diplomates larges d'esprit de la Direction de la coopération du ministère des Affaires étrangères, les futurs ambassadeurs Philippe Étienne, Yves Saint-Geours et Élisabeth Béton-Delègue notamment, pour me rendre sur le terrain au Moyen-Orient. J'y sonderai les reins et les cœurs de mes interlocuteurs afin de comprendre leurs perceptions du phénomène, vues de la région dont il procède.

Cette tournée donnera lieu à la publication en janvier 2002 de la brève *Chronique d'une guerre d'Orient*, destinée à prendre date en relevant les faits saillants, à recueillir sur-le-champ les réactions et jugements, prélude à une enquête plus en profondeur pour inscrire ces événements en contexte. Ce petit livre sera aussi le coup d'essai pour un volume ultérieur plus ample, mais de même facture, le journal de voyage *Passion arabe*, une éphéméride rédigée sur le terrain durant les « printemps » de 2011-2013, de la Tunisie au Yémen et à la Syrie, avant que l'histoire ne fracasse impitoyablement cette utopie entre le Charybde du jihadisme et le Scylla de la dictature.

Durant ces quelques semaines de déambulation au Levant, en Égypte et dans le Golfe, je suis frappé par l'ambivalence de la plupart de mes interlocuteurs arabes. Ils mêlent parfois dans le même raisonnement deux propos contradictoires. Le premier marque leur incrédulité quant à l'implication de musulmans dans l'attaque, et favorise l'incrimination d'Israël. Les juifs employés dans les tours jumelles du World Trade Center auraient reçu, selon la rumeur, un message matinal (toujours introuvable deux décennies plus tard...) leur enjoignant de ne pas se rendre au travail ce jour-là. Les attentats ne seraient ainsi qu'un complot sioniste afin de nuire à l'image de l'islam. Le second propos tire une immense fierté que Ben Laden ait héroïquement tenu tête à l'Occident. En Égypte, on me raconte une *nokta*, ces blagues qui tiennent lieu de sagesse populaire à valeur de véridicité, selon laquelle une dame, stoppée alors qu'elle pénètre dans les toilettes pour hommes, rétorque offusquée : « Pourquoi ? Ben Laden est-il là-dedans ? Car il n'y a plus d'autre homme qui vaille dans le monde arabe ! »

Dans les lendemains des attentats, le politologue égypto-américain Mamoun Fandy qualifiait, avec le sens de l'humour typique de la vallée du Nil, ceux de ses coreligionnaires manifestant une prudente ambiguïté de *gama'at ben Laken* (*laken* signifiant « mais » en langue arabe : « les gens du *ben* mais ») - un jeu de mots construit sur l'assonance avec le nom du chef d'Al-Qaïda, Ben Laden. Ces derniers désapprouvaient le « meurtre d'innocents » aux États-Unis, *mais* le relativisaient, voire le comprenaient, en comparaison avec les bombardements américains d'alors sur l'Afghanistan des talibans, la répression israélienne contre les Palestiniens, les « crimes du sionisme et de l'impérialisme », de la colonisation, etc. en général. Sans avoir la prétention de tirer de statistiques de l'échantillon fourni par mes interlocuteurs, cette présentation de la situation était dominante, avec diverses gradations, au travers des dizaines de conversations et entretiens que je menai durant mon séjour.

Une autre réaction, qui aurait d'importantes suites lors des « printemps arabes », dix ans plus tard, fut celle d'un dirigeant des Frères musulmans égyptiens, le médecin

'Issam al 'Aryan, l'un de mes interlocuteurs habituels. Pour ma thèse, j'avais utilisé et traduit un de ses articles, publié au début de la décennie 1980 dans le mensuel de la confrérie, *Al da'wa* (« l'appel à l'islam »), rédigé quand l'auteur était encore carabin. Il y manifestait une vision stratégique de l'islamisme dans le siècle à venir. Il avait ultérieurement critiqué mon *Prophète et Pharaon*, lu dans une traduction arabe médiocre, mais me percevait comme un relais vers l'Occident des messages apaisants que voulaient faire passer les Frères *ad gentes* (il maniait simultanément un autre registre, *ad intra*, nettement plus virulent). Selon lui, la leçon que devaient tirer de l'attentat Washington, Londres ou Paris était simple : le monde arabo-musulman s'avérant désormais gagné aux idées des islamistes politiques, seul un accord avec la confrérie, qui prêchait une version non violente, pouvait prémunir l'Occident contre les « extrémistes » du jihad et de la terreur qu'ils déclenchaient. Ce compromis historique permettrait de faire du business avec un monde musulman où la réislamisation militante des sociétés, sous la houlette des Frères, constituerait le principal vecteur de la paix sociale et de l'ordre public à l'avenir. Le soutien aux régimes militaires antiislamistes ne pourrait avoir *a contrario* pour conséquence prévisible qu'une aggravation de la violence, et la montée irrépressible de la haine envers l'Amérique et l'Europe. Je l'écoutais avec une attention polie, peu convaincu pardevers moi de la force de conviction de son raisonnement à la Maison-Blanche ou à l'Élysée. Son propos y serait pourtant entendu, mais une décennie plus tard, à la suite des « printemps arabes » de 2011.

Dans un premier temps, durant les premières années de stupeur, on encouragea la main de fer de nombreuses dictatures arabes qui pouvaient se prévaloir, la main sur le cœur devant les dirigeants occidentaux, de constituer un « rempart contre le terrorisme ». Ni le Département d'État ni la Commission européenne n'allèrent vraiment chercher de noises concernant le respect des droits de l'homme à Moubarak, Ben Ali, Assad, ni même Kadhafi, désormais devenu fréquentable en dépit de son bilan terroriste impressionnant - seul Saddam Hussein ferait l'objet d'une stratégie d'éviction au nom de la « guerre contre la terreur ». Mais, dans un second temps, avec la survenue des « printemps arabes », dix ans après le 11 Septembre, l'excès même de cette mansuétude envers la plupart des despotes de la région, désormais renversés ou sur la sellette, remettrait au goût du jour, de Barack Obama jusqu'au Quai d'Orsay, la politique d'« engagement avec les islamistes » dans les termes voulus dès 2001 par mon interlocuteur 'Issam al 'Aryan. Elle serait applaudie par la mouvance « islamo-gauchiste » et même au sein de la droite catholique, tant à l'Université que dans la classe politique, se traduisant aussi dans les sociétés européennes en termes de consécration des Frères et de leur idéologie, depuis le soutien au port du *hijab* jusqu'à la lutte contre l'« islamophobie », dans l'espoir de capter ainsi les suffrages des « croyants » devenus citoyens, et encouragés à se réislamiser de la sorte. De Nicolas Sarkozy, ministre de l'Intérieur « venant en ami » au Congrès de l'UOIF en avril 2003, jusqu'à la participation de Jean-Luc Mélenchon en novembre 2019 à la manifestation parisienne, avenue de la République, « contre l'islamophobie » aux cris d'*Allah Akbar*, la course à l'échalote fériste a imprégné la vie politique dès la deuxième décennie du siècle, telle l'ombre portée du grand chambardement du 11 Septembre.

À la suite de ma tournée de l'automne 2001, je décidai donc, après m'être immergé principalement dans le *dar al islam* traditionnel pour la rédaction de *Jihad*, de revenir aux allers-retours entre celui-ci et le monde occidental pour élucider de quoi Al-Qaïda était le nom. Cette organisation encore empreinte de mystère avait frappé au cœur la « terre de mécréance », et était nimbée désormais d'une extraordinaire aura cathodique. En bouleversant le calendrier, transformant la première année du troisième millénaire chrétien en point de départ du millenium islamiste, Ben Laden impose brusquement à la planète le temps hégirien. Le jihad était soudain devenu le moteur de l'histoire, et des milliers d'experts instantanés commirent en hâte des livres, plus ou moins bien inspirés, sur ce phénomène. Pour ma part, je me fixais pour tâche de l'inscrire dans le métarécit islamiste que j'avais commencé à décrypter depuis cette guerre du Kippour - ou du Ramadan - entre Israël et ses voisins arabes en octobre 1973, qui avait marqué le déplacement du barycentre du monde arabe du nationalisme vers l'islamisme politique. Je m'engageais ainsi dans ce qui serait en définitive la fresque d'un demi-siècle - qui se superposerait peu ou prou à ma propre quête de quatre décennies au gré de mes séjours sur le terrain, et dont je guetterais les incidences presque au jour le jour, pour tenter de donner une cohérence et un principe organisateur à l'ensemble de cette séquence.

Après l'échec des jihads d'Égypte, d'Algérie et de Bosnie, il fallait remettre en perspective un autre phénomène majeur au Moyen-Orient : la toute fin de la dernière décennie du XXe siècle avait été marquée par un regain exceptionnel de violence entre Israël et les Palestiniens. Elle sonnait le glas de la « paix d'Oslo », conclue sous les auspices de Bill Clinton en septembre 1993, qui avait permis la reconnaissance mutuelle des deux parties selon le principe la « paix contre les territoires », autorisant l'implantation d'une Autorité palestinienne dans la bande de Gaza et en Cisjordanie, à la suite du soulèvement (*intifada*) de 1987. Concrétisé par la poignée de main entre Yasser Arafat et Yitzhak Rabin dans la roseraie de la Maison-Blanche, ce processus, croyait-on alors à Washington, supprimerait l'irritant du conflit qui persistait autour de la Terre sainte et permettrait d'intégrer le Moyen-Orient dans la *pax americana,* sous le contrôle d'une hyperpuissance désormais débarrassée de son rival soviétique.

Cet espoir se consuma soudain, ensemble avec le XXe siècle, lorsque Ariel Sharon, candidat au poste de Premier ministre israélien, se rendit en grand appareil le 28 septembre 2000 sur l'esplanade du Temple à Jérusalem, qui est aussi celle de la mosquée Al-Aqsa (le troisième sanctuaire le plus saint pour les musulmans après La Mecque et Médine). Cette provocation délibérée enclenche un cycle de manifestations violemment réprimées, et Arafat proclame en rétorsion l'« intifada d'Al-Aqsa ». L'expression faisait référence à la fois au premier soulèvement, treize ans auparavant - qui avait contraint l'État juif à la négociation d'Oslo -, et à ce lieu de culte, qui symbolise et cristallise, dans la rhétorique islamiste et au-delà chez tous les nationalistes arabes, l'occupation israélienne de la Terre sainte à laquelle ils brûlent de mettre fin. La photo de la mosquée, parfois entourée de chaînes, figure en bonne place, dans nombre de foyers, sertie d'un cadre doré, comme le rappel insistant qu'il est du devoir de tous les musulmans de libérer celle-ci, et que tel demeure l'impératif ultime du jihad.

Sharon comme Arafat considèrent, pour des raisons inverses, que le processus de paix a échoué, et voient dans le déclenchement de la violence l'occasion de renverser la table - chacun en sa faveur. Le raïs palestinien a besoin de concessions israéliennes pour résister à la surenchère des islamistes du Hamas, qui s'appuient sur le mécontentement populaire pour incriminer sa traîtrise en concluant la « paix honteuse avec les juifs ». Quant au leader du Likoud, il veut rétablir un rapport de force militaire et stratégique en faveur d'Israël, qui ne dépende plus de marchandages diplomatiques mais soit construit au forceps, sur le terrain. La fureur des deux parties s'emballe dans une surenchère inouïe, et du côté palestinien elle s'exprime par une spirale d'attentats-suicides - violemment réprimés et qualifiés par leurs partisans d'« opérations martyres ». Celles-ci bénéficient d'un fort soutien dans la « communauté des croyants » au sens large, jusque chez les Frères musulmans « modérés » tel le cheikh al-Qaradawi, qui les justifient au nom de la libération d'une terre d'islam usurpée par des infidèles. Ils considèrent qu'il n'existe pas de « civil » israélien, car tous les citoyens juifs, femmes incluses, sont des réservistes de l'armée, et que les enfants eux-mêmes sont de futurs conscrits, donc des cibles légitimes.

Dans cette escalade, Hamas et jihad islamique sortent renforcés face au Fatah d'Arafat, qui utilise les attentats dans l'espoir vain d'obtenir des concessions de l'État hébreu, tandis que la stratégie de terreur de ses concurrents islamistes paraît aux masses arabes plus pertinente face à l'implacable répression adverse. Al Jazeera - la chaîne satellitaire fréro-qatarie émet depuis 1996 et cette couverture des affrontements constitue le premier grand programme international exclusif assurant sa célébrité - glorifie à longueur d'émissions l'héroïsme des martyrs et dénonce sans relâche les exactions israéliennes - à l'échelle de l'ensemble du monde musulman, de l'Indonésie jusqu'aux banlieues européennes. Cette légitimation de la terreur - pour laquelle est convoqué un verset du Coran (« Et rassemblez tout ce que vous pouvez comme forces et comme cavalerie pour terroriser [*turhibûn*] l'ennemi d'Allah et le vôtre », sourate « Le butin », verset 60) - créera, en rétrospective, le terrain favorable à l'acceptation de la « double razzia bénie » du 11 septembre 2001. D'autant plus que, cet été-là, l'Intifada marque le pas face aux succès de la répression, accroissant frustration et attentes chez les soutiens internationaux des Palestiniens.

La consécution immédiate entre l'intifada d'Al-Aqsa et le 11 Septembre a rarement été soulignée, alors qu'elle s'inscrit, pour Ben Laden et Zawahiri, au cœur de l'objectif fixé par ce dernier dans son manifeste *Cavaliers sous la bannière du Prophète*. Son objectif consiste à galvaniser les masses musulmanes pour le jihad armé grâce à une action d'éclat leur manifestant que l'Occident n'est qu'un colosse aux pieds d'argile, voire un tigre de papier. Pour cela, le registre de leurs émotions, poussées à l'incandescence sur Al Jazeera, est une cible prioritaire – et Zawahiri note que les islamistes n'ont pas assez pris en compte dans le passé la cause palestinienne, abandonnée aux nationalistes arabes et aux régimes grâce à laquelle ceux-ci justifiaient leur dictature au nom de l'union sacrée antisioniste, alors qu'elle est la plus propre à susciter l'embrigadement des fidèles. Du reste, le 7 octobre, lors de la première apparition de Ben Laden après les attentats, dans une grotte des montagnes afghanes aux côtés de Zawahiri, durant un programme spécial sur Al Jazeera, il affirme : « Je jure, par Allah qui a élevé les cieux sans colonnes, que jamais plus l'Amérique ne jouira de sécurité avant que ne la connaisse la Palestine et que les armées des mécréants ne quittent les terres saintes. » Alors que les attentats-suicides dans l'État hébreu ne se soldent que par quelques dizaines de victimes et suscitent en retour une mobilisation supérieure de la société et des forces de sécurité israéliennes, le 11 Septembre a causé près de trois mille morts et confère aux jihadistes, selon leurs thuriféraires, le prestige d'avoir trouvé le défaut dans la cuirasse de l'hyperpuissance américaine. Celle-ci n'est donc plus invincible, et les masses, qui s'étaient montrées pusillanimes dans la dernière décennie du siècle écoulé pour rejoindre les avant-gardes jihadistes en Égypte ou en Algérie, seront désormais émancipées de toute crainte et enthousiastes pour prendre les armes « sous la bannière du Prophète », assurant le triomphe de l'islamisme sur la planète.

Pour analyser les attentats, en temps réel et plus encore en rétrospective, il est fondamental d'entrer dans la tête de ceux qui les ont commandités, commis ou s'en sont inspirés. À cette fin, il est nécessaire de lire leurs écrits, quand ils existent, dans l'original arabe, afin de restituer l'univers de sens dans lequel leur rhétorique et leur propagande se situent. Cela fournit la meilleure clef pour évaluer la capacité des idéologues d'Al-Qaïda - comme auparavant du Frère musulman extrémiste Sayyid Qotb et plus tard de ceux de Daesh, tel Abou Moussab al-Souri - à convaincre ou non les musulmans à qui ils s'adressent. Je suis resté fidèle à cette méthode de mise en relation de la doctrine avec l'observation sur le terrain. Dans le cas présent, le corpus est si important que, avec quatre de mes anciens étudiants, nous traduisons et commentons dans un volume collectif intitulé *Al-Qaïda dans le texte* paru en 2005, des écrits choisis de Ben Laden, Zawahiri et deux autres doctrinaires, Abdallah 'Azzam, le père spirituel du jihad afghan, ainsi qu'Abou Moussab al-Zarqawi, qui ouvrira la voie ultérieurement à Daesh. Cette chrestomathie jihadiste n'a pas d'équivalent, et le livre fera l'objet de plusieurs traductions.

Faute de se plier à ce type d'étude, on en est réduit aux élucubrations. C'est le sentiment que m'inspire la controverse selon laquelle il n'y aurait pas de radicalisation de l'islam en l'espèce, mais une « islamisation de la radicalité ». Par-delà le flou qui entoure la notion fourre-tout de « radicalité », dont se réclame cet apophtegme médiatique, celui qui ne connaît pas la langue dans laquelle s'exprime la propagande jihadiste n'a pas compétence pour comprendre de quelle manière celle-ci « radicalise » un vocabulaire, des images, des injonctions familières à tous ceux qui ont appris le Coran et qui soudain viennent justifier, par d'habiles artifices de rhétorique, des gloses spécieuses, le passage au terrorisme. Certains - jusque parmi les Frères musulmans « modérés » comme le cheikh al-Qaradawi - en arrivent à sacraliser celui-ci en interprétant à leur manière le verset 8/60, cité juste avant, en le qualifiant de « légitimé » par le Livre sacré. On notera toutefois que, si ce religieux a justifié de la sorte les attentats-suicides en Israël, il se refusera à donner sa bénédiction au 11 Septembre, car les États-Unis ne constituent pas une « terre d'islam » qui aurait été usurpée par des mécréants - contrairement à l'État hébreu spoliateur de la Palestine islamique. Par-delà la casuistique, son capital politique consiste à se poser en « médiateur » avec l'Occident afin de favoriser une islamisation pacifique de l'univers. Il appelle, comme on l'a noté, à une « troisième conquête islamique de l'Europe » (après le retrait des Arabes d'Andalousie, en 1492, et la défaite des Ottomans devant Vienne, en 1683) passant par la *da'wa* (prédication), c'est-à-dire une offensive idéologique et non militaire. Il ne peut donc sacraliser la « double razzia bénie » sur New York et Washington, sauf à perdre les bénéfices politiques qu'il escompte de la stratégie d'expansion graduée fondée sur la propagande, dont il est le chantre.

Pourtant, il a été fait de l'ignorance de l'arabe et de ses textes vertu, tout au long du demi-siècle écoulé, dans l'administration, la presse et l'Université – on a noté plus tôt qu'il n'y a plus de professeur en poste au Collège de France capable de parler ni lire l'arabe le 11 septembre 2001. Cela a rendu ainsi la mise en récit du phénomène jihadiste moderne impossible, par la dénégation même de son existence propre, de son histoire spécifique, de ses différentes phases et de ses mutations. L'inutilité de connaître cette langue, proclamée par tel auteur qui s'intitule « spécialiste » du terrorisme ou de la radicalisation, rassure son interlocuteur ministre ou journaliste (qui partagent en règle générale son ignorance linguistique et sémantique). Ces derniers sont familiers des notions de sociologie simplifiée sur la « radicalité », mais renâclent à l'effort nécessaire pour pénétrer les arcanes d'une autre culture politico-religieuse que la leur, et ils refusent de reconnaître à l'arabisant une compétence dont ils sont eux-mêmes dépourvus, de crainte d'affaiblir leur propre pouvoir. C'est ainsi qu'ont été déversés par la Commission européenne des millions d'euros de subventions pour des rapports sur la « radicalité » rédigés par des ignorantins, lesquels ont été régulièrement encensés à la une des grands médias. Ils ont construit des raisonnements tautologiques que même les catastrophes des attentats d'Al-Qaïda et plus tard Daesh, prenant complètement au dépourvu les élites politico-médiatiques occidentales nourries de ce vomi conceptuel, n'ont pu ébranler. Ces crédits de recherche ont même servi à inviter tel jihadiste libyen ou syrien ayant troqué le battle-dress contre le veston à faire la tournée des campus européens, afin de conforter les islamistes de tout poil comme « interlocuteurs » par excellence représentant le monde musulman. Ainsi furent exaucés les vœux, déjà mentionnés, du cheikh al-Qaradawi ou du dirigeant des Frères musulmans égyptiens 'Issam al 'Aryan par des universitaires complaisants et ayant renoncé à tout esprit critique.

Une autre cause de cette déficience majeure, au cours des cinquante dernières années, a été l'incapacité à penser l'altérité dans sa dimension problématique, nourrie par la volonté de ramener un phénomène aussi profondément disruptif que le jihadisme à du déjà-vu, afin de dissimuler sa propre incompétence analytique. Faire de celui-ci une variation « verte » sur le schéma terroriste déjà connu des Brigades rouges italiennes ou de la Fraction armée rouge allemande (la « Bande à Baader ») durant les « années de plomb » 1970-1980, c'était également prendre précaution contre toute accusation de « racisme » envers des populations du tiers-monde - par ailleurs cibles régulières de l'extrême droite. Pareille volonté de confondre ses désirs avec la réalité a inhibé notre analyse des « printemps arabes », dont l'une des pires conséquences au Moyen-Orient a été la catastrophe syrienne, tandis que le territoire français était ravagé par les attentats - à partir de 2012. Cette cécité volontaire conduisant au déni de réalité a décrédibilisé une intelligentsia bercée par le chant des sirènes islamo-gauchistes, et laissé ainsi le champ libre aux démagogues d'extrême droite qui hystérisent avec un immense profit politique, en pratiquant l'amalgame, les phénomènes qu'occultent contre l'évidence les propos bonasses de nos bêtas patentés.

La principale réaction occidentale au 11 Septembre fut le déclenchement par le président George W. Bush de la « guerre contre la terreur », à l'automne 2001. Cette gigantesque opération militaire n'avait la traque de Ben Laden que pour prétexte - l'intéressé sera liquidé seulement en mai 2011, sous la présidence Obama, dans le compound pakistanais où il n'aurait pu se cacher si longtemps sans des complicités haut placées dans ce pays très lié aux États-Unis. Son maintien en vie a permis de cristalliser cette « terreur » élusive en une figure médiatique de *bad guy* - c'est le principe bien connu d'Orson Welles selon lequel un succès hollywoodien au box-office requiert que le personnage de l'affreux du film soit réussi. La résilience de Ben Laden, figure emblématique de la « terreur » contre laquelle fut menée la guerre en question, permit de faire durer un engagement armé qui, au cours de la première décennie du XXIe siècle, a fait fonction de leurre pour poursuivre un autre objectif : la redistribution des cartes au Moyen-Orient afin de construire une architecture de sécurité efficace protégeant l'État hébreu. C'était le cycle enclenché par la promenade d'Ariel Sharon sur l'esplanade du Temple - ou des Mosquées - à Jérusalem, fin septembre 2000. Elle avait pour but, en provoquant immanquablement l'intifada, de détruire la paix d'Oslo, fondée sur la « paix contre les territoires », et perçue comme un affaiblissement stratégique d'Israël. L'irruption de la violence à un très haut niveau symbolique, car touchant au sacral musulman, permettrait de mettre en œuvre ce que les néoconservateurs américains qui soutenaient et inspiraient le Likoud nommèrent la « paix contre la paix ».

Ce processus se focalisa sur l'invasion de l'Irak, en décalquant le dictateur Saddam Hussein sur Ben Laden comme figure principielle de la « terreur » qui justifiait la guerre. Les à-peu-près qui ont permis ce glissement, destiné à faire voter les crédits militaires par le Congrès des États-Unis, et la légende des « armes de destruction massive » dont aurait disposé le maître de Bagdad pour frapper les capitales européennes en quelques minutes se sont révélés être un boniment. Cela coûta notamment sa carrière à Tony Blair, allié de George W. Bush dans cette opération déclenchée en mars 2003, et qui fut accusé d'avoir *sexed up* (gonflé) la réalité pour abuser à l'identique le Parlement de Westminster.

Le renversement de Saddam et son remplacement par une coalition gouvernementale issue de la majorité chiite de ce pays avaient été « vendus » aux néoconservateurs de l'immédiat entourage présidentiel, et notamment au ministre adjoint de la Défense, Paul Wolfowitz, par les exilés chiites irakiens à Washington. Il consistait en une opération à double détente : d'une part, punir l'Arabie saoudite, dont quinze des dix-neuf membres du commando kamikaze du 11 Septembre étaient ressortissants, et qui avait tissé depuis les accords du Quincy du 14 février 1945 une relation privilégiée avec Washington, garantissant la sécurité du royaume contre l'approvisionnement pétrolier de l'Occident. La montée en puissance du wahhabisme extrémiste dans ce pays, incontrôlé par le pouvoir sinon financé en sous-main par certains de ses cercles, depuis la prise de La Mecque en novembre 1979, fut considérée à la Maison-Blanche comme un coup de canif inexcusable dans ce contrat de la Saint-Valentin - dès lors que la « double razzia bénie » en apparut la conséquence : Riyad paierait pour son indulgence envers les débordements les plus extrémistes du wahhabisme qui servait d'idéologie d'État au royaume. Par suite, l'Irak, débarrassé de Saddam, et très riche en pétrole, se substituerait aux Saoud comme *swing producer* (producteur élastique) régulant les marchés. Sous la houlette de ses nouveaux dirigeants chiites et pro-américains, il conclurait la paix avec Israël, sécurisant stratégiquement l'État hébreu, alors que, en 1990, dans les suites de l'invasion du Koweït par Saddam Hussein, trente-neuf missiles Scud partis de Bagdad en avaient atteint le territoire.

Cette stratégie, défendue en termes rationnels dans les publications des néoconservateurs, se complétait d'une volonté de démocratisation du Moyen-Orient selon les schèmes occidentaux, promus en « fin de l'histoire » universelle après la chute de l'URSS et le triomphe des États-Unis. Au dictateur baathiste se substituerait un Parlement élu, dominé par la majorité chiite, alors que celui-ci avait privilégié la minorité sunnite à laquelle il appartenait. Cet exemple avait vocation à s'étendre sous la forme d'une théorie des dominos pacifiques, d'abord à l'Iran voisin, où la théocratie tomberait par vertu d'exemplarité, puis dans les monarchies sunnites frappées d'obsolescence où le tribalisme et le wahhabisme disparaîtraient par enchantement.

En rétrospective, ce projet de grande transformation de la région, structurée autour de l'acceptation d'Israël par ses voisins, subit de nombreuses déconvenues sur le court terme - même si, vingt ans après, la signature des accords d'Abraham en été 2020 entre l'État juif et plusieurs puissances arabes sous les auspices de Donald Trump en constituera une dérivation. Celle-ci s'avérera dans un premier temps plus efficiente que l'ambition d'origine, car fondée sur des critères de complémentarité économique, de « joint-venture » entre la *start-up nation* juive et des pétromonarchies multimilliardaires.

Une anecdote permettra d'illustrer ces grandes illusions néoconservatrices. En 2002, j'avais été reçu au Pentagone par Paul Wolfowitz. Faisant antichambre, je me retrouvai en compagnie de nombreux mollahs irakiens chiites, dans le bâtiment même où s'était abattu quelques mois auparavant le troisième avion des kamikazes d'Al-Qaïda. Comme j'en faisais la remarque à mon hôte, celui-ci m'exprima son enthousiasme sans réserve pour le chiisme, religion d'un peuple persécuté qui avait survécu grâce à son clergé - à l'instar du judaïsme traversant les épreuves de l'exil et de la dispersion grâce à ses rabbins. Pourtant, il ne faudrait guère attendre qu'une année après l'invasion de mars 2003 pour que les milices chiites irakiennes manipulées par l'Iran prennent l'ascendant sur un pays désormais plongé dans la guerre civile - dont une des conséquences serait aussi la naissance de Daesh. Le retrait américain de Bagdad adviendrait sous la présidence Obama, en décembre 2011 (six mois après la liquidation de Ben Laden), livrant, pour le plus clair de la décennie suivante, cette ancienne terre promise des néoconservateurs aux ayatollahs de Téhéran. Ce fut l'aboutissement paradoxal d'une invasion qui causa des centaines de milliers de victimes locales, au gré de l'enchaînement des batailles, des attentats et des massacres interconfessionnels comme interethniques - outre cinq mille morts américains.

Pareille grande illusion - quel que soit le jugement moral que l'on porte sur le projet de démocratisation du Moyen-Orient dont se réclamait cette doctrine, ou sur le cynisme pro-israélien que lui reprochaient ses contempteurs - reste fondée, là encore, sur l'indifférence intellectuelle envers la culture politique arabe, voire iranienne, et ses enjeux. Bien qu'il y eût quelques bons arabisants dans les rangs néoconservateurs, tel le regretté Fouad Ajami, chiite libanais devenu mandarin et *pundit* outre-Atlantique, la stratégie restait subrogée à une vision du monde inspirée de la « fin de l'histoire » de Francis Fukuyama. Le déboulonnage de la statue de Saddam Hussein à Bagdad fut pensé comme un remake de celui des statues de Lénine dans l'ex-monde soviétique, voire la continuité de la chute du mur de Berlin, dont aurait dû s'ensuivre un processus démocratique comparable, qui transcenderait par son universalité les circonstances particulières à cette région. Mais l'Irak n'est pas l'Allemagne, comme l'apprirent les apprentis sorciers qui enfantèrent dans les camps de prisonniers sunnites de Bucca, d'Abou Ghraïb et d'ailleurs, en banlieue de la capitale, le monstre qui deviendrait Daesh, et frapperait de nouveau l'Occident sur son territoire, mais en ciblant l'Europe désormais en lieu et place des États-Unis.

VII

Terreur et martyre

Avec l'attentat de Madrid du 11 mars 2004 - 911 jours exactement après le « 9/11 », selon la dénomination anglaise de la « double razzia bénie » sur New York et Washington, le terrorisme jihadiste frappait en effet le Vieux Continent : il en ferait sa cible occidentale privilégiée pour les deux décennies suivantes. Outre la numérologie convoquée par Al-Qaïda pour impressionner les masses crédules en faisant de Ben Laden un « maître des horloges » du nouveau millenium islamiste bénéficiant d'une divine baraka, le mode opératoire était parallèle. Quatre trains furent plastiqués simultanément en Espagne en miroir des aéronefs fracassés aux États-Unis, causant 192 morts - un bilan bien plus meurtrier fut évité grâce au retard des chemins de fer, car les bombes explosèrent avant l'arrivée à la gare madrilène d'Atocha. L'effondrement prévu de son immense verrière sur les passagers aurait dû déclencher une tuerie comparable aux 3 000 victimes d'outre-Atlantique.

Une revendication se référant au « solde des comptes anciens avec l'Espagne » faisait de la péninsule Ibérique, à l'instar d'Israël, une ancienne « terre d'islam » - *Al Andalus* (l'Andalousie) - usurpée par les infidèles, lors de la Reconquista achevée en 1492 par les rois catholiques. Le massacre des habitants non musulmans y était donc, selon cette logique, légitime.

Le 2 novembre 2004, à Amsterdam, un jeune Marocain immigré, Mohammed Bouyeri, poignarda à mort le vidéaste Théo Van Gogh. La télévision néerlandaise venait de diffuser un clip réalisé par celui-ci, où les versets coraniques justifiant les châtiments corporels destinés aux femmes ou les maintenant en état juridique d'infériorité étaient projetés sur la peau d'une actrice vêtue d'une burqa transparente. Intitulée *Submission* (« Soumission », la signification d'*islam* en arabe), cette œuvre de onze minutes avait pour scénariste Ayaan Hirsi Ali, immigrée somalienne et ancienne islamiste devenue athée, élue député social-démocrate aux Pays-Bas avant de passer à droite, puis de partir aux États-Unis, et de dénoncer les compromissions de la gauche européenne avec les barbus. Le crime ne fut pas revendiqué par Al-Qaïda, mais il s'inscrivait dans une autre tradition qui remontait à la fatwa de Khomeyni du 14 février 1989, condamnant à mort Rushdie pour blasphème, et qui serait désormais « récupérée » par les jihadistes sunnites, mais aussi par une vaste frange d'islamistes de toutes sensibilités. Ce fut le point de départ d'un enchaînement infini se nourrissant de sa propre dynamique, à travers les caricatures de Mahomet publiées dans un quotidien danois en septembre 2005, suivies d'une campagne hostile internationale, puis leur reprise par *Charlie Hebdo*, aboutissant au massacre du 7 janvier 2015 dans cette rédaction accompli par les frères Kouachi, ensuite aux nouveaux meurtres perpétrés en octobre 2020 en France lors du procès de ces crimes, et enfin (tandis que ces lignes sont rédigées) à l'ultime tentative de tuer l'auteur des *Versets sataniques*, en août 2022 lors d'un festival littéraire aux États-Unis.

À Londres, le 7 juillet 2005, une troisième et dernière opération en écho du 11 Septembre, dans quatre rames de métro ou bus, fut menée sur le sol européen. Elle coïncidait avec l'annonce de l'obtention de l'organisation des prochains Jeux olympiques par la capitale britannique et l'inauguration de sa présidence tournante de l'Union européenne. Al-Qaïda démontrait sa capacité à humilier, au moment symbolique de son choix, l'« arrogance » anglaise - comme Ben Laden et Zawahiri l'avaient fait à la face de l'Amérique quatre ans plus tôt. L'attentat fut perpétré, contrairement aux États-Unis et à Madrid, par des enfants d'immigrés pakistanais et jamaïcains du Royaume-Uni, descendants de sujets de l'ex-empire. Pour la première fois, le jihadisme international utilisait en Occident une ressource humaine indigène par sa naissance ou son éducation - fût-elle d'ascendance immigrée. Et une vidéo de revendication explicite suivit quelques semaines plus tard, mêlant un laïus géopolitique de Zawahiri en arabe et des déclarations préenregistrées des perpétrateurs, qui s'exprimaient en anglais au fort accent populaire des Midlands.

Ces trois attentats manifestent un glissement de la stratégie jihadiste : la relocalisation prioritaire en Europe va trouver graduellement, au sein de la jeunesse musulmane du Vieux Continent, un vivier majeur du terrorisme islamiste transnational, avec des effets induits de déchirure des sociétés européennes - favorisant par contrecoup la montée en puissance de l'extrême droite. Ce phénomène sera aidé parce que la majorité de la population issue de l'immigration récente, et notamment les flux illégaux postérieurs aux « printemps arabes » à compter de 2011, y est musulmane, aggravant l'effet de confusion entre l'islamisme politique - voire le jihad - et la délinquance, assez fréquente parmi les populations déshéritées récemment immigrées. En revanche, aux États-Unis, la masse de l'immigration est latino-américaine, la population carcérale est majoritairement issue de milieux afro-américains paupérisés : les flux originaires du monde musulman parmi lesquels adviennent les attentats jihadistes en sont structurellement distincts. Délinquance et jihad sont plus aisément dissociables, alors que sur le Vieux Continent, ils sont confondus dans l'opinion publique, alimentant par effet cumulatif l'adhésion populaire à la théorie anxiogène du « grand remplacement ».

L'objectif premier d'Al-Qaïda avec le 11 Septembre et ses séquelles consistait à mobiliser les masses musulmanes « sous la bannière du Prophète », à les embrigader par émulation en multipliant les coups audacieux portés à l'Occident afin d'exposer sa faiblesse et d'encourager ainsi les vocations jihadistes. Dans un premier temps, l'effet d'écho et d'entraînement en terre d'islam traditionnelle importait le plus à Ben Laden et Zawahiri - le basculement vers l'Europe n'aura lieu qu'en 2004 à Madrid et surtout en 2005 à Londres, mais à cette date l'économie politique de la terreur pensée par l'organisation s'est déjà enrayée, précipitant l'obsolescence de cette dernière. En effet, il lui faut fragmenter en profondeur les sociétés cibles, créer une dynamique cumulative des attentats qui engendre la panique, parvient à renverser les régimes visés ou à tout le moins les affaiblir considérablement. Si cela ne se produit pas rapidement et de manière tangible, la multiplication répétitive de la violence s'inverse : l'effet de sidération s'émousse, et la compassion pour les victimes prend le pas sur l'exaltation meurtrière. D'autant plus lorsque la répression policière accroît son efficacité, démantèle les réseaux et élève considérablement le prix et les risques de l'adhésion au projet terroriste, dont les tenants sont graduellement marginalisés. L'échec de l'intifada d'Al-Aqsa en Israël en 2000 l'a montré.

En outre, Ben Laden manquait, dans les lendemains immédiats du 11 Septembre, d'un territoire où concrétiser durablement son action, incarner sa sanguinolente utopie et faire preuve d'exemplarité. Ses hommes étaient pourchassés dans l'ancien sanctuaire d'Afghanistan. L'invasion de l'Irak, en mars 2003, lui fournit l'opportunité de s'y revendiquer de la défense d'une « terre d'islam » envahie par les infidèles. Une succursale intitulée « Al-Qaïda en Mésopotamie » y fut promptement créée à cet effet, gérée par un Jordanien passé par le jihad afghan, Abou Moussab al-Zarqawi. Bénéficiant de l'appui sur place d'un grand nombre de sunnites soudainement orphelins de Saddam, notamment de membres des services de renseignement et des forces spéciales, qui franchirent sans difficulté la frontière idéologique entre nationalisme baathiste et islamisme jihadiste, et mirent leur expertise au service de l'organisation, elle infligea très vite des coups terribles aux forces d'occupation. Parmi celles-ci, on comptait du reste un contingent espagnol : il fut retiré dès avril 2004 par le nouveau gouvernement socialiste, élu dans le mois qui suivit les attentats dans les trains madrilènes. Cela fut interprété par les jihadistes comme une victoire, mais ne fit pas d'émules parmi les autres membres de la coalition emmenée par les États-Unis. Quelques jeunes Européens, une boulangère belge convertie, des islamistes du quartier populaire des Buttes-Chaumont à Paris partirent sur place. Ils ne représentaient alors que quelques individualités, hors de proportion avec les milliers qui rejoindraient Daesh durant la décennie suivante. L'impact d'Al-Qaïda comme telle restait encore limité chez les musulmans du Vieux Continent. Ces premiers individus, auréolés du martyre et glorifiés dans leur quartier, feraient toutefois figure de précurseurs pour la phase ultérieure du jihad.

Le mouvement de Ben Laden, doctrinalement sunnite, buta surtout en Irak sur un obstacle insoupçonné : cette « terre d'islam » où il avait voulu rejouer le jihad antisoviétique en Afghanistan était en majorité chiite, et les antagonismes entre ces deux sectes, dans la dimension violente qu'elles revêtaient sur le champ du conflit, l'emportèrent en définitive sur l'hostilité contre les États-Unis et leurs alliés. Après avoir observé les affrontements, l'Iran des ayatollahs, tout en se félicitant *in petto* des coups reçus par la coalition occidentale, y vit une circonstance exceptionnelle pour exercer sa suzeraineté sur son voisin, arma et entraîna les milices chiites, qui finirent par prendre le dessus sur leurs concurrents jihadistes sunnites. De la sorte, ces derniers furent marginalisés, ce qui correspondait au but de guerre originel et passablement naïf des néoconservateurs. Car les chiites, bientôt vainqueurs militairement sur le terrain, n'étaient pas tant les alliés des Américains que les clients de Téhéran.

Je m'étais rendu en Iran au printemps 2007 pour vérifier ces hypothèses : comme Jacques Chirac avait refusé de participer à la guerre en Irak, les Français pouvaient alors y voyager avec un risque relativement faible de se retrouver piégés et pris en otage, comme cela adviendrait ultérieurement. L'un des responsables de la stratégie envers l'Irak n'était autre que le jeune diplomate qui avait fait antichambre avec moi dans la salle d'attente d'Omar al-Telmessani, le guide suprême des Frères musulmans égyptiens, en 1979. En trois décennies, nous avions forci, mais chacun était resté fidèle à son idiosyncrasie de jeunesse. Comme entrée en matière, alors que je m'inquiétais pour un collègue français interpelé au Baloutchistan – une région sunnite de l'Iran soumise à la répression du régime des mollahs – dont le passeport avait été confisqué depuis trois mois, ce qui le bloquait dans la capitale, il me fit savoir que le problème était réglé et que celui-ci était libre de regagner la France. Ce geste de bonne volonté accompli, il m'expliqua la stratégie iranienne dans le pays voisin, ironisant sur la jobarderie des néoconservateurs et présentant l'Iran comme le meilleur allié de l'Europe contre le « terrorisme sunnite », puisque l'organisation de Ben Laden et ses continuateurs chancelaient sous les coups des milices irakiennes chiites entraînées et équipées par Téhéran.

Ce processus, qui fut mené par le général des Pasdarans – les Gardiens de la Révolution – Qassem Soleimani, sonna le glas d'Al-Qaïda comme telle. Sa branche mésopotamienne, prise entre la coalition internationale et l'Iran, connut une mutation idéologique qui fit prévaloir la haine contre les chiites « hérétiques » sur l'hostilité aux « croisés ». Selon les mots de Zarqawi, il fallait réserver neuf balles de son revolver pour tuer les premiers – qui incarnaient un danger résilient – et n'utiliser que la dixième pour liquider ces derniers – qui décamperaient inéluctablement à court terme. Cela créa une scission majeure au sein du mouvement, et l'organisation centrale, qui privilégiait le combat contre l'Occident, réduite à Ben Laden et Zawahiri, disparut d'Irak entre la fin 2005 et 2006, perdant toute implantation militaire concrète sur ce terrain qu'elle avait élu comme zone par excellence de jihad. L'auteur de *Cavaliers sous la bannière du Prophète* y substituerait un ministère de la Parole, diffusant quantité de vidéos depuis l'Afghanistan, où il était réfugié dans les zones tribales, mais il ne deviendrait plus qu'un acteur marginal par rapport à ce qui se jouerait dans la deuxième décennie du siècle. Il ne représentait que l'ombre de lui-même lorsqu'il fut abattu par un drone américain, à Kaboul – où les talibans, de retour au pouvoir à l'été 2021, lui avaient offert l'hospitalité –, en juillet 2022, à 71 ans, retraité du jihad. Le « moment » d'Al-Qaïda était désormais passé en 2005, et sur ses décombres une nouvelle phase jihadiste, à laquelle Daesh donnerait son nom, allait s'épanouir.

Il était difficile, au moment où ces phénomènes advenaient et où je m'efforçais d'en identifier et organiser le matériau en temps réel, d'anticiper les scansions de cette chronologie, de hiérarchiser les mouvements et les inflexions qui auraient une postérité et ceux qui demeureraient sans lendemain. Ainsi la mise au point de *Terreur et martyre* fut complexe : il fallait appréhender le nouveau donné, particulièrement éclaté, dès lors que l'organisation d'Al-Qaïda, qui avait marqué l'univers depuis le 11 Septembre et dont on parvenait petit à petit à retracer la généalogie antérieure, passait la main. Sans doute cette histoire elle-même reste-t-elle toujours à affiner, voire à réécrire, en fonction de la découverte de documents ou de témoignages encore inédits en 2023. Mais le caractère centralisé, quasiment léniniste, du mouvement, présentait une sorte de familiarité pour l'analyste, tandis que les suites en seraient bien plus fragmentées et difficiles à conceptualiser d'emblée.

Avec l'entrée en scène du réseau qui serait bien plus tard, en 2012-2013, et dans le contexte de la guerre civile en Syrie consécutive aux « printemps arabes », désigné sous le vocable de « Daesh » (acronyme arabe pour « État islamique en Irak et au Shâm » - ou Levant), on aurait affaire à une nébuleuse composite dont les structures ne se dévoileraient que tardivement, contraignant à une remise sur le métier permanente des hypothèses. De plus, il faudrait de nouveau rouvrir au plus large le spectre géographique, désormais mondialisé, de la toile jihadiste. Et cela non seulement du fait de la dissémination des hommes et des femmes qui s'en réclamèrent, mais aussi parce que les modes de diffusion avaient profondément muté. « Pas d'Al-Qaïda sans Al Jazeera », avais-je dit plaisamment dans les débuts de la première décennie du siècle, afin d'indiquer l'homothétie entre l'organisation terroriste et le média satellitaire qatari, les opérations de la première étant en quelque sorte mises en scène, préformatées en vue de la programmation par le second.

Or, le 14 février 2005 (la troisième des « Saint-Valentin » qui scandent cette histoire, après 1945 et 1989), l'obtention de la licence d'exploitation de YouTube en Californie ouvre une nouvelle ère. Tout un chacun pourra endosser simultanément les rôles du jihadiste qui égorge son otage, filme la scène et diffuse *online* ces images dans l'instant même. Pareille désinhibition de l'horreur advient car il n'existe plus d'instance médiatrice, en l'occurrence la direction de la chaîne satellitaire, qui dépend d'un État - le Qatar - inséré dans le système international, et exerce une censure sur certains contenus. Ce passage du mode centralisé au mode réticulaire permit d'inscrire la représentation de la violence jihadiste dans le registre le plus fructifère d'internet, la levée du tabou sur les images de supplice sur les corps, qui procédait du même modèle économique que la consommation de pornographie en ligne. L'événement précurseur en fut la vidéo de décapitation de l'otage américain Nicholas Berg en Irak, en mai 2004, par Zarqawi lui-même, qui connut une diffusion universelle, dans le succès de laquelle l'effet de « voyeurisme » joua un rôle crucial, fût-il abject. Mais cette multiplication potentiellement infinie de la représentation crue de l'acte terroriste rendait le recueil et le tri des faits d'autant plus complexe pour celui qui tentait d'en rendre compte. Soucieux d'accumuler et répertorier le maximum de données que l'infinité de la toile numérique rendait désormais foisonnantes, j'ai sans doute perdu en capacité de synthèse et de conceptualisation ce que le glanage empirique avait procuré - ce matériau s'avérerait précieux plus tard, lorsqu'il serait remis en perspective. La chouette de Minerve se lève au crépuscule... et les lecteurs étaient peut-être sevrés du récit de ces horreurs au caractère apparemment répétitif ? Toujours est-il que *Terreur et martyre,* dont les éditeurs attendaient beaucoup, descendit à l'étiage du tirage de mes livres...

Et pourtant, dans un chapitre prospectif intitulé « La troisième génération du jihad », j'avais anticipé les principaux ressorts de celle-ci ! Quatre ans avant les crimes commis par Mohamed Merah à Montauban et Toulouse, en mars 2012, on pouvait en lire le mode opératoire, comprendre en rétrospective pourquoi celui-ci choisirait pour cibles des militaires supposés « musulmans » et des juifs - exposant ainsi l'inanité des explications officielles qui feraient de l'assassin un « loup solitaire » ! Mais le syndrome de Cassandre n'est pas un bon argumentaire de librairie... où le succès d'un essai est lié à sa coïncidence avec tel événement de l'actualité immédiate qu'il donne le sentiment de pouvoir élucider sur-le-champ. Contrairement aux vraies sciences « dures », où la prime va au chercheur qui a su anticiper, nos sciences humaines « molles » vitupèrent l'oiseau de mauvais augure, quand elles ne confondent pas la connaissance avec le consensus du prêt-à-penser. En l'occurrence, la révélation me vint d'un énorme manuscrit qui traînait sur la Toile, intitulé *Da'wa ila-l mouqawama al islamiyya al-'alamiyya* (« Appel à la résistance islamique mondiale »), de la plume d'un jihadiste syrien, tout juste capturé au début de 2005 par les Américains ayant mis sa tête à prix, à qui le vendirent des Baloutches tandis qu'il fuyait l'Afghanistan tapissé de bombes : Abou Moussab al-Souri.

Né en 1957 à Alep, membre de la branche combattante des Frères musulmans, passé par l'Afghanistan, réfugié ultérieurement en France, de 1984 à 1987, il y entreprend des études inachevées d'ingénieur sur le campus parisien de Jussieu, puis part en Espagne, où il réside jusqu'en 1994. Il s'y marie et en acquiert la nationalité - obtenant ainsi un passeport « Schengen », le sésame du jihadiste mondialisé. Il se fait ensuite, depuis Londres, le relais à l'international du jihad algérien. Rejoignant en 1997 Ben Laden en Afghanistan, à qui il sert de conseiller de presse, il désapprouve le 11 Septembre, dans lequel il voit une manifestation d'hubris qui va attirer la foudre sur l'organisation et la démanteler - ce qui adviendra en effet. Par opposition à la structure pyramidale d'Al-Qaïda, il préconise dans son texte une structure en réseau qui fait prévaloir le « système » (*nizam*) sur l'organisation (*tanzim*). Bon connaisseur de l'Europe, où il a passé plus d'une décennie, il y souligne la présence d'une génération considérable de jeunes musulmans mal intégrés socialement parmi lesquels la prédication salafiste ou fériste a fait des émules nombreux, et qui lui semblent mûrs pour déclencher un jihad de guerre civile sur le Vieux Continent. La multiplication des attaques, fussent-elles rudimentaires, avec une kalachnikov, un véhicule ou un couteau, contre les juifs, les « apostats » - les musulmans non islamistes - et les « blasphémateurs », ainsi des journalistes, artistes et intellectuels, est à la portée de tous, et ne nécessite pas la débauche de moyens et de planification du 11 Septembre, qui a suscité une réaction occidentale dévastatrice contre Al-Qaïda.

En ciblant des individus identifiés comme « ennemis de l'islam », on s'attire, espère Souri, la sympathie des musulmans, même non islamistes, et leur adhésion, et l'on engendre une mobilisation jihadiste. Celle-ci est renforcée par les mesures de rétorsion attendues des sociétés européennes, qui déclencheront des manifestations « islamophobes », voire des pogroms, ce qui répandra la guerre civile, favorisant la création d'enclaves jihadistes qui, à terme, vont détruire l'Europe de l'intérieur et la faire basculer dans le *dar al islam*.

Cette stratégie de rupture est parallèle à celle que préconisent les Frères musulmans, que nous avons examinée plus tôt et qui, selon le cheikh al-Qaradawi, verra l'inéluctable « troisième conquête » de l'Europe. Mais là où ce dernier privilégiait la *da'wa*, la prédication et le prosélytisme, Souri préconise le déchaînement d'une violence contaminante. Sa théorie présente de frappantes similitudes avec celle du « rhizome révolutionnaire » du philosophe français Gilles Deleuze, très à la mode durant les décennies qui suivent les événements de Mai 68 dans les facultés parisiennes comme Jussieu, que fréquente alors le jihadiste syrien. Elle s'opposait au centralisme léniniste de la même façon que ce dernier critique désormais l'« organisation » pyramidale d'Al-Qaïda.

Le texte de Souri est repéré par les services de renseignement américains, qui en financent une traduction en anglais. Obsédés par la destruction d'Al-Qaïda, ils voient dans ce manuel du jihadisme en rhizome l'opportunité de déstabiliser celle-ci de l'intérieur. Participant vers 2007 à un débat organisé à Londres par le Foreign Office sur ce thème, j'entends mes interlocuteurs expliquer que le « système » (*nizam*) de Souri est voué à l'échec opérationnel (« *It doesn't work !* »), et que sa mise en œuvre permettra au contraire de faire imploser l'organisation (*tanzim*) de Ben Laden en multipliant les conflits et liquidations internes. Les administrations occidentales voient encore alors la principale menace du terrorisme jihadiste sous la forme d'une structure hiérarchisée, modelée sur les instances manipulées par les agents soviétiques d'antan. Elles ne se doutent pas que les bouleversements des sociétés européennes devant gérer des millions d'enfants d'immigrés dont beaucoup peinent à s'insérer sur le marché du travail, grossis par les flux d'immigration illégale après la grande déstabilisation des « printemps arabes » de 2011, créeront des conditions particulièrement favorables à la propagation des idées de Souri.

Il me sera objecté, lorsque je proposerai ces explications de la terreur qui frappe l'Hexagone à partir de 2012, que celles-ci ne sont que des élucubrations d'orientaliste, car le nom même de Souri est inconnu de la plupart des jihadistes qui, pourtant, appliquent ses préconisations. Personne ou presque en effet n'a lu l'indigeste *Appel à la résistance islamique mondiale* dans le texte, mais ses contenus, sans citer la source originelle ni le raisonnement de l'auteur, se sont dilués partout dans la « jihadosphère », où ils sont devenus monnaie courante. La transmission du savoir - instantanée dès l'avènement des réseaux sociaux sur la Toile, qui correspond avec l'année 2005, au moment où est mis en ligne l'*Appel* - s'effectue sur un mode réticulaire par le biais des « like » et des « retweet », sans qu'il fût fait aucune référence à la source ni à un quelconque auteur.

Cette trouvaille concernant le rôle précurseur de Souri, que je crois avoir faite dans *Terreur et martyre*, paru en 2008, restera lettre morte pendant le lustre suivant. L'optimisme social dont je suis encore empreint à cette époque me porte du reste, moi aussi, à appréhender les grandes émeutes de banlieues françaises, à l'automne 2005, comme l'expression principalement d'une aspiration à l'intégration dont sont frustrées les populations concernées, à l'opposé de ce que traduisent les attentats de Londres en juillet de cette même année. Dans ce dernier cas, même si Zawahiri revendique explicitement et justifie l'attaque, le mode opératoire est déjà en train de basculer vers le jihadisme de troisième génération, avec perpétration par des jeunes musulmans d'Europe - comme cela avait déjà été mis en œuvre dès novembre 2004 avec l'assassinat de Théo Van Gogh à Amsterdam, au motif qu'il avait blasphémé le Coran.

Les pages sur les émeutes françaises dans ce livre ont été principalement consacrées à analyser leur contexte et les réactions qu'elles ont suscitées. Mon collègue Bernard Rougier les trouve lénitives et les qualifie ironiquement de « vues du Quartier latin », car fondées sur la seule exploitation de sources secondaires. Il a raison. Un quart de siècle après *Les Banlieues de l'islam*, il me faudra replonger au plus profond de l'enquête de terrain dans l'Hexagone, pour tenter d'élucider les faits nouveaux qui s'y produisent, dans la pluralité de leurs significations.

VIII

Banlieue de la République et Quatre-vingt-treize

En parallèle aux recherches effectuées pour rédiger les ouvrages dont les grandes lignes sont présentées ici, j'assiste Rémy Leveau, qui dirigeait à Sciences Po le programme doctoral sur le monde musulman. Bloqué dans ma progression de carrière au CNRS, j'ai toutefois réussi à soutenir en 1993 une « Habilitation à diriger les recherches » où celui-ci a convié au jury, dont il est le garant, outre le président de la Fondation nationale des sciences politiques l'historien et académicien René Rémond, Ernest Gellner, l'anthropologue et philosophe de Cambridge avec qui je partage des origines tchèques, le professeur au Collège de France André Miquel (dont j'apprends la disparition en rédigeant ces pages), et le grand sociologue français Alain Touraine. Grâce à cet aréopage qui apeure mes contempteurs habituels du « comité d'évaluation scientifique » annuel, je suis parvenu *in extremis* à être promu directeur de recherches en 1995. Cela me permettra de profiter d'une réforme voulue par le ministre de l'Enseignement supérieur et de la Recherche de Lionel Jospin, Claude Allègre, durant la cohabitation du premier septennat de Jacques Chirac, pour basculer dans le corps des professeurs d'université en sciences politiques, en 2001.

Après quelques bizutages des nouveaux collègues, tous issus du concours de l'agrégation de l'enseignement supérieur, qui me font comprendre que je ne suis qu'un intrus roturier dans leur cénacle aristocratique, je pourrai gravir les échelons de manière moins aléatoire qu'au CNRS. Cela se traduira en contrepartie par la direction de centaines de mémoires d'étudiants de master, leur accompagnement quand ils sont envoyés se former au Moyen-Orient, dans le Golfe et en Afrique du Nord, et la supervision de quarante-quatre thèses. Rémy Leveau, qui avait initié le cycle d'études sur cette région en 1985, surmontant l'incrédulité de l'école doctorale de Sciences Po, à notre retour d'Égypte, a pris sa retraite en 1995 - nous lui offrons, avec ses disciples et élèves, un recueil d'hommage, *Exils et royaumes. Les appartenances au monde musulman*, paru en 1994. Il décédera une décennie plus tard, en mars 2005, ayant pris une sage distance avec l'institution dont il fut l'un des piliers.

Pour développer ce champ de recherches et d'enseignement extrêmement dynamique, il a été nécessaire de chercher des ressources hors de l'Université. J'ai fait la connaissance, en 2002 à Paris, grâce au regretté Christopher Dickey, journaliste à *Newsweek*, de SAR le prince Turki al-Faisal, ancien patron du renseignement saoudien et, à ce titre, coordonnateur des soutiens arabes au jihad afghan de la décennie 1980. Après le 11 Septembre, dans un effort de transparence du royaume accusé de toutes parts d'avoir réchauffé en son sein Al-Qaïda, il a ouvert l'accès à la Fondation du roi Faisal aux universitaires étrangers, parmi lesquels les doctorants de notre équipe. La péninsule Arabique est alors une terre quasi vierge : le dernier ouvrage universitaire en français sur cette région, *La Péninsule Arabique aujourd'hui*, publié par le CNRS, datait de... 1982 - un « aujourd'hui » qui sonnait plutôt comme « avant-hier » ! Deux décennies d'ignorance institutionnelle, alors que cette région est devenue depuis 1973 l'un des centres du monde, sur les plans énergétique, financier et politico-religieux.

Le champ de nos études connaît alors un essor extraordinaire. À l'été 2005, la création à Menton d'un campus de Sciences Po consacré à la région Moyen-Orient Méditerranée, que nous présidons avec le regretté Jean-Paul Fitoussi, le grand économiste originaire de Tunisie et des marches libyennes du Sahel, s'accompagne du « Forum Eurogolfe », qui rassemble dans cette cité azuréenne des personnalités aussi éminentes que le prince Turki, la cheikha Mouza, épouse de l'émir du Qatar d'alors, des ministres et investisseurs du Koweït comme du Bahreïn. C'est une nouvelle frontière qui s'ouvre pour les enquêtes scientifiques sur les pays arabes du Golfe, attirant en retour l'intérêt d'entreprises françaises qui nous permettent de financer de multiples thèses. Deux autres forums suivront, à Riyad en 2007 et Venise, avec la Fondation Cini, en 2008. Mais la crise économique qui éclate cette année assèche brutalement la plupart de ces ressources, et cet effort d'investissement et de connaissances ne sera jamais repris avec pareille ampleur. L'Université française ratera le coche lors des deux décennies suivantes sur un terrain extrêmement concurrentiel où l'histoire ne repasse guère les plats. Enfin, les doctrines décolonialiste, woke et autres sacrifieront la capacité analytique au primat de l'idéologie.

Dans l'immédiat, cela va contribuer à la réorientation de mes axes d'investigation vers le terrain français, que j'avais déjà abordé avec *Les Banlieues de l'islam*, vingt-cinq ans plus tôt. En effet, les séquelles de la crise des banlieues de l'automne 2005 sont dans toutes les mémoires et préoccupent les responsables économiques et politiques. Dans ces circonstances, l'Institut Montaigne, dirigé par François Rachline puis Laurent Bigorgne, tous deux anciens de Sciences Po, me propose au printemps 2010 de financer une enquête de terrain pour répondre à des interrogations qui taraudent notre société. Cela vient d'autant plus à point que l'institution, d'où nous sommes tous trois issus, a décidé, à l'initiative d'un hurluberlu placé à la tête de son école doctorale, de scinder les formations de master entre filières de recherche d'une part, et professionnalisantes de l'autre. Or, nos étudiants se spécialisant sur le monde arabe au sens large avaient créé depuis vingt-cinq ans une communauté féconde dotée d'un « esprit de corps » - *'asabiyya* en arabe - où se côtoyaient de futurs hauts fonctionnaires, entrepreneurs, acteurs associatifs, journalistes et universitaires, chacun optant ensuite pour un doctorat, l'entrée dans la vie active ou des concours administratifs selon ses goûts et aptitudes. Cette réforme déplorable détruit immédiatement notre milieu, les futurs candidats en thèse sont trop peu nombreux par promotion, et le master est fermé à l'été 2010 - anéantissant un quart de siècle d'efforts initiés par Rémy Leveau, depuis

1985. L'ironie cruelle de l'histoire veut que cette liquidation eut lieu alors que, dans les mois suivants, écloront les « printemps arabes », sur lesquels aucune thèse ne pourra être mise en chantier au sein de l'institution, faute désormais de candidats préalablement formés au terrain, à la langue et aux méthodes des sciences sociales.

Cette forfaiture incroyable, qui participe de la crise dans laquelle s'enfonce alors Sciences Po et dont l'épisode suivant sera le décès de son directeur Richard Descoings à New York, en 2012, dans des circonstances mal élucidées, ne contribuera pas peu à l'incapacité des élites françaises à analyser la dynamique des soulèvements au sud de la Méditerranée, notamment à anticiper les développements subséquents du terrorisme qui impactera directement l'Hexagone. Dans pareille adversité, la proposition de l'Institut Montaigne vient à point - nous n'imaginons pas, alors, la fécondité qu'elle aura pour analyser quelques années plus tard le jihadisme français, de l'affaire Merah en mars 2012 jusqu'aux tueries de 2015 et 2016 - de *Charlie Hebdo* au Bataclan ou à la promenade des Anglais, à Nice.

Avec notre groupe d'anciens étudiants et de jeunes chercheurs, nous opterons pour nous concentrer sur l'agglomération de Clichy-Montfermeil, où sont nées les émeutes de l'automne 2005, et y effectuer une étude sur le long cours, nous relayant pour passer sur place l'année universitaire 2010-2011. On n'aurait pu imaginer contraste plus grand entre les villes ultramodernes de la péninsule Arabique, où je faisais des allers-retours permanents les années précédentes, avec leur *skyline* à l'américaine, ruisselant de la richesse pétrolière, et les cités reléguées des banlieues populaires de l'Hexagone que j'arpentais désormais. Le moindre des paradoxes n'était pas que, dans les unes comme les autres, un même islam constituait le principal référent identitaire. L'élucidation de ce phénomène prenait des voies diverses, parcourues en berlines climatisées haut de gamme d'un côté, dans des rames de RER et des bus bondés de l'autre.

Nous administrons cent questionnaires, recueillons de nombreux entretiens avec les principaux individus et personnalités impliqués dans le phénomène des émeutes, et compulsons toute la documentation existante pour étudier l'intrication des problèmes de l'habitat, de l'emploi, de l'éducation, de la sécurité, de la politique et de la religion qui a conduit à l'explosion. La date choisie - cinq ans après les faits - s'avérera idoine. Les passions se sont apaisées, permettant aux acteurs du drame de prendre la distance de la réflexion, et ce délai d'un seul lustre a permis que la plupart soient demeurés sur place, aient conservé présents à l'esprit, par-delà le brouhaha médiatique, des faits restés inédits que nous pourrons relever et interpréter. Il résultera de ce travail l'ouvrage collectif *Banlieue de la République*, et un livre personnel, *Quatre-vingt-treize*. En passant du pluriel des *Banlieues* de 1987 au singulier, et de l'islam à la République, j'ai voulu signifier qu'à l'étude d'un phénomène inédit un quart de siècle auparavant, avec ses multiples facettes, se substituait désormais une autre nécessité. Pour élucider le cataclysme de 2005, son emballement inouï, sa signification, il fallait appréhender les problèmes, les manquements de la relation entre un centre politique qu'incarnait la République, et sa périphérie qui s'était retrouvée un « lieu mis au ban » - en quelque sorte. Comment les « cités » en étaient arrivées à illustrer, par antiphrase, une citoyenneté déficiente. Quant au clin d'œil au titre du roman homonyme de Victor Hugo, il se réfère à la numérotation du département de la Seine-Saint-Denis, où se situe l'agglomération de Clichy-Montfermeil. Dans cette dernière commune se trouvait l'auberge des Thénardier des *Misérables*, roman publié en 1862, cent cinquante ans auparavant, comme pour marquer la rémanence d'un problème social majeur qui affecte, des débuts du capitalisme industriel à son ultime déclinaison post-moderne, la part déshéritée de la société. Enfin, 93 était, à l'époque de l'Algérie française, le numéro attribué au département de Constantine : non affecté après 1962, il fut réutilisé six ans plus tard, lors du démantèlement du département de la Seine qui regroupait Paris et la petite couronne, à la nouvelle Seine-Saint-Denis, retraçant une continuité, fortuitement, entre le fait algérien colonial puis hexagonal... jusqu'à ce que celle-ci soit revendiquée par l'UAM93 (Union des associations musulmanes du 93) comme département à majorité islamique au début de la décennie 2010.

Avec notre petite équipe nous commençons par prendre contact avec les deux maires, le regretté Claude Dilain, à Clichy, et Xavier Lemoine, à Montfermeil, qui forment un tandem fonctionnel bien que le premier soit marqué à gauche et le second à droite, et incarnent deux visions de la société divergentes, notamment sur la gestion de l'islam. Mais les enjeux d'habitat insalubre, dans lequel ils voient l'un des nœuds du problème à l'échelle municipale, les rapprochent, même si le tissu bâti de Montfermeil reste largement pavillonnaire, en dépit de la présence de la cité HLM des Bosquets, tandis que celui de Clichy est majoritairement tramé de grands ensembles. Lorsque nous arrivons, en 2010, nombre de ces bâtiments édifiés dans l'après-guerre sont indignes, notamment les copropriétés dégradées où règnent les marchands de sommeil. La catastrophe du foncier saute littéralement aux yeux, comme celle du chômage, favorisé par l'éloignement des bassins d'emploi du fait d'un réseau de transports en commun déficient. La toxicomanie s'y est développée dès les années 1970, et les premières organisations islamiques qui y pointent dès lors – à l'instar du *tabligh* – tirent leur aura de la capacité à sortir de l'héroïne des jeunes qui y ont sombré, par l'adhésion stricte aux rituels religieux les plus exigeants. Comme ailleurs, les salles de prière installées dans les rez-de-chaussée y sanctuarisent les cages d'escalier où les dealers n'osent plus se risquer par *hchouma* – ce sentiment de honte par rapport aux transgressions qui se manifeste en présence d'un acteur religieux révéré.

J'avais observé les débuts de ce phénomène à Marseille un quart de siècle auparavant, mais je suis frappé par sa progression géométrique depuis cette époque. Le tissu associatif islamique, organisé autour de mosquées de diverses obédiences doctrinales et nationales, est devenu l'un des principaux marqueurs de l'organisation sociale, et un pourvoyeur majeur de l'identité collective. Il a englouti les institutions syndicales, politiques ou publiques déficientes ; seules surnagent les mairies, derniers symboles respectés de la République. Certaines ont su intégrer, à partir des élections municipales de 2008, au sein des équipes et parmi leurs employés, de nombreux jeunes issus de l'immigration. Parfois, ce phénomène sera poussé, une décennie plus tard, à l'extrême inverse : en septembre 2022, le conseil municipal de Stains, dans le 93, fera l'objet d'une polémique dans les médias pour ne plus compter, selon son organigramme, qu'un « Français de souche » identifiable... en charge des personnes âgées, parmi les adjoints au maire, qui est Azzedine Taïbi.

Notre premier point d'entrée à Clichy-Montfermeil est Aclefeu - l'acronyme signifie « Association collectif liberté égalité fraternité ensemble unis », mais la formulation se réfère à l'urgence du cessez-le-feu dans l'agglomération où gymnase, poste et autres services publics ont brûlé, parmi d'innombrables véhicules, lors des émeutes. Fondée par des militants issus de l'immigration dont les plus actifs proviennent du Parti communiste ou de mouvements gauchistes implantés en banlieues populaires - certains sont élus municipaux -, elle s'est notamment fait connaître par une tournée nationale des quartiers insurgés de 2005 pour y rassembler la matière de « cahiers de doléances » qui furent ensuite présentés à l'Assemblée nationale.

Je suis frappé d'emblée par la congruence du lexique politique de l'extrême gauche, traditionnellement associé à celui de la laïcité voire de l'athéisme, et d'une piété affichée par la plupart des membres, dont la vie est scandée par le temps de l'islam, le rythme des prières, la fréquentation régulière des mosquées, le strict respect du *halal* (dans sa double signification de la viande consacrée et du mariage devant l'imam), du jeûne du ramadan et de la célébration des deux Aïd, où l'affluence est telle que les municipalités réquisitionnent stades ou gymnases pouvant rassembler des milliers de fidèles accomplissant la prière en congrégation, après avoir entendu le prêche de l'imam. J'ai l'impression de me retrouver au Caire de mes premières investigations dans les années 1980, lorsque je m'étais immergé dans les mosquées bondées pour préparer ma thèse. La démonstration de force de ces rassemblements que presque personne ne semble manquer - les rues sont désertes - est d'autant plus impressionnante que l'assistance est jeune et donne une impression de puissance, physique comme de conviction. Cette sensation me reviendra en mémoire en janvier 2015, lorsque je visionnerai la vidéo préenregistrée d'Amedy Coulibaly, le tueur de la supérette Hyper Casher à Vincennes, diffusée après qu'il a perpétré son massacre : « J'ai sillonné les mosquées de France [...] beaucoup dans la région parisienne. Elles sont pleines, *Ma sha' Allah* (« grâce à Allah ! »), elles sont pleines d'hommes pleins de vigueur ! Elles sont pleines de jeunes sportifs ! Elles sont pleines d'hommes en bonne santé ! »

La norme socioreligieuse islamique est incontestée, et prégnante dans un certain nombre de cas où elle contredit la législation française, comme la bigamie ou l'abattage du mouton à domicile lors de la fête du sacrifice. Durant le mois de ramadan, les commerces alimentaires demeurent fermés pendant le jeûne diurne, les trottoirs se couvrant dès le crépuscule de *ma'idat al-rahman* (« tables du Miséricordieux », l'un des noms d'Allah) où sont proposées les pâtisseries traditionnelles, et les mosquées sont ouvertes dès la fin du *ftour* pour les prières surérogatoires (*tarawih*) où la communauté rassemblée récite chaque soir une section du Coran, dont la psalmodie intégrale est conclue à la fin du mois sacré. Le seul restaurant non halal de Clichy, lors de notre enquête, était le McDonald's, dont l'enseigne avait choisi sur l'ensemble du territoire français, contrairement au Quick, de refuser la restauration communautaire afin de conserver un public universel de consommateurs...

Parmi les éléments les plus saillants dans ce registre, nous sommes frappés par deux constatations. La première, comme annoncé plus tôt, porte sur la comparaison entre les réponses apportées à la question posée à l'identique durant ce même mois de ramadan, à un quart de siècle de distance, entre l'enquête menée pour *Les Banlieues de l'islam* et celle de *Banlieue de la République*. En 1985, à la demande « Accepteriez-vous que vous ou vos enfants soyez invités à manger chez un non-musulman ? », la plupart des réponses étaient favorables, sans condition ou en respectant seulement la prohibition de l'alcool et du porc. En 2010, le curseur a basculé vers l'exigence du caractère halal de la nourriture comme préalable à toute convivialité. En d'autres termes, le primat de l'appartenance communautaire, dont les marqueurs saturent désormais le temps et l'espace, s'est culturellement imposé.

La seconde observation porte sur l'origine assignée aux émeutes. Nous sommes arrivés sur le terrain persuadés que la mort des deux adolescents Zyed et Bouna, électrocutés dans un transformateur où ils s'étaient réfugiés pour fuir la police poursuivant des voleurs, le 27 octobre 2005, en était la cause unique. Cette version consensuelle s'inscrivait exclusivement dans le registre des « bavures policières », quelque discutable que fût cette qualification en l'espèce. Elle faisait l'impasse sur toute relation avec la question communautaire islamique dans l'agglomération. Or, les émeutes qui se déclenchèrent dès que la nouvelle fut connue restèrent circonscrites à l'agglomération, et concernèrent exclusivement des jeunes. Elles étaient en voie de règlement lorsque, trois nuits plus tard, une compagnie de CRS dont les officiers ignoraient la présence d'une mosquée (établie dans un ancien hangar) furent attaqués par des émeutiers, auxquels ils répliquèrent par des jets de grenades lacrymogènes. Les incidents se produisaient de manière routinière le soir, au sortir du *ftour* pris en famille, correspondant en outre à l'horaire du journal télévisé : pendant que les parents allaient à la mosquée, certains jeunes sortaient caillasser la police, parfois excités par l'omniprésence des cameramen qui filmaient les charges dans l'attente du spectacle grandiose des voitures enflammées illuminant le paysage de désolation des cités dégradées pour faire monter l'audimat en suscitant le grand frisson chez les téléspectateurs de la France entière puis du monde. Comme nous le déclara l'un des principaux militants associatifs clichois, qui devait ensuite faire acte de candidature aux élections législatives, le tempo des violences devenait une routine : « C'est le ramadan, donc les jeunes mangent, je me souviens, à 18 h 30, et ensuite ils vont un peu à l'affrontement. Ça dure trois, quatre heures. Puis ils rentrent chez eux. Ces jeunes, ils ont autre chose à faire ! »

L'une des grenades tomba à proximité du lieu de culte, les gaz se répandant par la porte demeurée ouverte, du fait de la foule compacte rassemblée pour la prière surérogatoire nocturne. Les fidèles furent évacués dans la panique, et se répandit alors la rumeur du « gazage de la mosquée Bilal », dépeignant la police attaquant délibérément les musulmans en prière. Un autre militant associatif, ultérieurement important élu local, nous précisa : « Ce qui a tout dynamité, c'est l'agression de la mosquée [...] il n'y a pas eu d'excuses, rien ! » Un troisième comparait « les fusils avec lesquels ils lancent leurs grenades lacrymogènes » à ceux de l'armée : « On se disait : c'est la guerre. » Pareille interprétation légendaire de l'incident alimenta dans l'immédiat le « téléphone (portable) arabe », d'abord dans le nord-est de la Seine-Saint-Denis, peuplé de populations parentes de celles de l'agglomération, en provenance notamment des confins algéro-marocains entre Ghazaouet et Berkane. Elle suscita une immense émotion, traduite par la descente dans la rue en protestation et solidarité de toutes les générations, outre les jeunes. Le lendemain, l'émeute touchait de très nombreux quartiers socioculturellement comparables dans la France entière, l'état d'urgence fut prononcé le 8 novembre, et le calme rétabli le 17 novembre. On dénombra près de trois mille interpellations, de très importantes dégradations de bâtiments et de matériel, et d'innombrables voitures brûlées. Ce furent les insurrections les plus spectaculaires de l'histoire de la

France contemporaine, valant une couverture sensationnaliste de la presse internationale. Le *New York Times* publia en une la photographie de l'imam de la mosquée, en djellaba, tenant la douille d'une grenade lacrymogène. Les milieux proches du pouvoir américain et les chaînes de télévision comme Fox News, très hostiles à Jacques Chirac, qui avait refusé de participer à la coalition militaire contre l'Irak et empêché qu'elle fût placée sous l'égide de l'ONU, se déchaînèrent au sujet de « Muslim Riots » montées par un nébuleux « commandement français d'Al-Qaïda », tentant de donner la preuve par l'absurde du calcul erroné, selon ces médias, du président français se dissociant de George W. Bush dans la « guerre contre la terreur ».

Aucune enquête n'a jamais pu prouver l'existence, en 2005, d'une semblable organisation terroriste exerçant ses activités sur le sol français, et capable de manipuler des factieux au service des intérêts de Ben Laden. Celui-ci s'était focalisé sur l'Espagne en mars 2004 puis l'Angleterre en juillet 2005, évitant l'Hexagone du fait des arrestations qui y avaient eu lieu en lien avec le débordement du jihad algérien, à la fin des années 1990, lui faisant craindre que ses réseaux y fussent aisément démantelés. Son principal émissaire, Djamel Beghal, avait été arrêté dès avant son arrivée en France et purgeait une peine de prison. Il exercerait discrètement son redoutable prosélytisme en détention – les effets ne s'en feraient sentir que dix ans plus tard, lors des attentats terroristes de janvier 2015, dont les auteurs avaient subi son influence lorsqu'ils étaient incarcérés dans des cellules voisines, à Fleury-Mérogis.

Les émeutes, quant à elles, avaient d'abord eu pour carburant la relégation territoriale, la dégradation de l'habitat, et la gestion trop imprécise de la sécurité : ce furent dans ces domaines que s'exerça par la suite l'action de l'État, à travers des politiques publiques dont le maître d'œuvre fut l'Agence nationale de la rénovation urbaine (Anru) et qui se traduisirent, à Clichy-Montfermeil comme dans de nombreux quartiers touchés par le soulèvement, par de gigantesques investissements dans la rénovation immobilière, le développement des transports, l'ouverture d'un commissariat de proximité, etc.

Mais la « mise à feu » de ce combustible eut pour détonateur dans l'Hexagone un incident, mal interprété dans ce contexte volatil, lié à la gestion du culte : l'explosion d'une grenade lacrymogène aux abords immédiats d'une mosquée une nuit de ramadan, bondée de fidèles qui y suffoquèrent. L'un de nos interlocuteurs, qui deviendrait ultérieurement le dirigeant de la principale association islamiste franco-turque, nous avait décrit en ces termes l'hélicoptère qui éclairait de ses phares, les nuits suivantes, la mosquée et ses environs, désormais entourée de policiers : « On s'est dit qu'on comprenait mieux maintenant ce que souffraient nos frères palestiniens face à la répression israélienne. » Les gestionnaires du lieu de culte, une équipe principalement marocaine liée au député-maire chiraquien de la ville voisine, Le Raincy, n'avaient aucune velléité révolutionnaire ni insurrectionnelle, étant bien plutôt engagés dans des relations transactionnelles avec cet élu conservateur (il déposa une proposition de loi pour criminaliser le blasphème, à l'occasion de la republication dans la presse française des caricatures de Mahomet parues dans un titre danois). Nous avons pu observer, lors des élections cantonales qui eurent lieu durant le séjour de notre équipe sur place, que les mosquées de l'arrondissement constituaient une étape de rigueur pour les candidats, qui s'y adressaient aux fidèles et sollicitaient leur suffrage.

En mai 2016, quatre ans après que notre enquête eut établi ces faits et retracé précisément l'enchaînement des aléas qui déclenchèrent le processus initial des violences, je me rendis à une invitation du Bondy Blog, média audiovisuel qui avait été créé dans la suite des émeutes de 2005 avec le soutien de fondations suisses pour favoriser l'émergence de jeunes talents journalistiques dans les cités, une initiative que je trouvais tout à fait bienvenue. Bondy est une commune voisine de Clichy-Montfermeil, qui en jouxte la forêt. À ma surprise, me fut intenté sur cette antenne un procès en islamophobie pour avoir établi que le déclenchement des émeutes à l'échelle nationale faisait suite à l'incident grossi en « gazage de la mosquée », et non point exclusivement au regrettable décès de Zyed et Bouna (notre analyse, qui a été recoupée ensuite par d'autres, fait désormais consensus). J'eus beau expliquer au journaliste fort militant qui m'incriminait que j'avais précisément recueilli puis vérifié la parole des témoins et acteurs des émeutes eux-mêmes, j'avais commis à ses yeux le crime politique de substituer à un mythe mobilisateur une mise en récit circonstanciée, et cela me valait l'opprobre. Cette confusion entre journalisme et prosélytisme, étayant un faux procès, me déçut beaucoup car, outre qu'elle montrait le basculement dans le complotisme islamiste d'une rédaction sur laquelle avaient été fondés de nombreux espoirs pour favoriser l'ascension sociale de jeunes issus des quartiers défavorisés, je me retrouvais désormais ciblé comme une sorte d'ennemi du peuple pour avoir seulement fait mon « métier de sociologue » - selon le titre donné par Pierre Bourdieu et Jean-Claude Chamboredon à un ouvrage fameux de méthodologie des sciences sociales, que j'assignais en lecture à mes étudiants... Je fus livré à la vindicte de la nébuleuse « islamo-gauchiste ». Un mois après, je serai condamné à mort par Daesh. Je revins sur cette polémique lors d'un entretien paru dans l'hebdomadaire *L'Obs* en novembre suivant, alors que je vivais sous protection policière, pointant dans l'affaire du Bondy Blog une manifestation typique de cette idéologie. Cela me valut une volée de bois vert, désormais classé pour de bon dans la catégorie des ennemis d'Allah et de l'humanité sur un spectre d'entrepreneurs de colère à mon encontre s'étendant d'Edwy Plenel et Mediapart jusqu'à Larossi Abballa, le tueur de Daesh. « Soutien total aux consœurs et confrères du @LeBondyBlog face aux accusations délirantes et ignorantes de Gilles Kepel », posta sur son mur Facebook le ci-devant « camarade Krasny », ex-directeur de l'hebdomadaire trotskiste *Rouge* que je vendais à la criée lorsque j'étais lycéen... et dont la leçon de déontologie aurait été farcesque si elle n'avait fait écho à l'appel public à me tuer proféré six mois plus tôt par l'assassin du policier Jean-Baptiste Salvaing et sa jeune épouse, à Magnanville, dans les Yvelines.

De nombreux phénomènes relevés et analysés dans *Banlieue de la République* me permirent de mettre au jour à l'automne 2011 une importante mutation sociopolitique de l'islam de France, dont ni la société au sens large ni l'État n'avaient alors pris conscience. « Le rapport qui dérange », titra *Le Monde*, qui lui consacra sa une sur un mode favorable dans un premier temps, avant d'offrir ses tribunes à ceux qui en contestaient méthode et conclusions, puis de critiquer virulemment la synthèse que je m'efforçai de présenter par la suite dans *Quatre-vingt-treize*. En replaçant notre constat sur le terrain dans la rétrospective qu'avaient ouverte *Les Banlieues de l'islam* un quart de siècle plus tôt, j'y proposais de décrire ces bouleversements en identifiant « trois âges de l'islam » en France, puis de France, au travers d'une « dialectique de l'islamisation » à l'œuvre au sein des populations concernées. Ce faisant, j'enfreignais un tabou consensuel qui voulait que ces dernières n'eussent pas de dynamique propre, mais fussent exclusivement les victimes passives du racisme, du capitalisme et de la violence d'État. Cette polémique me poursuivrait jusque dans l'Université, où elle me vaudrait une acrimonie croissante. Ultérieurement, des chercheurs militants se feraient les avocats de ces mobilisations islamistes sur lesquelles j'avais attiré l'attention alors qu'elles avaient été l'objet de déni de réalité – me reprochant désormais de conserver à leur endroit une distanciation critique –, matière à excommunications fulminées jusqu'à la fin de ma carrière. Ce qui motiverait pareils procès d'intention contradictoires dans leur fondement, mais également acharnés dans leur ciblage, ne consistait pourtant qu'à identifier les étapes de la transformation d'un objet social, à travers les acteurs qui dominaient celles-ci au fur et à mesure.

Le premier âge correspondait ainsi à l'« islam des darons », des origines à 1989, le deuxième à celui « des Frères et des blédards », et le troisième - dont les émeutes de 2005 ont révélé à la fois le potentiel et les dynamiques contradictoires, expression d'une citoyenneté inaccomplie - à l'« islam des jeunes ». Élaborée en 2012 quand paraît *Quatre-vingt-treize*, cette scansion chronologique ouverte sera prolongée durant la décennie suivante par le basculement dans le jihad armé inspiré par Daesh de la partie la plus extrémiste de cette jeunesse, et de l'engagement d'un grand nombre de descendants de l'immigration musulmane dans les combats politiques légitimes de tous ordres de la société française - comme on l'observera plus avant.

Le terme « daron » - qui signifie « père » dans le parler contemporain des banlieues de l'islam (le féminin en étant « daronne », ou mère) - est un vieux vocable de l'argot français, dont on trouve déjà des occurrences dans *Les Misérables*, de Victor Hugo. Tombé en désuétude dans l'usage langagier des classes moyennes, il rappelle que les générations maghrébines anciennes ont été socialisées au français au contact du parler du prolétariat de l'Hexagone. Il symbolise pour notre premier âge l'époque où l'islam en France consistait en une foi résiduelle transplantée du pays d'origine. Elle ne revêtait qu'une faible visibilité publique, à l'exception de la Grande Mosquée de Paris, inaugurée en 1926, dans le contexte de l'empire colonial avec des objectifs de contrôle politique de cette religion, et ce lieu de culte n'était guère fréquenté par les darons.

La guerre d'octobre 1973 (dite « du Kippour », ou « du Ramadan ») au Moyen-Orient y déclencha un séisme à plusieurs répliques : le bond des prix du pétrole, un chômage massif touchant notamment les immigrés, et l'irruption de l'islam dans le champ politique des pays d'origine, tout d'abord, en France comme en Europe, ensuite. La sédentarisation aléatoire de ces populations, accompagnée du regroupement familial, voit arriver en masse femmes et enfants. Les premières mosquées apparaissent dans les foyers, les usines et les HLM, bénies par les autorités françaises avec l'objectif de favoriser la paix sociale dans un contexte de crise économique. Ensuite, la révolution iranienne de 1979 change la donne en associant cette religion à l'image hostile de Khomeyni, brouillant la perception des grandes grèves de 1982 où des ouvriers musulmans prient dans les usines occupées, tandis que patronat et syndicats se disputent l'allégeance des imams ouvriers. Ministre de l'Intérieur et des Cultes de François Mitterrand, Gaston Defferre, maire de Marseille, favorise la prise de contrôle de la Grande Mosquée de Paris en 1982 par Alger, à qui est affermé le contrôle de l'islam émergent dans l'Hexagone. Comme on l'a décrit, l'État français est pris au dépourvu par un phénomène qui l'inquiète. Pendant la cohabitation qui clôt le premier septennat de François Mitterrand, Alger se rapproche de Jacques Chirac, chef du gouvernement puis candidat malheureux à l'élection présidentielle de 1988 : affermer la gestion de l'islam à un État étranger s'avère risqué, et le président à peine réélu ne le pardonnera pas à celui-ci.

Ce premier « âge des darons » s'achève en 1989, sous l'effet de bouleversements planétaires comme nationaux. La victoire du jihad en Afghanistan avec le retrait soviétique le 15 février, précédée de la fatwa contre Rushdie la veille, suivie de l'effondrement de l'URSS le 6 novembre avec la chute du mur de Berlin, sont éclipsés dans l'Hexagone par l'affaire du « voile islamique » porté par trois collégiennes de Creil, et exclues de leur établissement. C'est désormais la médiation du roi du Maroc, Hassan II, qui calme le jeu, tandis que le pouvoir algérien vacille avec l'émergence du Front islamique du salut, prélude à la guerre civile dans ce pays.

L'âge des Frères s'ouvre le 6 novembre 1989, lorsque Pierre Joxe, ministre de l'Intérieur de François Mitterrand, réélu en mai 1988, inaugure, pour rompre avec la gestion algérienne de la Mosquée de Paris - coupable d'avoir manifesté son inclination pour le candidat Chirac -, un « Conseil de réflexion sur l'islam en France » (Corif). Ce fut la première des instances successives aux intitulés divers qui eurent vocation jusqu'à nos jours à encadrer le culte musulman dans le cadre de l'État français laïque - avec des résultats mitigés. Le Corif est créé dans le contexte de l'affaire de Creil, stade inaugural de la stratégie des Frères musulmans de l'UOIF, tout juste renommés « *de* France », et qui testent là leur qualification de l'Hexagone comme partie du *dar al islam*. Selon ces derniers, les citoyens français musulmans sont fondés à respecter les injonctions de la *chari'a* - alors que l'instance voulue par l'État, le Corif, conserve la particule « *en* France ». Cette controverse de Creil et les multiples autres de même initiative qui lui succéderont pendant quinze ans suscitent une irritation permanente qui divise l'opinion et la classe politique, et perturbe la vie des établissements scolaires, dont les chefs passent leur temps à monter des dossiers juridiques pour les tribunaux administratifs et le Conseil d'État, au lieu de pouvoir se concentrer sur leur vocation pédagogique. Les Frères, ayant ainsi conquis une position « papale » dans le champ religieux musulman, du fait de leur capacité de nuisance et des atermoiements gouvernementaux, ont fait de leur rassemblement annuel du Bourget un tel élément du rapport de force en leur faveur avec l'État que M. Sarkozy, ministre de l'Intérieur, s'y rend « en ami » en 2003 (non sans s'y faire huer). Privilégiés par celui-ci face aux États d'origine dont l'ingérence est refusée par la Place Beauvau, l'immense majorité des cadres de l'UOIF n'en reste pas moins des « blédards », comme on nomme familièrement dans le monde maghrébin de France ceux qui ont été élevés outre-Méditerranée : ils n'ont pas d'ancrage social dans les quartiers populaires de l'Hexagone, ignorent le langage vernaculaire des banlieues.

C'est en réaction agacée du président Chirac à l'initiative de son ministre Nicolas Sarkozy, qui ne cachait plus ses ambitions présidentielles pour 2007, que fut réunie au second semestre 2003 la « Commission Stasi » - du nom de son président, l'ancien ministre Bernard Stasi. Elle rassemblait des « sages », personnalités qualifiées venant de différents réseaux associatifs, institutions et corps constitués. On me demanda d'en faire partie - seul arabisant avec le regretté Mohammed Arkoun. Parmi les nombreuses auditions menées durant un semestre, deux me restent particulièrement présentes à l'esprit. Celle de M. Sarkozy, à qui il m'échoit de poser des questions - l'échange est tendu -, et celle de François Hollande, alors premier secrétaire du Parti socialiste, que je n'avais jamais rencontré et dont la clarté d'esprit m'impressionne. Avec le jeune auditeur au Conseil d'État Laurent Wauquiez (alors suppléant du député centriste de la Haute-Loire Jacques Barrot, auquel il succédera en juillet 2004, et qui avait en outre commencé l'étude de l'arabe en Égypte), l'un des trois rapporteurs sous la direction du commissaire du gouvernement Rémy Schwartz, nous préparons nuitamment dans mon bureau de Sciences Po l'argumentaire d'où sera issu, après moult délibérations, l'avis final. Celui-ci aboutira à la loi de mars 2004 prohibant le « port de signes religieux ostentatoires » dans les établissements scolaires financés par le contribuable. Elle tranche le nœud gordien en sapant la stratégie des Frères. Ils ne pourront plus se poser en interlocuteurs privilégiés de l'État, à la fois cogestionnaires du culte et irritants, à travers leur présence croissante dans les diverses instances qu'élaborent en tâtonnant les ministres de l'Intérieur successifs, de droite comme de gauche.

À l'instigation des réseaux internationaux des Frères musulmans, un tollé francophobe fondé sur des procès en islamophobie se leva de Londres - où ils disposaient de solides appuis que j'avais étudiés dans *À l'ouest d'Allah* - jusqu'à la très prévisible chaîne satellitaire Al Jazeera, dont ils contrôlaient la plupart des contenus. La réponse des autorités françaises ne fut pas à la hauteur, traduisant la déficience de leurs capacités de communication internationale, que ce fût en anglais ou en arabe. Ni Mohammed

Arkoun ni moi ne fûmes sollicités pour expliquer en cette langue la signification de la loi - ce qui traduisait une fois encore l'incapacité de l'État et de ses hauts fonctionnaires à prendre en compte les enjeux linguistiques et culturels liés aux questions d'islam. Ce ne fut que le premier d'une longue série de ratages en ce domaine, quels que soient les locataires successifs de l'Élysée, fussent-ils de bonne volonté, durant les deux décennies suivantes.

Pendant les émeutes de l'automne 2005, l'UOIF, sollicitée par les services de M. Sarkozy pour émettre une fatwa stipulant qu'il était « illicite du point de vue de l'islam » de brûler des voitures, n'eut aucun écho : le nombre de véhicules enflammés battit un record le soir où elle parut ! L'ère des « Frères et des blédards » s'achève alors : les descendants des Maghrébins des banlieues populaires, que le verlan s'approprie comme « reubeus » pour souligner leur inculturation française depuis la naissance, mais qui adopteront l'appellation métonymique à vocation plus universelle de « jeunes », exprimeront désormais dans l'espace public les aspirations de la troisième génération.

Celles-ci ne procèdent pas par génération spontanée, mais font suite à des mobilisations préalables d'enfants d'immigrés se réclamant d'un mélange de slogans exprimés dans le vocabulaire de la gauche ou l'extrême gauche d'une part, et de l'autre d'une identité islamique articulée à la citoyenneté française, et non plus au pays d'origine. La « marche des Beurs » de 1983, ultérieurement fondus dans les « potes » de « SOS Racisme » afin de mobiliser ceux-ci pour la réélection de François Mitterrand lors du scrutin de mai 1988 face à la droite accusée de pactiser avec le Front national, a laissé de nombreux orphelins. Le bilan fait par les ex-« Beurs » (l'appellation tenue pour condescendante fera l'objet d'un rejet radical, et le verlan originel de « rebeus », plus assertif, lui sera substitué) de leur association avec les « feujs » qui dirigent SOS évoque le jugement sévère qu'avaient porté les Noirs américains sur leur cause commune avec les juifs dans les mouvements pour les droits civiques des années 1960. Dans l'un et l'autre cas, le sentiment d'avoir été instrumentalisés puis oubliés prévaut. Pareille déception ouvrira la voie outre-Atlantique aux Black Muslims de Louis Farrakhan, et en France à des groupes exaltant l'identité spécifique des musulmans, anciens sujets coloniaux devenus immigrés prolétarisés, indigènes de l'empire transposés comme tels dans la République, ou, pour l'exprimer en termes coraniques, *moustadafines*. Ce terme provient de la révolution iranienne de 1979, lorsque Ali Shariati, l'étudiant de Jacques Berque à Paris, avait établi un parallélisme entre la lutte des classes - le moteur de l'histoire chez Marx -, opposant les « opprimés » aux « oppresseurs », et le ressort du jihad : l'affrontement entre *moustadafines* (faibles, déshérités musulmans) et *moustakbirines* (orgueilleux, exploiteurs impies). C'est de la mixture de ces deux registres que naquit la mouvance « islamo-gauchiste ». Elle connaîtra de nombreuses déclinaisons, et d'innombrables porte-parole dont chacun réécrira à sa manière ce syntagme intriguant.

Tariq Ramadan en fut l'un des plus célèbres protagonistes - avant d'être rattrapé en 2017 par des scandales dans l'atmosphère du mouvement #MeToo. Ce personnage détenait un fort capital symbolique en tant que petit-fils du fondateur égyptien des Frères musulmans Hassan al-Banna (1906-1949). Éduqué à Genève dans l'exil auquel Nasser avait contraint sa famille, maîtrisant le registre langagier des milieux universitaires progressistes, se targuant de son action au sein d'ONG tiers-mondistes, il avait charmé par son charisme les milieux catholiques de gauche comme les laïques « ouverts » de la Ligue de l'enseignement, et devint une vedette à la fois transgressive et séduisante du petit écran.

Je porte – à mon corps défendant – une certaine responsabilité dans sa percée. J'avais eu l'occasion de faire sa rencontre dans la cité de Calvin et détecté rapidement un personnage hors du commun – qui détonnait en plein âge des « Frères et des blédards », au début de la décennie 1990. Le 12 octobre 1994, l'équipe de l'émission de télévision *La Marche du siècle*, présentée par Jean-Marie Cavada, m'avait invité à l'occasion de la publication d'*À l'ouest d'Allah*, et demandé si je connaissais un militant islamiste avec qui mener un débat de bon niveau. J'avais indiqué son nom. Mais nous nous étions retrouvés sur un plateau pléthorique sans vraie possibilité de confrontation d'idées, et Tariq Ramadan creva l'écran, au milieu du brouhaha, par la singularité de sa posture et de son propos, s'affichant d'emblée comme un « bon client » pour la télé. Pour la première fois, on y voyait un « islamiste moderne » à une heure de grande écoute, s'exprimant avec aisance et doté d'une attirance dont il usait avec brio. Cela lui jouerait des tours un quart de siècle plus tard, mais à cette époque ce trentenaire télégénique représenta un modèle d'identification pour nombre de jeunes musulmans de France, qui ne pouvaient s'identifier aux blédards « ringards » de l'UOIF et se projetèrent dans son charisme - il devint en outre la coqueluche de bien des programmatrices et journalistes d'influence... Il serait omniprésent durant deux décennies sur le petit écran francophone, qui offrit un boulevard à son prosélytisme, dans une mixture inédite de *soft power* et de *sex power* islamiste, prolongeant ensuite sa carrière de star planétaire au Royaume-Uni et au Qatar, où l'on déroula le tapis rouge au petit-fils médiatique d'Hassan al-Banna.

Le Collectif des musulmans de France, né dans les banlieues de l'agglomération lyonnaise, en fit son porte-parole. Bataillant contre le Conseil français du culte musulman (CFCM) de Nicolas Sarkozy, dépeint comme une instance rappelant le caïdat de l'époque coloniale, il dépassait ainsi les logiques de cooptation promues par l'UOIF (dont les dirigeants furent contraints pourtant de l'inviter à leur rassemblement du Bourget, où il remplissait les salles en drainant sa masse de fans). Il promouvait une citoyenneté islamique de dissension, mêlant droit au port du hijab en classe et revendication sociale, jusque dans l'appel à participer aux élections pour y sanctionner les candidats hostiles aux musulmans. En novembre 2003, il fut la star du Forum social européen de Saint-Denis, où il vola la vedette aux altermondialistes laïques vieillissants, alors même que la Commission Stasi tenait ses travaux.

Parmi les manifestantes voilées de tricolore qui protestèrent contre la loi prohibant les signes religieux ostentatoires l'année suivante, beaucoup tiraient leur inspiration de l'ethos citoyen islamo-gauchiste qu'il avait promu. Mais certaines se référaient aussi au prédicateur plus sulfureux Farid Benyettou, qui fit ses premières armes sur ce terrain, dirigeant la prière sur le trottoir en opposition à la loi, avant de devenir le maître à penser de la filière jihadiste des Buttes-Chaumont, puis le mentor des frères Kouachi, qui massacreraient la rédaction de *Charlie Hebdo*, le 7 janvier 2015 – et de s'afficher enfin en repenti.

La troisième génération de l'islam de Francc, qui émerge alors, a comme point commun, par rapport à celles qui l'ont précédée, de se situer de plain-pied dans une logique revendicative dont les enjeux sont prioritairement ceux de l'Hexagone – mais elle est traversée de nombreuses contradictions sur la tactique à suivre. Celle-ci donne la priorité aussi bien au contrôle et à l'extension du marché halal, à l'investissement des réseaux sociaux ou au lobbyisme confessionnel aux élections, notamment dans la Seine-Saint-Denis, érigée par l'UAM 93 (Union des associations musulmanes du 93) en « département à majorité musulmane ». Les candidats aux élections municipales, législatives et sénatoriales de tous les partis, de la droite à l'extrême gauche (sauf le Front national), se bousculent dès lors durant le ramadan à l'« *iftar* de l'UAM », conçu par ses concepteurs sur le modèle du « dîner du Crif » (Conseil représentatif des israélites de France) – incarnation par excellence, à leurs yeux, du pouvoir politique du « lobby juif », sur lequel ils se modèlent.

C'est ce contexte en pleine mutation et effervescence que catalysent les émeutes de l'automne 2005 : mais elles ont sonné le glas de la cooptation des Frères blédards au sein du CFCM. Nicolas Sarkozy, candidat à l'élection présidentielle de 2007, abandonne l'idée de remporter un quelconque suffrage musulman conservateur qu'aurait pu lui assurer l'UOIF, et, changeant de pied, gagne celle-ci haut la main en se faisant le champion de l'ordre contre les émeutiers des banlieues, siphonnant une bonne part de l'électorat de Jean-Marie Le Pen. Quant à Ségolène Royal, sa rivale socialiste largement battue, elle avait posé à Clichy entourée des membres d'Aclefeu, dont des militantes voilées. Elle y obtint plus de 80 % des voix, mais seulement 38 % des suffrages au niveau national, un score historiquement bas – à cette époque – pour le Parti socialiste.

IX

Passion arabe

Pendant que nous arpentions avec l'équipe de l'Institut Montaigne les allées, les cages d'escalier et les salles de prière de Clichy-Montfermeil, à compter de l'automne 2010, le monde arabe se rappela soudain à l'attention universelle par une série de soulèvements qui déclenchèrent dans un premier temps un enthousiasme extraordinaire en Occident. En effet, alors que cet univers avait surtout défrayé la chronique médiatique à cause de Ben Laden, puis de la guerre sanglante d'Irak, et paraissait avoir basculé dans une altérité foncièrement hostile depuis le début du millénaire, voici que des jeunes gens à qui leurs camarades européens ou américains pouvaient soudain s'identifier tenaient le haut du pavé contre les dictatures, au nom d'idéaux démocratiques et sans la moindre référence - semblait-il spontanément - à l'islamisme sous ses divers avatars. J'observais le phénomène avec intérêt et curiosité, conforté dans la posture adoptée depuis la décennie 1980, quand je passai de l'Égypte aux banlieues. Le défi permanent consistait à marcher sur mes deux jambes d'arabisant, l'une au sud, l'autre au nord de la Méditerranée, sans me prendre les pieds dans le tapis !

Dans cette agglomération du 93, dont les populations d'origine arabe provenaient surtout des confins algéro-marocains, on n'avait pas d'intérêt crucial pour les événements de Tunisie. Sauf à voir dans l'immolation par le feu de Tarek, dit Mohammed, Bouazizi à Sidi Bouzid pour protester contre la *hogra* (le mépris) dont il était accablé par le régime de Ben Ali et les classes supérieures des beaux quartiers de la capitale, une image miroir : l'holocauste des véhicules incendiés lors des émeutes de 2005, en une semblable révolte contre la marginalisation dont Clichy-Montfermeil souffrait dans la France de Jacques Chirac.

J'avais participé, durant la période de l'enquête, à un colloque dans la péninsule Arabique, d'où j'avais rapporté en cadeau à mes interlocuteurs clichois de prédilection des boîtes ouvragées en marqueterie pleines de dattes fourrées. Plusieurs parmi eux s'étaient déjà rendus en charter à Dubaï et en étaient revenus fascinés par cet univers ultramoderne de tours de verre et d'acier plus hautes que les leurs, dont les ascenseurs fonctionnaient, où les Arabes étaient les maîtres et le reste du monde, dont les Européens, leur obligé – en une inversion des rapports de pouvoir hérités du colonialisme qui augurait peut-être de l'avenir de la planète. Mes relations dans l'establishment du Golfe, alors que mes interlocuteurs de l'agglomération se rendaient au pèlerinage de La Mecque et Médine dans des conditions souvent calamiteuses (l'obtention d'un visa saoudien était alors soumise à des conditions drastiques), m'avaient aussi conféré quelque aura parmi les plus religieux de mes contacts, dissipant les préventions contre un arabisant qui n'aurait sans cela été qu'une réincarnation haïssable des officiers des Affaires indigènes administrant leurs aïeux au bled.

Mais désormais je ne pouvais plus emmener, sur ce terrain dont l'actualité extraordinaire rendait l'étude impérieuse, de nouveaux étudiants car master comme doctorat sur le monde arabe avaient été fermés à Sciences Po, mon magistère éradiqué. Cette situation paradoxale avait mécontenté Valérie Pécresse, ministre de l'Enseignement supérieur et de la Recherche, à qui j'avais fait part de ma préoccupation - elle saisirait par ailleurs la Cour des comptes à propos de la gestion de l'établissement, et celle-ci rendrait des conclusions sévères. À tout le moins j'avais pu être élu, dans des conditions dont l'équanimité était garantie grâce à la vigilance de la ministre, membre de l'Institut universitaire de France pour une durée de cinq ans. Les lauréats bénéficiaient de crédits de recherche et d'une réduction des charges enseignantes.

Grâce à ces subsides, et au producteur de télévision Michel Rotman, qui me demanda de contribuer à un documentaire sur les « printemps arabes », il me fut possible d'enchaîner après l'enquête sur Clichy-Montfermeil un périple extraordinaire qui m'amena au gré de multiples allers-retours de la Tunisie au Yémen, de la Syrie à l'Égypte, de Bahreïn au Liban, de la Turquie à la Libye - en l'espace d'une année à la densité inouïe. Le télescopage entre ces deux recherches de terrain qui se superposèrent pendant quelques semaines n'aurait pu être plus contrasté, malgré sa dimension complémentaire : au monde gris de la Seine-Saint-Denis se substituait un univers qui paraissait d'abord tout de lumière. Que pareil optimisme fût probablement de courte durée, mon expérience m'en fournissait le pressentiment. Mais je m'efforçais d'en déceler le démenti récurrent dans les rencontres exceptionnelles que me procurèrent entre 2011 et 2013 ces pays ressemblant soudain aux rêves qu'avait fait naître la fréquentation ancienne de leur littérature et de leur poésie. Ces voyages me remémoraient aussi la découverte émerveillée de l'Orient que j'avais faite, jeune homme, en 1974, et mes premiers pas égyptiens, en 1980. Près de quatre décennies s'étaient écoulées depuis lors, et j'en oubliais le chancre de béton qui avait entre-temps dévoré les paysages avec l'explosion démographique, la mauvaise gouvernance et la corruption, la pollution climatique et sonore omniprésente, et l'ubiquité de la prédication islamiste en résultant, avec les haut-parleurs des mosquées au son saturé qui tonnaient de la prière de l'aube, *al-fajr*, jusqu'à *al-'isha'*, celle de la nuit. J'aimais à me bercer de cette utopie fugace qui, à la fin de ma cinquantaine, me faisait retrouver, telle une parenthèse enchantée, les enthousiasmes d'autrefois, douce chimère qui aurait permis à l'histoire de recommencer à zéro...

Par-delà l'illusion de liberté que procura pour de brèves années la chute des despotes, l'effacement partiel ou parfois total de leurs machines de répression et de renseignement - les *moukhabarat* omnipotents - avant qu'elles ne s'abattent de nouveau avec fracas ou laissent la place aux massacres perpétrés par les jihadistes, il y eut ces moments de bonheur humain, où l'idiome arabe ou dialectal me permettait de m'exprimer sans contrainte avec mes interlocuteurs, dans la limite du vocabulaire que je maîtrisais et qui m'apparaissait soudainement d'une richesse infinie.

Comme si la langue de bois des pouvoirs établis ou des islamistes avait perdu sa domination étouffante qui corsetait la pensée et l'imagination. Sans doute la nostalgie en magnifie-t-elle, une triste décennie plus tard, le souvenir, mais je ne regrette pas de l'avoir vécu. *Passion arabe* a traduit cela sur le vif, dans un livre dont l'écriture se revendiquait de quelque lyrisme – qui lui valut d'obtenir le prix Pétrarque, décerné par *Le Monde* et France Culture, deux médias avec lesquels j'aurais plus tard maille à partir... Je n'ai pas souvenir qu'une recension eût remarqué toutefois l'ambivalence voulue du titre : « passion » désigne en français aussi bien l'extrême amour que l'infinie souffrance, ainsi de la passion du Christ. Pourtant, le livre comporte quatorze chapitres, comme autant de stations du chemin de croix, mais les références chrétiennes s'effacent de notre culture de référence comme si elles avaient perdu toute pertinence, ce qu'en arrive à déplorer même l'athée que je suis.

C'est la Tunisie qui m'a d'emblée le plus frappé : la situation dans ce pays encore largement francophone constituait, au sortir de Clichy-Montfermeil, le revers ou l'avers – selon le point de vue – de ce que j'avais observé en Seine-Saint-Denis. On a oublié que le slogan emblématique des « révolutions arabes », au nom duquel tomba Ben Ali, était formulé en français, dans la prononciation locale : *Digaj* ! (Dégage !), comme si cette injonction argotique acclimatée en tunisien vernaculaire exprimait l'universalité d'une revendication qu'elle s'était appropriée. Clamée sur Al Jazeera, tel le cri primal des soulèvements qui se répandraient en quelques mois comme une traînée de poudre, elle n'était pourtant audible que dans le Maghreb et au Liban, où la francophonie conservait quelques traces vivantes.

En Égypte en particulier, où la chute du suffète de Carthage vue sur le petit écran annonçait celle du pharaon du Caire, elle était imprononçable, son expression dans le dialecte du cru – *Degag* – signifiant « poulet ». Elle fut abandonnée, traduite littéralement en langue littéraire (*Irhal !*) mais perdit sa spontanéité. Peu usité, le slogan laissa la place à un mot d'ordre plus expressément politique : « Le peuple veut la chute du régime. » Or ce « peuple » avait été éviscéré par ces mêmes régimes au pouvoir depuis les indépendances, et sa dépouille confisquée par militaires, partis uniques ou dynastes qui s'en étaient drapés. En Égypte, le Conseil suprême des forces armées, instance ranimée *ad hoc* pour dissocier l'état-major de Moubarak, dont il prononça la démission forcée le 11 février 2011, inventa dans la foulée un autre slogan, « L'armée et le peuple sont les doigts d'une seule main ». Celui-ci préparerait en réalité la reprise en main militaire qui adviendrait en juillet 2013.

J'avais fait la connaissance, lors d'un séjour en Égypte dans les dernières années de l'ère Moubarak, de celui dont la brève apparition à l'écran pour annoncer le limogeage du raïs serait le chant du cygne, le général Omar Soleiman, patron du renseignement, et véritable homme fort du pouvoir, devenu vice-président éphémère. Je garde le souvenir d'un échange dans un bureau sans fenêtres où la climatisation poussée à fond me faisait grelotter, alors que le général portait une flanelle – il me revint à l'esprit que les méthodes d'interrogatoire à Guantanamo faisaient alterner le glacial et le brûlant... Mon interlocuteur m'avait encouragé à rencontrer tous les dirigeants des Frères en liberté (ils faisaient l'objet d'une telle surveillance que nos échanges seraient, de toute façon, rapportés en temps réel), dont mon contact habituel 'Issam al 'Aryan, mais mis en garde contre toute approche « non autorisée » des jihadistes clandestins... Il m'avait déconseillé de perdre mon temps avec le grand mufti, pour qui il semblait nourrir peu d'estime, mais chaudement recommandé le président de l'université civile d'Al-Azhar, le professeur Ahmad al-Tayyeb, qui avait effectué ses études en France (« Vous vous entendrez bien »), et à qui il prédisait un « avenir brillant ». Je fis en effet la connaissance de celui-ci, dans un rendez-vous organisé dès le lendemain, où ce dernier, fort affable, avait réuni la totalité de ses vice-présidents et doyens, selon un mode... pyramidal. Au cas où je n'aurais pas compris qui avait organisé cette rencontre « improvisée », un jeune officier en civil vint me dire qu'il travaillait avec le général. Quelque temps plus tard, le cheikh de la grande mosquée Al-Azhar, principale autorité de l'islam sunnite traditionnel, décéda, et son successeur ne fut autre que... le professeur Ahmad al-Tayyeb - qui disparut quelques jours des écrans, le temps de se laisser pousser la barbe. Nous eûmes plusieurs occasions de nous revoir et d'échanger longuement, je rendis aussi visite par la suite à son frère, qui dirigeait la principale confrérie soufie (mystique) de Louxor, et je me persuadai plus tard qu'entrer dans la familiarité de cette éminence du sunnisme constituait la consécration suprême de mon itinéraire d'orientaliste... avant que je ne fisse, cinq ans plus tard, la connaissance du prince héritier saoudien Mohammed Ben Salman.

Ces travaux pratiques sur la réalité des relations entre les pouvoirs militaire et religieux en Égypte m'avaient donné une seconde leçon. Le soir de l'entretien avec le général Omar Soleiman, j'avais participé à un débat télévisé en dialecte, dont le propos était assez libre. Le lendemain matin, dans le véhicule officiel m'emmenant à mon rendez-vous à l'université al-Azhar, je reçus un appel sur mon téléphone portable. Mon interlocuteur s'identifia comme le boursier que j'avais envoyé d'Assiout en France en 1982, et ainsi sauvé de la vendetta. Il était devenu doyen d'une faculté de cette ville et m'invitait à y revenir donner une conférence, me congratulant pour l'émission de la veille. Or, nous ne nous étions pas revus depuis 1982, une époque où les téléphones cellulaires n'existaient pas, et j'avais complètement perdu sa trace. Je ne mis pas longtemps à comprendre qui lui avait donné mon numéro et suggéré de me contacter. Le général m'avait ainsi fait comprendre que ses fiches me concernant étaient scrupuleusement à jour depuis 1980... Quelques mois plus tard, en juillet 2012, tandis que la « révolution » égyptienne, à laquelle il avait sacrifié Moubarak avant de disparaître lui-même des cénacles du pouvoir suprême, battait son plein, il mourrait « inopinément » lors d'un traitement médical aux États-Unis. J'apprendrais ultérieurement que ce natif de Qena, en haute Égypte, était un parent d'Ayman al-Zawahiri, le bras droit et successeur de Ben Laden. Sur ces bases, la CIA avait demandé au général de lui fournir un peu de son ADN – à quoi il aurait répliqué qu'il remettrait prochainement un « bras entier » de son consanguin, lequel lui survécut toutefois d'une décennie exactement.

Cette affaire aurait dû me servir de leçon de modestie, pour faire la part de l'enthousiasme superficiel des excitations éruptives du monde arabe et des forces profondes qui en mouvaient les dynamiques sur le moyen et le long terme. Pourtant, participant en décembre 2011 à d'innombrables meetings et débats au Caire, où se donnait libre cours l'ivresse insurrectionnelle, tandis que sur la place Tahrir l'extrême gauche et les salafo-jihadistes tenaient des stands mitoyens sans en venir aux mains, communiant en euphorie dans le rejet du « régime », je fus invité un soir par mon ami le regretté Gamal al-Ghitani, romancier égyptien doté d'un fabuleux imaginaire historique, chez le nouveau « cerveau » du Conseil suprême des forces armées, un général qui se présenta à moi comme titulaire de *trois* doctorats (obtenus dans les ex-pays soviétiques, à l'époque nassérienne – curieusement, son collègue supervisant les services de renseignement algériens se réclamerait du même nombre de ces diplômes, également soviétiques, lorsque je dînai à ses côtés en août 2022, à l'occasion de la visite d'Emmanuel Macron dans ce pays). Pour cette vantardise qui parut risible à l'universitaire que je suis, peut-être aussi pour la cuisine surannée qui fut servie – de sublimes gambas égyptiennes nageant dans une infâme béchamel dont la recette devait dater du règne du roi Farouk –, je ne le pris guère au sérieux lorsqu'il m'expliqua son plan : encourager la perpétuation du chaos révolutionnaire, puis favoriser l'élection des Frères musulmans, afin d'exposer leur inanité et de les user rapidement au gouvernement, avant que l'armée ne revienne, plébiscitée, aux manettes. Ce qu'il m'avait annoncé en confidence en cette fin 2011 fut pourtant appliqué à la lettre un an et demi plus tard, aboutissant au triomphe du maréchal Sissi, qui règne depuis lors sur la vallée du Nil tel un pharaon qui aurait été porté au pouvoir par les mamelouks. La description de ce processus, en rétrospective, a été faite avec talent dans le roman (paru en 2018) d'un autre écrivain, Alaa al-Aswani, *J'ai couru vers le Nil*, que son hostilité absolue au pouvoir militaire a contraint, quant à lui, à l'exil américain. Malgré mes décennies d'expérience du monde arabe, je n'avais pas voulu croire à pareil scénario machiavélien, tout imbu de ce rêve éveillé que je vivais avec nostalgie dans les rues et les salons enfumés du Caire.

Il en allait de même en Libye ou au Yémen, de cet enchevêtrement de l'euphorie spontanée de la jeunesse et de la désillusion politique subséquente. Le slogan de « peuple » dont on se gargarisait avec la chute du régime n'avait d'autre signification que formelle quand la réalité de la société s'incarnait dans une mosaïque de tribus en guerre perpétuelle pour capter les ressources en hydrocarbures. Cela faciliterait par la suite l'ingérence des puissances étrangères voisines – Turquie, Émirats, Arabie, Iran, etc. – dont chacune financerait et armerait une confédération tribale contre une autre, dans la grande tradition du colonialisme européen d'antan. Peut-être parce que j'avais moins d'affinités électives avec ces deux pays qu'avec l'Égypte, je réussis à maintenir plus de distance avec ma ferveur, et davantage raison garder.

Mais il n'y en avait pas moins quelque chose de fabuleux à traverser à pied la frontière tuniso-libyenne dont s'était emparée la tribu la plus proche, couvrant les anciens bâtiments douaniers mussoliniens de graffitis en tifinagh - l'écriture berbère - alors que Kadhafi exigeait que les passeports européens fussent traduits en arabe pour accorder un visa. Je ramassais des truffes du désert dans les environs de Zintan, où était retenu prisonnier dans un cul-de-basse-fosse son fils Saif al-Islam, mon ancien « collègue » à la London School of Economics - je venais d'y enseigner une année -, université qu'il avait voulu faire arroser de bakchichs en échange d'une légitimité académique (ce qui valut à son directeur d'alors d'être remercié avec les « printemps arabes »... et à l'honorable institution le sobriquet de « Libyan School of Economics »).

De même, je vécus une expérience sans pareille dans le village de tentes établi devant l'université de Sanaa, au Yémen, où étaient rassemblés, dans une sorte de festival de Woodstock improbable, ceux qui se massacreraient ensuite, les rebelles houthis que solderait l'Iran et bombarderait l'Arabie saoudite, côte à côte avec les sunnites du Sud soutenus par cette dernière et les Émirats arabes unis... En compagnie de l'ami Gilles Gauthier, ancien ambassadeur au Yémen, traducteur français d'Alaa al-Aswani, et futur auteur de polars gays, nous narrions en arabe, grimpés sur des tréteaux tels des conteurs traditionnels, aux « révolutionnaires » esbaudis et trop pauvres pour quitter leur pays ce que nous avions vu sur la place Tahrir, au Caire, ou l'avenue Bourguiba, à Tunis... Ces situations auraient été impensables durant toutes les décennies qui s'étaient écoulées depuis que nous avions commencé notre vie d'arabisants - et j'imagine ne plus jamais les revivre.

À Bahreïn, nous fûmes coursés, avec l'équipe du documentaire télévisuel produit par Michel Rotman, par la police baloutche sunnite, qui pourchassait les manifestants des villages chiites révoltés, et cachés par ceux-ci à domicile - opportunité pour découvrir par l'intimité familiale la culture autochtone de ces communautés de pêcheurs et d'agriculteurs brimés par la monarchie sunnite et ruinés par sa spéculation immobilière immodérée. Au Qatar voisin, le cheikh al-Qaradawi nous accorda un entretien pour nous expliquer que ces chiites indigènes étaient des agents iraniens qui n'avaient rien à voir avec les révolutions arabes, et nous seriner la vulgate islamiste sunnite d'un soulèvement dont il assurait par ses interventions permanentes sur Al Jazeera la guidance politico-religieuse au nom des Frères musulmans. Il avait appelé à la chute de Moubarak puis dirigé la prière sur la place Tahrir occupée, arrivant tout exprès de Doha dans son Égypte natale, incité à tuer Kadhafi, et m'annonça qu'il prierait bientôt dans la mosquée des Omeyyades, à Damas, car la chute du régime syrien, dirigé par des hérétiques alaouites, était selon lui une question de quelques semaines (il décéderait en août 2022, Bachar al-Assad étant toujours au pouvoir). Dans la même ville de Doha, Waddah al-Khanfar, charismatique directeur d'Al Jazeera de 2003 à septembre 2011, très proche de la mouvance islamiste, nous expliqua comment il avait fait de la chaîne qatarie l'un des plus influents médias mondiaux. Il avait contribué plus que tout autre à « fririser » le soulèvement et je le retrouverais quelques semaines plus tard à Istanbul, dans un colloque organisé sous les auspices de M. Erdogan, à la tête du Forum Al Sharq (« L'Orient »), destiné à propager cette même vision du monde en prolongement des « printemps arabes ».

Le seul pays de la région où je ne pus mettre les pieds durant les « printemps arabes » fut l'Arabie saoudite. Durant la fin du règne d'Abdallah - qui décéderait en janvier 2015 -, le prince Mohammed ben Nayef fut nommé ministre de l'Intérieur. Ennemi de son cousin le prince Turki al-Faisal et voyant d'un mauvais œil les universitaires étrangers que celui-ci invitait à sa fondation, il me fit interdire de séjour. Le motif invoqué fut qu'un de mes anciens étudiants avait publié un livre, dans la collection que je dirigeais aux Presses universitaires de France, consacré aux islamistes saoudiens et illustré d'une carte. Elle ne tenait pas compte des rectifications de frontière au profit du royaume sur les confins qataro-émiratis, donnant à celui-ci un accès direct aux eaux du golfe en séparant ces deux États par cette enclave saoudienne, dite « de la baie de Khawr al-Udayd ». Les Émirats arabes unis avaient remis en cause ces rectifications à la fin de la première décennie du siècle, et ce fut considéré comme un *casus belli*. C'était une erreur du cartographe, et je n'y avais prêté aucune attention. Nous transitons pourtant, entre Bahreïn et le Liban, par l'aéroport saoudien de Dhahran avec l'équipe de télévision, et pendant que nous sommes dans la salle d'attente, mon nom est appelé plusieurs fois dans les haut-parleurs afin que je contacte la sûreté. Je n'y défère pas, mettant mes espoirs dans le dieu du dysfonctionnement bureaucratique qui m'a plusieurs fois sauvé la mise dans la région, et je finis par monter sans autre encombre dans l'avion pour Beyrouth. Mais je me promets de ne plus mettre les pieds dans le royaume à ces conditions – sans me douter que l'affaire était suivie en haut lieu par ceux-là mêmes qui œuvraient en sous-main à la chute du prince Nayef, et qu'elle me vaudrait de revenir à Riyad par la grande porte en 2017.

Au Liban, je revois d'anciennes connaissances, dont le Premier ministre Najib Mikati, qui me dépeint quelle gageure représentait le maintien de la cohésion de cet État mosaïque tiré de tous côtés par les affrontements communautaires et l'ingérence des voisins syrien et israélien, et combien les soulèvements arabes n'avaient fait qu'exacerber les conflits. Notre passage fut l'occasion de retourner à Tripoli. Dans les quartiers populaires de cette ville septentrionale, Michel Seurat identifia, avec une prescience qui ne fut sans doute pas étrangère à son enlèvement par l'Organisation du jihad islamique puis sa mort en détention, en 1986, l'axe majeur du drame récurrent du Moyen-Orient. Ce fut celui-là même qui emporterait les utopiques « printemps », que nous observions en 2012, dans l'exacerbation jihadiste et l'affrontement entre sunnites et chiites – pour frapper ensuite l'Europe sur son propre sol.

Michel écrivit un texte séminal, en bonne place dans le recueil posthume de son œuvre que nous avions publié avec Olivier Mongin, directeur d'*Esprit*, en 1989, *L'État de barbarie*. L'ouvrage serait réédité en 2012, et salué comme une analyse visionnaire de la guerre civile qui se mettait en place en Syrie. Cet article sur Tripoli, paru originellement en 1983 dans la revue et fruit d'une minutieuse enquête de terrain, analysait l'affrontement entre deux quartiers populaires, l'un sunnite, Bab Tebbaneh, et l'autre alaouite, Baal Mohsen. Vingt ans après, il restait d'une parfaite actualité pour comprendre ce qui, par-delà le seul Liban, traversait le Levant de la Syrie jusqu'à l'Irak : le communautarisme. Au nom d'une exacerbation identitaire, à caractère principalement confessionnel, le soulèvement où l'on pouvait lire, depuis Washington ou Paris, l'aube de la démocratie dans le monde arabe, se transforma en une guerre atroce de tous contre tous... avant de pousser ses ramifications jusqu'à Toulouse, Bruxelles, Nice, Berlin ou Vienne. Le basculement de l'Irak dans l'année qui suivit l'invasion américaine de 2003 en avait été le précurseur. La démocratie philo-israélienne en Mésopotamie dont rêvaient les néoconservateurs avait tourné à la guerre civile où la haine des sunnites, emmenés par Abou Moussab al-Zarqawi, contre les chiites l'emportait sur celle vouée aux envahisseurs américains et leurs alliés, dans une perpétuelle Saint-Barthélemy de l'Orient.

Ce fut ce que j'entendis dans la mosquée de Tripoli, où tonnait en chaire le cheikh Salem al-Rafeï : fuyant en 1985 l'invasion des troupes syriennes au Liban, il avait avec les plus virulents activistes sunnites locaux trouvé refuge en Europe, comme d'autres en Australie. C'est l'un d'eux qui, depuis le Danemark, avait déclenché la campagne mondiale contre son pays d'accueil lors de la publication, à l'automne 2005, de caricatures du prophète Mohammed dans un quotidien local, prenant le relais sunnite de la fatwa de Khomeyni en 1989, dans un enchaînement de violences et d'attentats qui se poursuivrait jusqu'aux assassinats de l'automne 2020 en France, lorsque le professeur Samuel Paty fut décapité par un Tchétchène pour avoir fait débattre en classe de la liberté d'expression à propos de ces mêmes caricatures, republiées par *Charlie Hebdo*.

Le cheikh, expulsé d'Allemagne après vingt ans de séjour, pour les propos incendiaires tenus dans sa mosquée, selon les autorités berlinoises, avait tranquillement retrouvé sa ville d'origine, d'où les troupes syriennes s'étaient retirées le 26 avril 2005 - à cause des fortes pressions internationales suivant l'assassinat à Beyrouth de l'ancien Premier ministre Rafic Hariri, imputé à Damas, le 14 février précédent. Ayant pignon sur rue, il reçoit courtoisement notre équipe de télévision étrangère, manifestant ainsi à la congrégation de ses fidèles qu'il bénéficie d'une notoriété internationale. L'axe de son sermon consiste à dénoncer l'Iran, qui a colonisé l'Irak, la Syrie, le Liban et la Palestine, et à exalter le « peuple jihadiste » sunnite syrien, qui fera tomber le régime d'Assad, ses soutiens iraniens et autres hérétiques, avant d'assurer la victoire d'Allah sur la Terre entière. Ce combat planétaire commence en échangeant tirs d'obus et de mortiers avec les habitants alaouites de la colline voisine, Baal Mohsen, que l'on aperçoit du haut des minarets flambant neufs de sa somptueuse mosquée. Nul doute que ses anathèmes contre l'Iran ont été appréciés par les argentiers sunnites de la péninsule Arabique...

Quelques jours plus tard, nous passons clandestinement à pied la frontière syrienne à partir d'Antioche, en Turquie. C'est par ces confins que j'avais pénétré pour la première fois de ma vie dans le monde arabe, en juillet 1974, âgé de 19 ans, en compagnie d'un camarade de classe, au terme d'une épopée commencée à Venise sur un navire soviétique, avec escale au Pirée le jour de la chute des colonels, puis traversée de l'Anatolie au départ d'Istanbul en auto-stop. Non loin du poste-frontière, où l'on avait vérifié nos visas, serpentait l'antique voie romaine que décrit l'empereur Julien - dit « l'Apostat » - et qui fut étudiée par les archéologues au temps du mandat français, dans les années 1920. Le lieu porte un nom poétique : *bab al-hawa*, la « porte du vent ». Un siècle plus tard, il serait connoté de manière bien plus tragique. Les jihadistes européens, dont bon nombre étaient originaires des banlieues de l'Hexagone que j'avais parcourues et étudiées, l'utiliseraient, quatre décennies après mon passage inaugural et initiatique, pour aller rejoindre le champ de bataille du Shâm et y perpétrer leurs massacres. En ce mardi 16 octobre 2012, ils ne sont pas encore arrivés, à quelques mois près. Et tandis que je corrige les épreuves de ce livre, les tremblements de terre effarants de février 2023 ont emporté cette magnifique Antioche qui traversa les épreuves du temps - les immeubles construits en deçà des normes sismiques grâce à la prévarication du régime d'Erdogan ayant multiplié exponentiellement les décès et les dommages - comme en une conclusion fatale des tourments qu'infligèrent les hommes à cette malheureuse région.

Nous traversons la frontière avec des passeurs, trompant de justesse la vigilance des soldats turcs et de leurs molosses qui nous ont levés, et arrivons dans un village à peine libéré de la soldatesque d'Assad, la semaine précédente. Il porte le nom - hélas prémonitoire - de *Kherbet al-jouz* : « double ruine ». Allusion à des vestiges de l'époque byzantine, ces « villes mortes » qui donnaient son charme archéologique à la région, le toponyme annonce des dévastations bien plus épouvantables, qui n'ont plus cessé depuis lors. Les habitants nous accueillent volontiers, nous décrivant les exactions des militaires, et nous faisant un récit plutôt rassérénant de la bataille. Les vidéos des groupes islamistes postées sur la Toile, que nous visionnerons quelques jours plus tard, sont plus sanglantes, avec les cadavres des soldats morts dans des mares de sang, en chaussettes, dépouillés de leurs brodequins, tandis qu'une voix off incite, en arabe, Assad à contempler le spectacle de ses « chiens » abattus. Dix ans plus tard, le village fait partie de la « zone de désescalade » où ont été transférés, sous protection turque, la plupart des combattants jihadistes des autres régions du pays. La principale force qui y règne, en 2022, est le Hay'at Tahrir ash-Shâm - qui se traduit par « Organisation de libération du Levant », mais ne constitue que le nom plus présentable, pour les donneurs de l'aide internationale transitant par la Turquie, de l'ancienne branche d'Al-Qaïda en Syrie, le « Front al-Nusra ».

Lorsque je reviens en France au terme de ce gigantesque état des lieux, mon optimisme de départ s'est significativement émoussé. Mais je n'ai pas vraiment le loisir d'approfondir les conclusions, à peine ai-je rédigé mes notes et transformé le foisonnement de mes impressions pour achever le manuscrit de *Passion arabe*, qu'illustrera un cahier de photographies prises en Libye par Jean-Baptiste

Lopez, notamment du cadavre de Kadhafi profané. Avec l'Institut Montaigne et une partie de l'équipe de *Banlieue de la République*, nous enchaînons de nouveau une enquête qui nous ramène dans l'Hexagone. Pour la première fois dans l'histoire, aux élections législatives de juin 2012, qui ont suivi la victoire de François Hollande à l'élection présidentielle le mois précédent, quelque quatre cents candidats issus de l'immigration maghrébine et africaine se sont présentés. Six sont entrés à l'Assemblée nationale, tous socialistes. Quant au président, il est élu dans les lendemains immédiats du premier massacre jihadiste de troisième génération sur le sol national, causé à Montauban et Toulouse par Mohamed Merah, qui assassine des soldats français « apostats » ainsi que des élèves et un enseignant d'une école juive. Dans l'immédiat, les sondages montrent que le candidat socialiste a dû notamment sa victoire sur le fil, par 3,2 % d'écart, soit 1,1 million de suffrages seulement, à une mobilisation exceptionnelle en sa faveur - ou plutôt contre son adversaire - des électeurs s'identifiant comme « musulmans », qui l'ont plébiscité à près de 90 %.

X

Passion française

Lors des élections municipales de 2008, qui avaient suivi les émeutes de 2005 en banlieue, une première génération d'enfants de l'immigration musulmane originaires d'Afrique du Nord avait fait son entrée dans les mairies. La rupture entre le pays réel et le pays légal, dont le soulèvement avait été l'expression la plus criante, commençait ainsi à se résorber, au niveau local. Mais c'est l'Assemblée nationale, incarnation du peuple souverain, qui reflète en premier lieu la diversité de ses composantes, aussi bien partisanes que régionales, de genre, ethnie ou religion, sublimées dans le *dêmos* commun. Des efforts avaient été accomplis par le législateur, dans un premier temps, pour y favoriser la parité, et la composition du Parlement s'était significativement féminisée. Puis, du fait des campagnes d'inscription sur les listes électorales en banlieues populaires consécutives aux violences périurbaines, prolongées par le ressentiment des populations concernées à l'encontre de la présidence de Nicolas Sarkozy (lui-même vainqueur en 2007 grâce à un réflexe du parti de l'ordre après les émeutes), les élections législatives de juin 2012 virent, parmi les 6 611 candidats qui se disputaient les 577 circonscriptions, près de 7 % d'entre eux provenir des descendants de l'immigration musulmane. Ce phénomène connaissait pour la première fois dans l'histoire de la République une telle ampleur, depuis l'indépendance algérienne de 1962 (les quatre départements français d'Algérie avaient fourni avant cette date quarante-neuf « députés musulmans »). Mais sa signification, par-delà une identification, voire un repérage, fondés sur l'onomastique, n'avait qu'une valeur indicative. Comme tel, il ne préjugeait en rien d'une orientation politique ni d'un engagement religieux quelconque - même si les six élus issus de cet échantillon s'avérèrent tous socialistes. Mais chacun de ces candidats avait fourni une profession de foi, par laquelle il dressait son autoportrait afin de solliciter le suffrage, et cela permettait d'identifier partiellement ce dont se réclamaient ces nouveaux représentants potentiels du peuple français, les aspirations qu'ils et elles portaient.

Après avoir pris connaissance de ces documents, nous avons retenu cent sept d'entre eux et nous sommes allés à leur rencontre, entre janvier 2013 et janvier 2014, d'un bout à l'autre de la France. Par rapport aux émeutes de 2005, précédemment étudiées dans *Banlieue de la République* et *Quatre-vingt-treize*, il m'avait semblé important de comprendre comment un mouvement de révolte sociale, comportant une importante composante ethnico-religieuse, « passait au politique » - pour reprendre une expression de l'africaniste Jean-François Bayart, mon collègue du Centre de recherches internationales de Sciences Po, dans les années 1980. Les profils et les propos de nos interlocuteurs présentaient une extraordinaire diversité, telle que les transcriptions des entretiens les laissaient paraître. Pour organiser le sens qui émergeait de ces « voix des cités », ainsi que j'avais sous-titré le livre, j'ai choisi de cristalliser la démonstration autour de la méridienne par excellence de l'Hexagone, qui le traverse de part en part de Marseille, sur la façade méditerranéenne, à Roubaix, à la frontière belge. C'était aussi l'itinéraire de la « marche des Beurs » de 1983, partie de la cité marseillaise de la Busserine et accueillie à Roubaix - deux de mes interlocuteurs, candidats aux élections législatives de 2012, en furent du reste les acteurs militants. Et si *La Marseillaise* est notre hymne national, belliqueux chant de guerre de l'armée du Rhin, « la roubaisienne » désigne une technique de pêche à la ligne, qui constitue un « art de faire » du prolétariat industriel du XIXe siècle, à l'occasion de son loisir dominical dans le canal traversant cette ville, et qui a acquis une notoriété planétaire chez les passionnés de ce sport.

L'une et l'autre ville sont qualifiées avec fierté, dans le propos d'un certain nombre de mes contacts, de « municipalité la plus algérienne de France », exacerbant les lignes de continuité et de faille entre ancienne colonie départementalisée, et métropole où s'est installée la « colonie algérienne ». De la même manière que j'ai pris beaucoup de plaisir à m'immerger dans l'agglomération de Clichy-Montfermeil en 2010, parce que cette acclimatation à un terrain d'enquête qui bouleverse mes habitudes et sape mes certitudes d'universitaire de classe moyenne me donne le sentiment de toucher au plus profond la matérialité de la société à laquelle j'appartiens, j'ai été fasciné par ce que m'ont révélé Marseille et Roubaix. Plus que partout ailleurs en France, une extraordinaire beauté y côtoie la misère la plus accablante, donnant à ces territoires une dimension tragique, au sens du théâtre classique, voire brechtien, car elle est la révélatrice des passions sociales. C'est pourquoi aussi j'ai choisi ce titre de *Passion française*, qui - plus encore que pour le volume précédent de *Passion arabe*, à quoi il faisait écho - se réfère d'abord au sens premier de ce terme, tel que le définit le Centre national de ressources textuelles et lexicales (CNRTL) : « Action de souffrir, résultat de cette action » - même si, en ce qui me concernait subjectivement, il qualifiait ma « très vive attirance, goût extrême, penchant très vif et persistant pour [...] un domaine de la recherche », qui en est la signification affaiblie, par extension. Et pour matérialiser cette force dont je ressentais qu'elle me transcendait, j'ai demandé au grand peintre français d'origine kabyle Djamel Tatah de m'autoriser à utiliser en illustration de couverture l'un de ses extraordinaires visages de femme (*Sans titre*, 2006, huile et cire sur toile, 80 x 60 cm).

Ce passage à la limite n'a guère été compris. Ma volonté de pénétrer au plus profond les contradictions de notre société, dans l'objectif - si l'on veut bien filer un instant la métaphore chrétienne - d'en accompagner la rédemption, est apparue blasphématoire. Le quotidien *Le Monde*, arbitre des élégances de l'intelligentsia, délégua deux de ses journalistes pour un entretien sur le livre. Ce journal ne savait plus trop sur quel pied danser avec l'auteur. *Banlieue de la République* avait fait sa une, avant d'être traîné dans la boue, reflétant les tensions dans la rédaction entre ses membres qu'interrogeaient les bouleversements de la France et ceux qui gardaient le temple des certitudes progressistes et redoutaient d'aborder une sociologie sans concessions de l'islam contemporain de peur d'apparaître racistes, voire d'apporter de l'eau au moulin de l'extrême droite. *Quatre-vingt-treize* avait été vilipendé dans la foulée, mais *Passion arabe* fut primé, de conserve avec la radio France Culture, peut-être pour le romantisme exotique qui en teintait les pages et accordait le pardon à mes offenses. Sa dimension « Indiana Jones » valait pour le sud et l'est de la Méditerranée, mais pareille méthode ne saurait être transposée dans l'Hexagone - sauf à ébranler les colonnes du temple « politiquement correct ». Je subis ainsi durant l'entretien les foudres d'une pasionaria trotskiste - paradoxalement issue de cette même filiation, celle de la Ligue communiste, où j'avais milité comme lycéen au début des années 1970 - qui brûla l'apostat de la IVe Internationale sur le bûcher des certitudes idéologiques. *Le Monde* vivait alors une crise interne, sa directrice des rédactions venait d'être chassée, et mon inquisitrice, grâce au pouvoir que lui conféraient ses responsabilités syndicales, serait la grande électrice du successeur. Celui-ci ne fut autre que Luc Bronner, qui avait adoubé, puis laissé conspuer mes travaux précédents sur les banlieues, selon le principe journalistique consistant à encenser puis brûler alternativement œuvres et auteurs afin de demeurer en situation arbitrale. Il me passa, quelques jours après l'entretien tendu, l'un des coups de téléphone les plus curieux que j'eus reçus. J'en garde le souvenir précis, d'autant que je pris la communication dans le wagon de l'*Orient-Express* installé dans la cour de l'Institut du monde arabe pour une exposition sur ce train mythique. Celui-ci avait initié mon itinéraire d'orientaliste - entre Salonique et Istanbul, en 1973 - et il fournit une localisation ironique pour un échange de ce type.

– Monsieur Kepel ?
– À l'appareil !
– Ici Luc Bronner. Je vous informe que notre journal ne publiera pas votre interview, car elle ne fonctionne pas.
– Ah ? Merci de votre appel.

Par-delà la « fonctionnalité » ou le « fonctionnement » d'un entretien, concept que je n'ai pas élucidé à ce jour, je compris que la politique politicienne interne à la rédaction de ce quotidien l'avait emporté sur la curiosité d'esprit face aux bouleversements de la société, engendrant un stupéfiant conservatisme gauchiste - si l'on peut user de cet oxymore - et haïssant le mouvement qui déplace les lignes...

Mais ce jour du printemps 2014 marqua le basculement de mon destin médiatique : j'étais désormais flétri au fer rouge du stigmate infamant de l'incorrection politique, et par voie de conséquence Olivier Roy fut érigé en gourou du quotidien du soir, en pilastre de ses pages « idées », pour le restant de la décennie, durant le quinquennat où mon interlocuteur téléphonique deviendrait directeur des rédactions de ce journal - grâce aux voix diligentées par mon inquisitrice.

Pourtant, en relisant huit ans après cette *Passion française* si décriée, où j'avais longuement donné la parole à un spectre de candidats aux élections législatives le plus large possible, de l'extrême gauche et des islamistes jusqu'au Front national (j'avais même rencontré certains barbus qui admiraient Jean-Marie Le Pen...), et de la sénatrice marseillaise socialiste Samia Ghali au jeune député de Tourcoing, alors peu connu, Gérald Darmanin, j'ai le sentiment d'être resté en deçà de la réalité - par rapport à ce que serait, six mois plus tard à peine, le déferlement jihadiste, inauguré par le massacre de la rédaction de *Charlie Hebdo*, puis de la supérette Hyper Casher de la Porte de Vincennes, les 7 et 9 janvier 2015. Mon regretté collègue et ami Jean-Paul Fitoussi, doté, outre ses qualités universellement reconnues d'économiste, d'un solide bon sens, à qui je confiais mon étonnement face à l'ostracisme qui s'était abattu sur le livre - qu'il avait lu -, me dit que personne n'aimait les mauvaises nouvelles, et que l'image de la France qui transparaissait était celle d'une société désagrégée. Sans doute n'ai-je pas su indiquer la voie pour la réagrégation, mais ce n'était pas mon travail d'universitaire, bien plutôt celui de l'élite gouvernante branlante agrégée autour du président, François Hollande.

J'avais fait connaissance avec ce dernier lors des auditions de la Commission Stasi et, comme mentionné ci-dessus, il m'avait impressionné par sa perception intellectuelle subtile des enjeux liés à l'islamisme politique en France. Par contraste, l'instrumentalisation politicienne qu'en faisait Nicolas Sarkozy, cajolant l'UOIF dans l'espoir de bénéficier d'un vote fériste « conservateur », puis stigmatisant les banlieues pour mieux récolter les voix du

Front national en 2007, m'avait répugné. Bien que l'Institut Montaigne fût, par ses attaches au patronat, plutôt proche de ce dernier, le déjeuner organisé à l'Élysée sous sa présidence à l'issue de l'enquête à Clichy-Montfermeil, le 17 octobre 2011 (j'en ai rendu compte dans *Quatre-vingt-treize*), s'était assez mal passé, le chef de l'État d'alors n'ayant manifesté à peu près aucun intérêt pour notre travail, fasciné qu'il était par le géographe Christophe Guilly, chez qui il avait repéré le découvreur – ultérieurement le porte-voix – d'une France des « territoires » haïssant celle des « cités », et dont il espérait qu'elle assurerait sa réélection. Calcul qui s'avéra malheureux. Pourtant le socialiste, auquel j'avais donné mon suffrage et que j'avais soutenu dès la primaire pour la désignation du candidat du PS – après le forfait de Dominique Strauss-Kahn –, n'avait pas pour autant flatté de réseaux islamistes ou fréristes pour récupérer tels paquets de voix musulmanes – bien plutôt les liens de son prédécesseur avec le Qatar, financier des Frères musulmans, restaient étroits et font l'objet tandis que ces lignes sont écrites d'une investigation judiciaire. Un influent banquier proche de Laurent Fabius m'avait mis en garde toutefois contre une personnalité trop peu « décisionnelle » selon lui, et qui « gouvernerait la France comme il avait dirigé le Parti socialiste ». Mais je n'en avais pas tenu compte. J'aurais dû !

J'approchai le président Hollande pour lui faire part de mon inquiétude au sujet du devenir des études arabes en France, à la suite des soubresauts connus par Sciences Po après la fermeture en 2010 du master et du doctorat spécialisés créés par Rémy Leveau en 1985, et dont j'avais assuré la continuité. En compagnie de son conseiller Aquilino Morelle, il me reçut dans les premières semaines de son quinquennat. Paraissant motivé par ce problème et soucieux de le résoudre, au moment où les « printemps arabes » bouleversaient la région, il me commanda un rapport à lui destiné sur l'état des lieux, suivi de préconisations. Je n'avais pas idée du guêpier dans lequel j'allais me fourrer : ce serait pour moi une initiation accélérée au fonctionnement du pouvoir – et à la désagrégation prochaine du Parti socialiste régnant, telle qu'anticipée par la prophétie du banquier fabiusien. Surtout, par-delà les désagréments que j'en retirai personnellement, la priorité donnée aux jeux de coteries et d'appareil sur l'intérêt national m'inspirerait de l'aversion quant au mode de gouvernance de ce quinquennat. Quelques semaines plus tard, je fus reçu par le secrétaire général adjoint de l'Élysée, Nicolas Revel, qui, après m'avoir couvert de fleurs artificieuses, m'informa que le rapport aurait pour destinataire non plus le président, mais bien plus modestement la secrétaire d'État à l'Enseignement supérieur – celle-ci me ferait prestement savoir que je ne disposerais d'aucun moyen, ni matériel ni humain, à cette fin. Le théorème du banquier venait de recevoir une démonstration magistrale, et je compris que, profitant de l'impéritie présidentielle, un réseau d'intérêts bien compris où s'intriquaient des diplomates et des universitaires – que je connaissais et à qui j'accordais naïvement ma confiance – avait torpillé l'initiative. Le rapport risquait de mettre en péril notamment la répartition des « fromages » dans les instituts de recherches français au Moyen-Orient, mêlant, sur fond de copinage et de connaissance souvent minimale de l'arabe, grasses rémunérations d'expatriés et réseaux philo-islamistes. Ceux-ci étaient cultivés par le Quai d'Orsay, où l'on anticipait que les Frères musulmans prendraient le pouvoir dans la foulée des « printemps arabes » en pleine explosion, ce pour quoi il était urgent que mes talents d'investigateur trop curieux restassent inemployés. J'en pris mon parti, ayant mieux à faire, et parcourus les rives sud et est de la Méditerranée pour préparer *Passion arabe*.

À la fin juillet 2013, passant quelques jours à Paris, je reçus un appel du Premier ministre, Jean-Marc Ayrault : les développements du Moyen-Orient l'inquiétaient, j'avais publié dans *Le Figaro* un article qui avait attiré son attention, et il me convia à venir le voir. Au cœur de l'été, l'actualité française lui laissait un peu de loisir, et il m'interrogea avec une infinie curiosité durant plusieurs heures, en compagnie de son directeur de cabinet et de l'adjointe de celui-ci, Camille Putois. Sa carrière de maire de la ville de Nantes ne l'avait pas exposé outre mesure aux sujets internationaux, mais il posait des questions très pertinentes, s'étonnant que si peu des informations que je lui donnais fussent jamais remontées jusqu'à lui. Je lui signalais qu'un rapport reprenant potentiellement de nombreuses réponses à ses interrogations avait été étouffé dans l'œuf, mais qu'il ne tenait qu'à lui qu'il fût le destinataire d'un autre. Pareille nouvelle le fit tomber des nues, et il chargea Mme Putois de mettre en œuvre la commande de celui-ci, qui lui serait destiné.

Cette dernière ne se doutait pas des obstacles de tous ordres qu'elle rencontrerait - venant principalement du diplomate chargé du Moyen-Orient à la cellule diplomatique de l'Élysée, avec qui j'avais nourri des relations cordiales lorsqu'il était en poste en Arabie saoudite, mais qui avait lié son destin à un ex-diplomate et universitaire que j'avais accueilli à Sciences Po, d'où il n'aurait de cesse de me chasser pour prendre ma place... Tout cela émanait des diverses sectes, chapelles et conventicules internes au Parti socialiste, fulminant l'anathème tous azimuts. Mme Putois dut déployer des trésors d'ingéniosité administrative, jusqu'à ce qu'arrive enfin le « bleu » qui me passait commande du rapport au mois de février 2014... au moment où paraissait *Passion française*. Patatras : le mois suivant, il fut mis fin aux fonctions du Premier ministre.

Manuel Valls, qui lui succéda à l'hôtel Matignon, m'avait plusieurs fois sollicité dans ses fonctions de ministre de l'Intérieur, régulièrement cité favorablement en public, et m'assura qu'il confirmait la commande du rapport. Mais il n'y avait auprès de lui aucune personne qui eût les capacités de Camille Putois (celle-ci quitta la fonction publique pour connaître de grands succès comme entrepreneuse). Afin de tenter d'amadouer le Quai d'Orsay, je proposai à un diplomate émérite, ambassadeur dans plusieurs pays de la région, de travailler de conserve. J'avais une grande confiance en lui, l'ayant associé à diverses initiatives de notre ancien réseau EuroGolfe - erreur qui s'avérerait de nouveau fatale. Je ne faisais pas le poids face à un homme passé par le renseignement, rompu aux manipulations d'un universitaire candide. Il accepta la mission d'emblée

- elle lui fournirait l'occasion de voyager dans de bonnes conditions du Moyen-Orient aux États-Unis, aux frais de l'État, et de me contrôler. Sa contribution intellectuelle fut infime, il utilisa tous mes contacts sans nous faire bénéficier aucunement des siens, et je découvris à ma stupéfaction qu'en dépit de sa réputation de grand spécialiste du monde arabe, je devais lui traduire tous les entretiens que nous eûmes dans cette langue, dont il ne comprenait pas un traître mot, et qu'il ne parlait pas à l'exception de quelques formules de politesse qu'il prononçait avec un accent épouvantable. J'aurais dû être alerté par les paroles du Premier ministre, qui, lorsqu'il signa le décret, m'avertit qu'il prenait cette décision contre l'avis de ses conseillers, parmi lesquels je ne comptais « aucun ami ». Mais tout à mon enthousiasme après tant d'embûches, confiant dans mon corapporteur, et bien qu'on m'eût affecté une secrétaire qui me produisit d'emblée un certificat médical lui interdisant toute dactylographie, je fus heureux de mettre mes compétences au service de mon pays au moment où il était confronté à de graves dangers dont la substance avait fait l'objet d'une douzaine de mes livres et de trois décennies d'investigations. Cela se ferait gratis - on me signifia qu'une affaire récente, impliquant une élue locale ayant rendu un rapport inconsistant bourré de fautes d'orthographe et de syntaxe, prohibait toute rémunération me concernant. Je ne relevai pas cette ultime avanie.

Car la mission s'avéra passionnante : ce fut l'opportunité de retourner d'abord sur le même terrain où m'avaient mené les voyages qui fournirent la matière de *Passion arabe* - deux ans après. Je reprenais ainsi le cycle alternatif qui m'avait fait osciller des banlieues au sud de la Méditerranée, et vice versa. Mais c'était aussi la possibilité d'extensions géographiques inédites, et de contacts avec des décideurs d'autres pays, auxquels le caractère officiel du déplacement ouvrait l'accès. L'une des rencontres les plus étonnantes eut lieu à Moscou, avec l'ancien Premier ministre Evgueni Primakov - arabisant fameux puis patron du KGB, qui avait l'oreille de Vladimir Poutine (il décéda en juin 2015, un semestre après notre entretien). À la stupéfaction de notre ambassadeur, qui n'avait jamais pu accéder à lui, il me reçut d'emblée, curieux d'échanger avec un orientaliste dont il avait lu les travaux. Comme je lui faisais compliment sur la Russie (Paris avait alors des relations correctes avec Moscou), seul pays sous nos latitudes où un arabisant pouvait devenir Premier ministre, il me répondit modestement que ce n'avait été qu'une fonction temporaire, avant de m'expliquer en détail la stratégie russe en Syrie, et les modalités du soutien à Bachar al-Assad.

Mais l'objectif principal de ces voyages portait sur les dysfonctionnements de la recherche universitaire française sur la région Moyen-Orient Méditerranée, en la comparant à ce qui se faisait dans les pays concernés, en identifiant les partenariats les plus efficients à nouer, et en analysant ce que nos partenaires - ou concurrents - d'Europe, d'Amérique et de l'Est avaient mis en œuvre, à travers les initiatives publiques ou privées, les réseaux associatifs, les fondations, etc. Je parcourus les itinéraires les plus rocambolesques, d'Israël à Téhéran en passant par Istanbul - où déjà les jihadistes français avaient établi leur plaque tournante vers le « Shâm ». Dans cette actualité brûlante, je mesurai avec inquiétude le retard pris par notre pays dans sa production de savoirs et de connaissances, les blocages, la sclérose institutionnelle. Nous disposions d'une véritable moisson de données, dont les décideurs publics pourraient faire leur miel s'ils le désiraient.

Nous terminâmes à Beyrouth – mon corapporteur n'était pas venu, les péripéties du voyage, qui passait auparavant par le Kurdistan, s'avérant trop inconfortables. Une photo à la résidence des Pins, au terme d'un dîner qu'avaient notamment honoré de leur présence l'ancien (et futur) Premier ministre sunnite Najib Mikati, le *zaïm* druze Walid Joumblatt, l'intellectuel maronite Samir Frangié comme l'universitaire chiite Ahmad Beydoun, fournirait l'image de couverture. Mon corapporteur m'avait annoncé qu'il n'avait rien l'intention d'écrire, mais comme il n'avait pas été très productif, je ne m'en préoccupai pas outre mesure. Je rédigeai donc un texte de quelque 400 pages, annexes détaillées comprises. La « mission d'analyse et de prospective sur les études françaises portant sur la Méditerranée et le Moyen-Orient », effectuée entre février et décembre 2014, m'avait permis de rencontrer 361 interlocuteurs, dont 263 à l'étranger, au terme de 23 voyages dans 18 pays. À la date prévue pour la remise, Manuel Valls me reçut entre deux portes, fort mal à l'aise. Le texte partit directement à la broyeuse – j'appris que mon corapporteur, sans même l'avoir lu, s'en était désavoué par écrit, avait ameuté tous ses réseaux, et que ni le Premier ministre ni personne n'y jetterait un œil.

À titre personnel, cela m'était indifférent, m'étant mithridatisé depuis trois décennies face aux poisons politico-universitaires. Au terme de ces déplacements, j'avais eu des accès extraordinaires et inédits au monde arabo-musulman, à la plupart des décideurs qui s'en préoccupaient à travers le monde, fait des rencontres et des découvertes exceptionnelles, et mon enrichissement (spirituel) était immense. Mais demeurait quand même un problème qui dépassait les avanies infligées à ma modeste personne : le rapport fut achevé fin janvier 2015 - le mois où le terrorisme jihadiste ravageait notre pays. La présidence de François Hollande s'avéra, à quelques remarquables individualités près, totalement démunie face à ce drame. Les manœuvres picrocholines des coteries et camarillas où s'emberlificotaient diplomates et universitaires pris de court alors que leurs « accommodements raisonnables » avec les Frères musulmans n'avaient pu prémunir notre pays contre les massacres sur notre sol avaient amplement démontré leur inanité. Et le Premier ministre Valls, en dépit de ses bonnes paroles initiales, avait été incapable de se manifester en homme d'État - la suite de sa carrière en apporterait la corroboration. Quant au destin ultérieur de François Hollande, il ne fut pas non plus conforme à ses attentes, tandis que le Parti socialiste partit en fumée : malédiction aussi terrible que stupéfiante que, pour ma part, je ne pouvais m'empêcher d'imputer à quelque manifestation surnaturelle de la *revanche de Dieu* !

XI

Terreur dans l'Hexagone

L'élection de François Hollande à la présidence de la République était advenue dans un contexte très spécifique au regard des évolutions de l'islam *en*, puis *de* France. Les massacres commis par Mohamed Merah à Montauban et Toulouse le 19 mars 2012, coïncidant au jour près avec le cinquantième anniversaire des accords d'Évian mettant fin à la guerre d'Algérie, et endeuillant la campagne électorale, avaient relancé ce combat, désormais sur le territoire de l'ancienne métropole et sous la forme du jihadisme de troisième génération.

Cette affaire mettait un terme à seize ans de trêve jihadiste sur le sol français : les derniers actes de violence remontaient à mars 1996, lors de l'assaut sur la planque du « gang de Roubaix », qui se traduirait par la mort du carabin ch'ti converti à l'islam et passé par la Bosnie, Christophe-Walid Caze, abattu par une gendarme outre-Quiévrain, où il avait pris la fuite. À l'époque, déjà, le ministre de l'Intérieur, Jean-Louis Debré, avait déclaré au lendemain de l'opération du Raid : « Cela n'a rien à voir avec l'islamisme ni le terrorisme. » Dans cette cécité pérenne des plus hauts responsables de l'État, le patron du renseignement français en avril 2012 – proche de Nicolas

Sarkozy, il serait démis par son successeur le mois suivant - fit de Merah un « loup solitaire », une aberration démontrant à quelles erreurs d'analyse aux conséquences dramatiques pour notre pays avait abouti une logique policière en vase clos. Celle-ci, certes, avait été à même de dissuader Al-Qaïda de s'investir sur le territoire au tournant du siècle, ce qui n'était pas un mince succès. Mais cela avait poussé la communauté du renseignement, paradoxalement, à s'endormir sur ses lauriers et à ne pas anticiper les mutations du jihad, viscéralement coupée qu'elle était de la recherche en train de se faire, et subrogée à des intérêts politiciens. En outre, cette stratégie comportait un point d'ombre, à ce jour non élucidé pour le public : à l'occasion de la « concorde civile » par laquelle Abdelaziz Bouteflika, porté à la présidence algérienne par la sécurité militaire de ce pays en 1998, mettrait fin à cinq années d'un jihad sanglant, dont le bilan est estimé à 100 000 morts, un certain nombre d'activistes des Groupes islamiques armés (GIA) furent autorisés à s'installer dans l'Hexagone. Nombre d'entre eux, autour desquels s'agrégeraient des jihadistes français, notamment d'origine algérienne, de la décennie suivante, s'établirent dans le Sud-Ouest, autour de Montpellier et Toulouse, des régions d'implantation surtout marocaines jusqu'alors. J'ignore de quelles transactions et garanties ce transfert, qui contribua au rétablissement de l'ordre militaro-sécuritaire en Algérie, fit l'objet. Mais en contrepartie, la culture héroïsée du jihad en ce pays trouva dans l'Hexagone ses acteurs exaltés et témoins exilés, dont il paraît logique qu'ils se soient au moins livrés à quelque prosélytisme, transmettant leur vision glorieuse de l'histoire algérienne subsumée dans le GIA à leurs compatriotes immigrés et à leurs enfants. Haine révulsive de la France (qui les avait accueillis) et apothéose jihadiste se mêleraient dans ce « grand récit », dont les membres de la famille Merah, dans leurs déclarations publiques, se feraient l'écho et qu'ils répéteraient à l'envi à l'occasion des procédures judiciaires consécutives aux tueries de mars 2012 à Montauban et Toulouse.

Ainsi, Mohamed Merah incarna l'aboutissement et la rencontre de plusieurs processus préalablement dissociés. D'un côté, les mutations du jihadisme international avaient conduit à l'obsolescence du modèle « pyramidal » d'Al-Qaïda et permis, du fait de la diffusion des idées d'Abou Moussab al-Souri grâce à la capillarité des réseaux sociaux, le passage à une nouvelle génération fonctionnant sur un modèle réticulaire. Le renseignement français ne jurait alors que par Olivier Roy. Et, à en juger par l'invocation inepte de la théorie du « loup solitaire » qui n'était que l'expression pseudo-sociologique de l'incapacité de son chef à interpréter le phénomène, il était dépassé, restant bloqué sur la deuxième génération islamiste dont l'organisation centralisée de Ben Laden fut l'incarnation principale jusqu'en 2005. D'un autre côté, sur le territoire national, depuis la création d'un front irakien du jihad consécutif à l'invasion de ce pays en mars 2003 par une coalition sous commandement américain, s'étaient agrégés des réseaux en lien avec celui-ci. Le plus fameux serait la « filière des Buttes-Chaumont », du nom du parc public parisien de ce quartier populaire, devenu dès la décennie 1960 le Djurdjura exilique des Kabyles, leur *thaourirt chaumont*, avant que les Loubavitch n'en fissent leur mont du Temple, sous lequel ils établirent, rue Manin, le siège de leur lycée hyper-kasher d'excellence. S'y entraînaient à l'endurance au tournant du siècle les frères Kouachi, près duquel ils trouvèrent un jour, de retour de l'école, dans une HLM de la Ville de Paris, leur mère célibataire, morte d'une fausse couche d'un énième enfant du hasard, et autres futurs tueurs. Leur mentor, et ultérieur repenti médiatique, Farid Benyettou, beau-frère d'un émir du GIA, organiserait la prière de rue lors des manifestations de 2004 contre la loi issue de la Commission Stasi. Il y avait aussi le Franco-Tunisien Boubakeur al-Hakim, futur hiérarque de Daesh, assassin fameux et revendiqué, en 2013, du député laïque de Sidi Bouzid, la ville tunisienne où avait jailli l'étincelle des « printemps arabes ». Ces allers-retours en avion charter, en bateau voire en camping-car, pour une somme modique, entre un terrain proche-oriental où utiliser les armes contre les soldats *kouffar* (infidèles, impies) et l'Hexagone, où celles-ci seraient pointées d'abord sur les « juifs », les « apostats » et les intellectuels ou journalistes accusés d'incriminer l'islam, s'étaient déjà matérialisés depuis la première décennie du siècle. Les réseaux se renforçaient dans l'incubateur carcéral au rythme des yoyos entre fenêtres de cellules, promenades et parloirs, et grâce à une efficiente association d'entraide aux prisonniers islamistes, *Al sanabil* (les épis) - qui serait dissoute en novembre 2016. Ce que préconisait Souri - très lié aux jihadistes algériens, il avait créé depuis le Londonistan où il était alors réfugié, le bulletin de soutien international au GIA, *Al Ansar*, dès 1996 - fut mis en œuvre par Mohamed Merah lorsqu'il abattit des soldats français d'origine musulmane réelle ou supposée, puis en tuant élèves et enseignant juifs. Lui-même ignorait peut-être jusqu'à l'existence du Syrien, et il n'aurait été capable de lire son *Appel à la résistance islamique mondiale* ni dans l'original arabe ni dans la traduction anglaise commanditée par la CIA. Mais la matière en était disséminée, mâchouillée dans le francarabe d'internet, sur les réseaux sociaux. Et cette chimie jihadiste avait déjà été précipitée, dès la première décennie du siècle, autour d'un certain nombre d'agrégats à l'instar de la communauté d'Artigat, dans l'Ariège, fondée à la fin des années 1980 par le vétéran islamiste, également syrien, Abdulilah Dandachi, dit Olivier Corel. Dans cette pépinière occitane du jihadisme passa tout le gotha en formation du terrorisme qui aboutirait à Daesh, tels les frères Clain s'y rendant depuis la Belgique chargés de brochures de propagande éditées à Molenbeek qu'ils vendaient sur le marché toulousain de Bagatelle. Corel officia pour célébrer le mariage halal de la mère Merah (qui exulterait que son cadet Mohamed eût « mis la France à genoux »), divorcée du père de ses enfants - expulsé en Algérie après avoir purgé sa peine pour trafic de stupéfiants -, et convolant avec le père de Sabri Essid, un Franco-Tunisien qui inculqua en prison au petit délinquant Mohamed des Izards les rudiments du jihadisme rédempteur. Artigat était bien connu du monde du renseignement, mais sa hiérarchie sarkozyste resta myope, faisant de Mohamed Merah un « loup solitaire » !

Le phénomène le plus remarquable de ce jihadisme « 3 G » fut d'imbriquer au quotidien les événements terroristes qui adviendraient en France et en Europe, d'une part, avec le Moyen-Orient et l'Afrique du Nord, devenus la zone improbable de tous les dangers après la décomposition des « printemps arabes ». Le jihad algérien de la décennie 1990 n'avait débordé sur la France que de manière secondaire, et son expansion y fut contenue par les « darons » qui conservaient encore quelque influence sur les jeunes, comme le montra l'isolement de Khaled Kelkal, abattu dans les bois par les forces de l'ordre en septembre 1995, à défaut d'avoir pu trouver une planque. En revanche, les années 2010 virent la systématisation de l'action sur le terrain européen ; c'était la préconisation de Souri, qui connaissait bien celui-ci, dans son *Appel* de 2005. Et les darons d'antan ayant rejoint leur dernière demeure, leur dépouille rapatriée au bled, en terre d'islam, par les pompes funèbres musulmanes, il ne restait plus d'instance d'autorité fondée sur la séniorité qui pût brider la violence, désormais désinhibée par les idéologues sur internet et l'anonymat des réseaux sociaux qui l'exaltaient.

De l'autre côté de la Méditerranée, pendant ce temps, une fois échue la phase utopique des « printemps arabes », des territoires entiers échappèrent à toute autorité étatique et devinrent des viviers jihadistes à proximité du « théâtre » européen, de la Tunisie à l'Irak, en passant notamment par la Libye, la Syrie et le Yémen. Entre le printemps 2012, date des meurtres commis par Merah, et la tuerie de *Charlie Hebdo*, le 7 janvier 2015, les autorités du Vieux

renverser un régime allié de leur ennemi chiite iranien. Le cheikh Salem al-Rafëï n'avait dit rien d'autre en substance dans le sermon qu'il prononça en septembre 2012 dans sa mosquée de Tripoli, au Liban, et dont j'avais traduit et publié les passages les plus significatifs dans *Passion arabe*, paru au début 2013. Et lorsque je rencontrai à Moscou Evgueni Primakov le 9 octobre 2014, il m'expliqua que le soutien à Bachar al-Assad de l'axe russo-iranien, par-delà la personnalité du dirigeant syrien, avait pour objectif premier de s'opposer à ce projet sunnite radical et à faire de la Syrie le lieu du grand retour de Vladimir Poutine sur la scène internationale depuis la fin de l'URSS - on ne se doutait point alors que cette hubris du maître du Kremlin le conduirait à déclencher huit ans plus tard la guerre en Ukraine.

Quand, finalement, en conséquence des attentats spectaculaires de Daesh en Europe en 2015, les Occidentaux se décidèrent à bombarder le territoire de son « califat », cela advint avec l'accord préalable de la Russie, qui, en contrepartie, positionna une escadrille dans la base aérienne de Hmeimim, sur la côte alaouite de la Syrie, d'où elle anéantit depuis le ciel les groupes rebelles islamistes concurrents de Daesh, permettant à Assad de recouvrer la plus grande partie de son territoire. Les irréductibles partirent dans des autocars gérés par la police militaire russe en grand uniforme aux casquettes hyperboliques issues de l'ancienne Armée rouge, composée d'officiers sunnites de Russie originaires du Caucase, en qui les jihadistes également sunnites avaient confiance. Ces bus-charters se dirigèrent vers la « zone de désescalade » dans la région d'Idlib, encerclée par la Russie, et cogérée par la Turquie, qui recyclerait ces combattants comme supplétifs mercenaires de son corps expéditionnaire néo-ottoman en Libye puis en Azerbaïdjan en 2020.

Dès 2013 en réalité, il était inconséquent pour la France et l'Europe de soutenir aveuglément une insurrection syrienne sur laquelle on projetait notre propre utopie démocratique, mais qui, outre les faibles chances de succès de ce projet sur place, fournirait en réalité un camp d'entraînement à ciel ouvert aux jihadistes. Ceux-ci endeuilleraient le Vieux Continent au gré de leurs allers-retours, dans la continuité des attentats de Mohamed Merah au printemps 2012, avec une ampleur terroriste jamais vue. On peut, légitimement, argumenter que la chute du régime d'Assad constituait un impératif catégorique à dimension morale : cela est recevable en termes principiels. Mais dans l'ordre de la réalité politique et sécuritaire, qui est du ressort des gouvernants, l'absence de vigilance concernant des combattants dont la dérive a eu des conséquences néfastes sur place puis sur le sol européen et en premier lieu français s'est avérée catastrophique. Or, ce soutien a été accordé fautivement par ceux qui voyaient la Syrie comme notre guerre d'Espagne, tout en passant à la broyeuse un rapport présentant une analyse plus circonstanciée de la situation du Moyen-Orient dans sa relation avec la France...

En automne 2014, en parallèle aux déplacements à l'étranger pour le rapport qui finirait dans la poubelle de l'hôtel Matignon, je revenais de Lunel, éphémère capitale du jihad hexagonal d'où partirent (de l'aéroport de Barcelone, en Catalogne espagnole...) une vingtaine de jihadistes pour la Syrie, où plusieurs trouveraient la mort. Je parcourais de nouveau la France avec une équipe de l'Institut Montaigne pour préparer le livre qui serait publié sous le titre de *Terreur dans l'Hexagone*, en novembre suivant, quasiment en temps réel avec les massacres de Paris et du Stade de France. Teresa Cremisi, qui m'avait fait l'honneur de me publier et fut aussi l'éditrice de Michel Houellebecq, me communiqua en cette fin 2014 un jeu d'épreuves du roman à paraître de ce dernier, *Soumission*. Elle souhaitait que je m'assure que ce livre de fiction, dont l'auteur avait consulté mes ouvrages, n'eût pas commis d'erreurs d'interprétation quand il traitait de sujets islamiques et aussi - fatwa contre Salman Rushdie oblige - que je l'alerte s'il me semblait que le texte pût fournir prétexte à un anathème comparable. J'avais connu l'œuvre de Houellebecq en 2001, avec *Plateforme*, dont un hebdomadaire m'avait demandé un compte-rendu, car le roman s'achève par un attentat islamiste. Celui-ci ne fut jamais publié - il devait paraître dans la semaine du 11 Septembre... et on bouleversa la pagination pour la consacrer en totalité à la « double razzia bénie contre New York et Washington » d'Al-Qaïda. Ce ne serait pas la seule coïncidence - ou prescience - de l'auteur, en ce domaine, comme on le verra ci-après ! J'avais beaucoup apprécié *La Carte et le Territoire*, et intitulé l'un des chapitres de *Quatre-vingt-treize* « Extension du domaine du halal » en un clin d'œil à un autre de ses romans, *Extension du domaine de la lutte*. Je lus le manuscrit d'une traite, de la soirée aux petites heures, captivé par la capacité de l'écrivain à transcender par la littérature ce que j'avais moi-même observé et retranscrit sous forme d'essai. Je fis rapidement mon compte-rendu à Teresa Cremisi : rien à redire si ce n'est une ou deux inexactitudes sans importance. Et le roman n'incriminait pas, contrairement aux *Versets sataniques*, la sacralité de l'islam proprement dite. Il serait certainement autant critiqué qu'apprécié, mais ne fournissait nullement matière juridico-religieuse à fatwa mortifère - à ce que je pouvais en juger.

L'auteur nous convia à dîner avec son éditrice en fin décembre 2014, alors que je revenais de la dernière mission pour le rapport, au Kurdistan autonome. Il était plutôt rassuré, et je n'entendis plus parler de lui jusqu'à la parution du livre, le 7 janvier suivant, où je l'écoutai à la radio me créditer aimablement pour lui avoir fourni par mes ouvrages de la documentation. Cela me valut la mise en demeure immédiate, par SMS, d'un collègue de me « désavouer d'avec lui » - comme auraient dit les salafistes - pour complicité de crime imaginaire d'islamophobie. Je me gardai bien évidemment d'obtempérer à cette objurgation grotesque. Plus tard dans la matinée, les locaux de *Charlie Hebdo* - qui avait fait sa une avec une caricature sur « les prédictions du mage Houellebecq » - connurent le carnage perpétré par les frères Kouachi. La stupéfiante mise en abîme littéraire de *Soumission* avait fait de nouveau coïncider, après *Plateforme*, mais au jour près désormais, la fiction anticipatrice contenue dans cette dystopie avec la réalité la plus atroce.

La séquence des attentats qui endeuillèrent la France les 7, 8 et 9 janvier 2015 me semblait encore une fois sortie, par réseaux sociaux interposés, du cerveau d'Abou Moussab al-Souri. En effet, les Kouachi et Coulibaly exécutèrent les cibles par excellence qu'il avait explicitement désignées : des journalistes et intellectuels coupables à leurs yeux de critiquer l'islam, un policier et une policière « apostats » - Ahmed Mrabet, 42 ans, d'origine algérienne, résident de Livry-Gargan, commune voisine de Clichy-Montfermeil, achevé à terre par les Kouachi, le 7, et Clarissa Jean-Philippe, Martiniquaise abattue dans le dos au hasard le lendemain par le Malien Amedy Coulibaly comme Merah avait tué des soldats antillais à Montauban car il leur assignait erronément une origine musulmane - puis le 9, les clients juifs de la supérette Hyper Casher.

Par-delà l'ampleur des manifestations qui eurent lieu le 11 janvier - les plus importantes de l'histoire de France - en hommage aux victimes et en rejet du terrorisme, je ne pus que remarquer que la stratégie du même Souri avait, paradoxalement, atteint ses objectifs. Très peu de « jeunes de banlieue » firent le déplacement pour manifester à l'unisson des autres composantes de la société française - comme le remarquèrent les médias. Sur les réseaux sociaux, la dénonciation de l'« amalgame » entre musulmans et assassins le disputait à des réactions qui rappelaient les suites du 11 septembre 2001, la *gama'at ben Laken* (groupe ben « mais ») de l'universitaire égypto-américain Mamoun Fandy qui dénonçait le meurtre des innocents des tours jumelles, *mais* le relativisait au regard des crimes sionistes en Palestine, de ceux de l'impérialisme, de la colonisation, etc. Le slogan « Je suis Charlie », qui connut dans un premier temps un succès immense en individuant l'identification aux victimes du massacre du 7 janvier, fut retourné en son contraire « Je *ne* suis *pas* Charlie » - contraste qui réifia une véritable ligne de clivage identitaire à l'intérieur de la société française. La minute de silence organisée dès le lendemain dans les établissements scolaires fut l'occasion de nombreux incidents - deux cents d'entre eux furent signalés par l'Éducation nationale, en particulier dans les zones urbaines sensibles. Des élèves exprimèrent pour solde de tout compte leur révulsion contre les caricatures, certains manifestant, par le *cheh !* (Bien fait !) des dialectes maghrébins, leur assentiment aux assassins qui avaient « vengé le prophète Mahomet », comme le hurla l'un des frères Kouachi au sortir des locaux de *Charlie Hebdo*. Le massacre des clients juifs de l'Hyper Casher accompli le surlendemain par Amedy Coulibaly, et auquel la vidéo de Daesh où il justifiait son action donna une rationalité jihadiste *ex post*, pouvait ainsi s'inscrire dans une continuité propagandiste qui, là encore, provenait de la vision exprimée par Souri dans son *Appel à la résistance islamique mondiale*.

La confusion des sentiments consécutive aux attentats de janvier fut poussée à son paroxysme par la lubie du démographe Emmanuel Todd, sous forme de l'essai *Qui est Charlie ?* publié hâtivement dès le mois de mai suivant. Il s'efforça d'y démontrer que les gigantesques manifestations de compassion avec les victimes qui se déroulèrent le 11 janvier - incluant les défunts juifs de l'Hyper Casher du 9 janvier - étaient le fait de « catholiques zombies » qui auraient transféré leur antisémitisme atavique sur l'islamophobie. Cet argument s'appuyait sur un curieux télescopage transhistorique qui voulait établir que les villes où la proportion de prêtres réfractaires à la Constitution civile du clergé votée le 12 juillet 1790 - supposées perpétuer une sorte de conservatisme réactionnaire catholique, fût-il « zombie » - était majoritaire avaient connu des manifestants en plus grand nombre que celles où ces prêtres furent minoritaires. Pareil raisonnement - qui semblait ignorer les bouleversements introduits en deux cent vingt-cinq ans par les migrations dans une démographie hexagonale soudainement figée par le recours au surnaturel - a été précisément invalidé par une analyse de psychologie sociale menée par trois chercheurs des universités de Grenoble et Nanterre (parue dans *The Conversation*, le 10 janvier 2017). L'auteur, dans son incrimination de la laïcité et de l'intégration française, la réduisit à l'injonction à « cracher sur la religion des faibles » : hier le judaïsme, aujourd'hui l'islam. Pareille notion de « religion des faibles » faisait elle-même un étonnant écho à la doxa fondatrice de l'islamo-gauchisme, fondée sur la confusion établie par l'idéologue iranien Ali Shariati entre la lutte des classes marxiste confrontant opprimés et oppresseurs, et le jihad islamique opposant les « faibles » (*moustadafines*) aux « arrogants » (*moustakbirines*), selon le lexique coranique.

L'ampleur des massacres du 13 novembre suivant - où aucun argument imputable à quelque islamophobie qui soit ne pouvait fournir prétexte aux tueries perpétrées par le commando de Daesh, et où nombre de jeunes d'origine musulmane périrent, en tant que composante du peuple français - acheva de ruiner l'argumentaire de l'auteur. Et il était révélateur qu'un essai à prétention sociodémographique fût à ce point en décalage par rapport à la réalité, alors que la fiction dystopique de Houellebecq coïncidait avec celle-ci.

Il ne me paraissait pas pour autant que l'expression de la solidarité avec les victimes de la terreur jihadiste de 2015 valût *ipso facto* brevet d'admiration inconditionnelle pour les caricatures publiées par *Charlie Hebdo*. L'une d'elles en particulier, signée par la dessinatrice Coco, m'avait particulièrement révulsé. Intitulée « Mahomet : une étoile est née », elle représentait un personnage nu et accroupi, vu de dos, une étoile enfoncée dans l'anus, tournant vers le spectateur un visage hilare, le chef enturbanné, et exposant ses organes génitaux de façon scabreuse. Elle ne me semblait pas tant une charge contre une religion ou son Prophète - malgré l'intitulé - qu'une représentation obscène et dégradante d'un individu, arabo-musulman en l'occurrence, supposé accomplir ses dévotions. Lorsqu'elle était parue pour la première fois, le 20 septembre 2012 en une de l'hebdomadaire, j'avais échangé lors d'un débat radiophonique des propos assez aigres avec son avocat, Me Richard Malka : je ne voyais pas là l'expression d'un « droit au blasphème », qui est licite, mais une illustration de type raciste et humiliante contre des individus pratiquant leur religion, que j'avais qualifiée au micro de « dégueulasse ».

Au moment où ces lignes sont écrites, un nouveau rebondissement de ce débat a lieu, dans lequel sont parties deux protagonistes des échanges précédents, Michel

Houellebecq et Richard Malka, ainsi que le nouveau recteur franco-algérien de l'Institut musulman de la mosquée de Paris (depuis janvier 2020), Chems-Eddine Hafiz, qui avait plaidé comme avocat au nom de la mosquée contre *Charlie Hebdo*, en 2006, lorsque l'hebdomadaire avait republié les caricatures danoises, et déjà contre Houellebecq en 2001 lorsque celui-ci avait déclaré dans un entretien accompagnant la publication de *Plateforme* que l'islam était la « religion la plus con » (il fut débouté dans les deux cas). Dans le numéro de l'hiver 2022 de la revue *Front populaire*, dirigée par Michel Onfray, au cours d'un entretien à bâtons rompus entre ce dernier et Michel Houellebecq, l'écrivain français le plus lu dans le monde, qui s'avéra visionnaire avec *Soumission*, quitte le domaine de la fiction pour celui du commentaire de l'actualité. Prévoyant que des « actes de résistance auront lieu » lorsque « des territoires [français] entiers seront sous contrôle islamique », « des attentats, des fusillades dans des mosquées [...] bref des Bataclan à l'envers », il déclare que « le souhait de la population française de souche, ce n'est pas que les musulmans s'assimilent, mais qu'ils cessent de les voler, et de les agresser. Ou bien, autre solution, qu'ils s'en aillent ». Cela lui vaut une plainte en justice de M. Hafiz, puis, à la suite d'une médiation organisée par le grand rabbin de France, originaire d'Algérie, M. Haïm Korsia, l'écrivain annonce une rétractation de ses propos, qu'il reformulera en conséquence dans un livre à paraître. En contrepartie, la procédure est abandonnée par le recteur. Une autre est maintenue par le président franco-marocain du CFCM, M. Mohammed Moussaoui, inscrivant l'affaire dans la compétition entre Alger et Rabat pour l'hégémonie sur l'islam de France. En parallèle s'engage un débat dans les colonnes du *Monde* entre le recteur et Richard Malka, anciens plaideurs opposés en 2006. Ce dernier, qui vient de publier un *Traité sur l'intolérance*, s'efforce désormais de communier dans l'exaltation d'un « islam des Lumières » avec son interlocuteur. Cette volonté d'apaisement de la controverse se rapproche de la position que j'ai défendue tout au long de cette affaire : ma critique de fond sur le caractère raciste et inacceptable de certaines des caricatures ne m'empêcherait en rien de me solidariser totalement avec les victimes du jihadisme de 2015 – d'autant plus que je devrais être désigné à mon tour comme une cible à abattre, quelques mois plus tard.

Le manuscrit de *Terreur dans l'Hexagone* était achevé, et la publication prévue pour la fin novembre 2015, lorsque parvinrent, au soir du 13 de ce mois, les nouvelles des attentats du Stade de France, du Bataclan et des cafés du Xe arrondissement parisien. Je me trouvais à Prague ce jour-là, et rentrai à Paris par le premier vol du matin, après avoir passé la nuit à participer à distance à des émissions de radio et autres entretiens avec une presse déboussolée par l'ampleur inouïe du carnage. À mon tour, l'actualité immédiate venait abonder la démonstration d'un livre avec la parution duquel elle coïncidait. Je pus rassembler tous les éléments disponibles pour compléter celui-ci avec les informations dont on disposait à chaud, et les épreuves augmentées partirent à l'impression. L'accueil du texte par les lecteurs contrasta avec le destin funeste du rapport que j'avais remis quelques mois plus tôt au Premier ministre, même si, la maison d'édition ayant fermé ses portes pour la trêve des confiseurs, il fut en rupture de stock pendant la période où chacun s'efforçait intensément d'élucider avec le plus de données possibles fournies par un universitaire spécialiste de ce domaine le drame épouvantable que vivait la France.

C'est ainsi que, dans l'espoir ténu que mes décennies de recherches sur ces questions pussent avoir une quelconque utilité sociale, j'acceptai au printemps 2016 l'invitation d'une association de prisonniers de la maison d'arrêt de Villepinte, en Seine-Saint-Denis, pour y donner une conférence aux détenus. Condamnés pour des délits de droit commun usuels en banlieue populaire, comme le trafic de stupéfiants ou les braquages, ils étaient désireux de s'organiser pour résister au prosélytisme jihadiste en milieu pénitentiaire. Ils y étaient notamment confrontés du fait de la présence dans cet établissement d'un redoutable recruteur de Daesh, qui avait envoyé à la mort au Shâm, parmi d'autres, un jeune homme du département qu'il avait converti à sa version de l'islam, et dont j'avais rencontré la famille désespérée. Il déployait à plein son zèle prosélyte auprès de jeunes incarcérés paumés à qui il prêchait la rédemption par le jihad, tirant son prestige de l'obtention d'un vague diplôme universitaire qui faisait impression parmi un public très faiblement éduqué. On était là au cœur de l'incubateur carcéral du jihadisme. M'exprimant dans la salle de bibliothèque bondée de la prison, assis à une table où j'étais encadré par deux membres de l'association dont chacun des biceps avait le volume d'une de mes cuisses, je présentai une version adaptée à cet auditoire particulier des trois phases du jihadisme. Il ne s'agissait nullement d'une harangue, mais d'une mise en perspective des dernières décennies. Cette historicisation du propos portait toutefois en elle une dimension corrosive pour l'idéologue-recruteur, car il se présentait à ses disciples ébahis comme l'incarnation intemporelle et éternelle de l'islam, le détenteur unique de la Vérité révélée. Il ne retrouvait pas sa place héroïsée dans mon récit, réduit qu'il en était au porte-voix contingent du jihadisme de troisième génération. Autant le public suivait avec une grande attention l'exposé, pour lequel je m'efforçais de déployer toutes les ressources de la pédagogie, autant le recruteur, qui s'était positionné au centre de la salle entouré de son cercle de disciples hâves à l'œil fiévreux, bouillait - mais les pectoraux de mes deux encadrants, à la tribune, le tenaient en « respect ». Dès que le temps du débat arriva, il se leva et commença à m'apostropher - il en allait de son *nif* (honneur) et de sa réputation d'intellectuel organique jihadiste d'expulser de l'esprit des auditeurs le conférencier intrus risquant d'instiller le doute parmi ses ouailles subjuguées. « Qui est-ce qui tue le plus ? C'est vous ou c'est nous ? » commença-t-il par m'objecter, développant l'argument selon lequel les massacres en France étaient justifiables en termes de loi du talion, et prendraient fin si cessaient les bombardements occidentaux sur le territoire du « califat » de Daesh en Syrie et en Irak. Pour lui, j'étais identifiable à la politique de l'État français, tueur de bébés musulmans, comme il se voulait l'être à celle de l'État islamique, châtiant en rétorsion des victimes otages. Il poursuivit par quelques invectives qui ne mordaient guère sur l'auditoire, à en juger par les murmures qui accompagnaient ses outrances. Lorsque je pus enfin lui répondre, je lui citai, dans le fil de l'argumentaire, un verset du Coran en arabe. Je découvris, à mon étonnement (et à celui de ses codétenus), qu'il ne comprenait pas, et je me retraduisis en français, tandis que les moqueries fusaient à son encontre : « Eh, tu fais l'canard devant Kepel ! » Sans doute connaissait-il le dialecte maghrébin de ses origines, mais non la langue du Texte au nom duquel il menait son endoctrinement, et ainsi apparut-il aux yeux du public comme un charlatan.

Mais cette victoire symbolique aurait pour moi, autant que je puis reconstituer la suite des événements, des conséquences fâcheuses. Il me revint en effet que mon contempteur, disposant comme presque tous les détenus d'un téléphone portable obtenu illégalement - ce qui permettait à l'administration de l'écouter -, s'était plaint de moi comme d'un « ennemi d'Allah » particulièrement retors à l'un des principaux coordinateurs du jihad depuis le territoire syro-irakien, le Franco-Algérien Rachid Kassim, lequel m'érigerait du coup en cible privilégiée de Daesh.

Cela advint quelques semaines plus tard, lors du meurtre commis par un jihadiste, le 13 juin 2016. Ce soir-là, le policier Jean-Baptiste Salvaing, en service au commissariat des Mureaux, ainsi que son épouse furent poignardés dans des circonstances atroces à leur domicile de Magnanville par un repris de justice, Larossi Abballa, abonné à la chaîne

Telegram de Kassim. Alors qu'il était cerné par les forces de l'ordre, il réalisa et diffusa une vidéo sur Facebook live (dont on n'eut connaissance que tard dans la nuit) annonçant son prochain martyre et exaltant ses coreligionnaires à l'imiter en tuant des ennemis d'Allah, dont il fournit une liste en tête de laquelle je figurais.

Kassim serait également l'organisateur du meurtre du père Jacques Hamel dans son église, à Saint-Étienne-du-Rouvray, dans la banlieue de Rouen, le 26 juillet, et de l'attentat infructueux aux bonbonnes de gaz près de Notre-Dame de Paris, le 6 septembre de cette même année - qui fut aussi endeuillée le 14 Juillet par l'attaque au camion sur la promenade des Anglais à Nice, causant 86 victimes. La psychose terroriste en France atteignit son apogée. Dans cette ambiance délétère, je m'étais également retrouvé exposé peu auparavant à la vindicte publique par les islamo-gauchistes du Bondy Blog (comme on l'a vu ci-avant) au mois de mai.

Le 14 juin au matin se tenait la dernière séance de notre séminaire « Violence et dogme » à l'École normale supérieure pour l'année scolaire. Afin de faire le lien avec le renouvellement des études consacrées aux sources islamiques anciennes, mon collègue Bernard Rougier et moi l'avions coorganisé avec le professeur Ali Amir-Moezzi, de l'École pratique des hautes études, qui dirigeait la publication d'un ouvrage remarquable, *Le Coran des historiens*, lequel mobilise des sources novatrices pour repenser les circonstances de la rédaction du livre sacré des musulmans - un enjeu cognitif de première importance au moment où l'ubiquité du jihadisme déploie ses effets. Cette ultime session de l'année universitaire, intitulée « Le Savant et le Politique », avait pour objet d'analyser à chaud les rapports complexes et peu satisfaisants - comme l'avait montré le destin de mon rapport - entre la recherche universitaire et l'action publique concernant la gestion de l'enjeu brûlant du terrorisme islamiste. Deux invités prestigieux avaient accepté notre invitation, le ministre de l'Intérieur, Bernard Cazeneuve, et son collègue de l'Enseignement supérieur et de la recherche, Thierry Mandon. Un nombreux public s'était inscrit. La veille au soir, on apprit le double assassinat de Magnanville. J'en conclus immédiatement que Bernard Cazeneuve ne serait pas des nôtres le lendemain matin : une fois de plus, l'actualité me rattrapait. Je n'imaginais pourtant pas à quel point.

Peu après mon réveil, tandis que je me rasais, je reçus un appel téléphonique d'un journaliste spécialisé, qui m'informa que j'étais le premier sur la liste des cibles que le tueur, avant d'être abattu, avait exhorté en ligne ses coreligionnaires à exécuter. J'y étais décrit par amalgame comme un « journaliste » ennemi d'Allah - là encore une préconisation s'inscrivant dans la lignée de l'*Appel* d'Abou Moussab al-Souri. J'aurais estimé plus conforme à mon statut d'être condamné comme « professeur », même si l'Université me regardait de travers ! Mais je mis cette ultime avanie - *in cauda venenum* - au compte de la connaissance approximative par les jihadistes des enjeux académiques, et ne le ressentis pas personnellement comme une offense délibérée. Peu après le premier appel, une conseillère du ministre me confirma ma condamnation à mort, me pria d'excuser l'absence de son chef - en déplacement à Magnanville – au séminaire, et me convia à rejoindre celui-ci, avec les autres personnes ciblées, Place Beauvau en toute fin de matinée.

Le séminaire revêtait ainsi une actualité intense, rapprochant recherche théorique et réalité empirique, puisque l'individu même qui l'organisait – comme sujet – en était devenu l'objet du fait de sa condamnation simultanée par Daesh. Quelques heures plus tard, Bernard Cazeneuve annonça à mes compagnons d'infortune et à moi-même que la menace nous concernant était prise au sérieux, examinée par l'Unité de coordination de la lutte antiterroriste (Uclat), qui déciderait de l'action à mener. Nous serions placés dès l'après-midi sous protection policière. J'y passerai dix-sept mois.

XII

Sortir du chaos

Du 6 septembre 2015 au 15 juillet 2016, la radio France Culture m'avait proposé de tenir l'une des chroniques hebdomadaires de sa matinale, intitulée « Le monde vu par... ». L'actualité de la terreur jihadiste, qu'avaient inaugurée les tueries de *Charlie Hebdo* puis de l'Hyper Casher au début de janvier 2015, fournissait ample matière à l'analyse, et offrait l'opportunité d'inscrire ce sujet en contexte aussi bien dans son cadre français et européen que maghrébin ou moyen-oriental. La dernière émission aurait lieu au lendemain du massacre du 14 juillet 2016 sur la promenade des Anglais à Nice, et la série traiterait à chaud aussi bien des attaques du 13 novembre 2015 que du double assassinat de Magnanville, de l'évolution de la situation en Syrie, des attentats qui endeuillèrent alors la Turquie, du retour momentané de l'Iran dans la communauté des nations... que de la littérature arabe contemporaine ou des romans français se déroulant dans la région.

Mon éditeur Olivier Salvatori me suggéra opportunément de retravailler le contenu des chroniques pour passer de l'oral à l'écrit, et d'y adjoindre une introduction et une postface afin de conserver des annales de ces moments terribles que nous avions vécus entre les étés 2015 et 2016. Cela me permit de donner un prolongement à *Terreur dans l'Hexagone*, dont l'achèvement avait été précipité par le drame du Bataclan, et de le compléter par toutes les informations et interprétations rétrospectives disponibles. Je choisis d'intituler ce volume, qui parut en octobre 2016, *La Fracture*, car j'étais désireux de souligner à quel point l'objectif premier de Daesh consistait à fracturer la société française, à travers la multiplication des attentats, dans l'espoir d'y provoquer un climat de guerre civile qui prendrait en otage nos compatriotes musulmans. C'est pourquoi je mis un soin tout particulier à démonter l'idéologie du « califat », et à montrer comment les épisodes sanglants qui se succédèrent - dont plusieurs advinrent à l'instigation de l'« Oranais-Roannais » Rachid Kassim, basé à Raqqa - s'inscrivaient dans une stratégie globale dont Souri avait pensé les fondements. Je me retrouvais en outre directement concerné désormais, dans ma simple pérennité au quotidien, par l'objet des études que j'avais entreprises depuis trente-cinq ans, et qui m'avait, en quelque sorte, rattrapé, pour couper le fil de ma vie si Daesh réussissait à faire exécuter ma condamnation à mort. Je restais assez discret à ce moment-là sur celle-ci, qui était connue dans les milieux informés, par l'administration et au sein de l'Université, mais dont la publicité excessive aurait servi ceux-là mêmes qui souhaitaient m'éliminer physiquement, et compliqué la tâche des policiers qui me protégeaient.

Je m'étais efforcé jusqu'alors d'opter autant que possible, en donnant le primat à la connaissance sur un quelconque militantisme, pour la « neutralité axiologique » wébérienne par rapport à l'« engagement » sartrien. Or, il en allait désormais non seulement de la survie de notre société, mais de la mienne en propre. Cela se réduisait à un combat vital, darwinien : s'il n'était pas mené, je ne pourrais plus même me poser la question de la neutralité ou de l'engagement, car j'aurais été tué. Dans ces moments, je repensais sans cesse au destin de Michel Seurat, décédé en mars 1986, trente ans exactement avant la sentence prononcée par Larossi Abballa. Toutes mes recherches, tous mes écrits, tous mes enseignements, depuis lors, avaient été taraudés par ce traumatisme initial et, à ma manière, s'étaient efforcés de lutter contre ceux qui avaient été responsables de son supplice. L'œuvre à laquelle j'avais consacré le plus clair de ma vie avait pour objet d'exposer le système social, politique, religieux qu'ils exprimaient. Désormais, avec mes co-condamnés du 13 juin 2016, c'était à mon tour d'être ciblé. J'avais été rattrapé par ce que j'avais voulu exorciser trois décennies durant. La meilleure défense consistait d'abord à persévérer dans ce que je savais faire, mon travail d'élucidation de la stratégie jihadiste, afin d'avorter les projets assassins de Kassim et consorts. Mais c'était aussi l'attaque – avec les risques qu'elle comportait – face à la vulgate islamo-gauchiste cultivant l'excuse sociale et déniant toute cohérence idéologique au jihadisme, une posture qui, après le Bataclan et alors que les meurtres s'accumulaient, ne me semblait plus tenable ni intellectuellement ni éthiquement.

Le 14 mars 2016, nous avions publié avec Bernard Rougier dans le quotidien *Libération* – pas vraiment le porte-parole de l'extrême droite raciste, xénophobe, hostile à l'islam ni aux musulmans - une tribune intitulée « Radicalisations et islamophobie : le roi est nu », issue d'une séance de notre séminaire « Violence et dogme » à l'École normale supérieure. Contestant la thèse d'Olivier Roy qui faisait de l'idéologie jihadiste un simple épiphénomène conjoncturel et contingent d'une « radicalité » ontologique qu'on aurait vue se déployer à l'identique dans le gauchisme soixante-huitard ou les populismes fascisants, nous plaidions pour prendre au sérieux cette doctrine, tout en l'articulant avec son expression sociale. Nous n'en ignorions pas pour autant l'effet miroir des mouvements identitaires d'extrême droite (dont j'avais analysé la « congruence » avec les jihadistes à plusieurs reprises, ce qui me valut les avanies d'Alain Soral et Marine Le Pen - on le verra plus loin). D'Assiout à Clichy-Montfermeil, de Kherbet al-Jouz à Sidi Bouzid et de Lunel à Bradford, mon itinéraire dans le dur des situations concrètes, au contact des individus de toutes persuasions, n'était pas vraiment celui d'un sociologue en chambre qui aurait traqué « du religieux », et seulement cela, partout, dans une sorte d'extase anticléricale. Face à la mort semée par Daesh, il demeure plus que jamais nécessaire en 2016 de comprendre et d'interpréter l'articulation de la pensée militante et des faits sociaux, ce qui suppose de combiner lecture des textes - autant que possible dans la langue originale - et observations sur le terrain. À partir du moment où l'on substitue aux écrits des idéologues parce qu'on est incapable de les lire - qu'il s'agisse des textes fondateurs d'un Qotb, d'un Azzam, d'un Zawahiri, d'un Souri - ses propres fantasmagories sur ce que devrait être la société, on s'expose à une « royale ignorance » qui produit du mensonge par omission.

Ce problème s'était posé jusqu'alors en termes surtout universitaires : par son accès privilégié aux fonds de recherche de l'Union européenne, Olivier Roy, professeur à l'Institut universitaire européen de Florence, sis à Fiesole, dans les douces collines toscanes, disposait d'une manne financière exceptionnelle, qui lui permit du reste de se targuer publiquement d'avoir racheté un certain nombre de mes anciens doctorants... J'y vis une forme d'hommage du vice à la vertu ! Les millions d'euros du European Research Council, dans notre domaine, furent affectés, ensuite, à des projets qui se situaient dans son sillage, quand ils ne finançaient pas les initiatives de compagnons de route des Frères musulmans ou d'idiots utiles pour jihadistes recyclés en chercheurs invités. Avec le déferlement, à compter de 2015, de la terreur sur le Vieux Continent, et en France en premier lieu, il devenait urgent de poser le problème en termes de responsabilité politique, par-delà les bisbilles entre professeurs. La tribune de *Libération* eut un certain retentissement, et fut reprise dans de nombreux titres européens. Elle suscita des réactions courroucées des principaux intéressés, qui travestirent les auteurs en « islamophobes », contribuant ainsi à les désigner à la vindicte des militants. Je ne suis pas convaincu, en rédigeant ces lignes sept ans plus tard, que notre argumentaire ait pénétré jusqu'aux synapses du mammouth bruxellois. En revanche, nous nous exposions à une hargne tous azimuts qui créerait une vaste « atmosphère » hostile, de Fiesole au Bondy Blog et de Villepinte à Raqqa – dont Larossi Abballa constituerait l'expression paroxystique lorsqu'il appellerait à me tuer.

Heureusement, la lutte contre Daesh dans l'Hexagone était, à ce tournant dramatique de l'histoire de France, sous la responsabilité d'un homme d'État, le ministre de l'Intérieur, Bernard Cazeneuve, qui avait une vision claire des enjeux et de la stratégie, loin des inepties sur l'adéquation entre insurrection en Syrie et guerre d'Espagne ou des billevesées quant à l'« islamisation de la radicalité ». À partir de l'automne 2016, la nébuleuse jihadiste fut enfin beaucoup mieux identifiée dans sa stratégie et ses modalités d'action mais il avait fallu pour cela qu'elle causât des centaines de morts – on en compterait deux cent soixante-douze sur le territoire national entre 2012 et 2022. Elle commença à subir des coups très durs, tant au Levant que dans l'Hexagone, et perdit l'initiative du combat. Ses métropoles de Mossoul puis Raqqa tomberaient l'année suivante, et ses dernières forces opérationnelles seraient liquidées à Baghouz, dans l'est syrien, au printemps 2019. En France, l'efficience des incarcérations comme de la juridicisation serait significativement améliorée, enfin à la hauteur du défi qu'avaient posé à nos institutions les épigones sanglants d'Abou Moussab al-Souri.

À la fin de ce mois de juin 2016, un événement imprévu vint me ramener au cœur des bouleversements du Moyen-Orient, et me fournit une diversion bienvenue par rapport aux nuages noirs du jihad qui s'accumulaient sur ma tête à Paris. Mohamed ben Salman, alors vice-prince héritier de son père octogénaire, le roi Salman, « gardien des deux lieux saints » d'Arabie saoudite depuis janvier 2015, effectuait une visite dans la capitale, et on me proposa de le rencontrer. J'avais été placé sur la liste noire de son cousin, Mohamed ben Nayef, alors ministre de l'Intérieur, et présentement prince héritier. Toutefois, un jeune diplomate saoudien affecté à l'Unesco, qui avait été mon étudiant, gardait le contact et me conviait régulièrement avec des personnalités de passage, qui réfléchissaient à l'avenir du royaume et à un mode de gouvernance nouveau par-delà les problèmes posés par le fonctionnement gérontocratique du pouvoir. La personnalité du prince, alors âgé de 32 ans, aiguisait la curiosité universelle, et je me rendis, accompagné de mes gardes du corps, dans le grand hôtel où il résidait.

Passant toute sa jeunesse en Arabie dans l'entourage immédiat de son père, dont il était le cadet de prédilection, et pénétrant par là même les arcanes de la dynastie comme personne, il n'avait que peu voyagé, au contraire de ses frères non germains que j'avais fréquentés auparavant, Faisal, intellectuel passé par les grandes universités américaines, et Abdel Aziz, l'actuel ministre du Pétrole. Rencontré à New York chez le professeur Fouad Ajami au tournant du siècle, ce dernier inaugurerait le Forum EuroGolfe que j'avais organisé en 2007 à Riyad, ville dont le gouverneur était alors son père. « MbS » (comme on le surnommerait) s'exprimait, quand je fis sa connaissance, préférablement en arabe, et son entourage me proposa, comme à ses autres visiteurs, une interprétation pour converser avec lui. Lorsque je fus introduit en sa présence et m'exprimai spontanément dans sa langue, le prince exprima sa surprise – j'étais l'unique « orientaliste » qu'il rencontrait à Paris. D'autant que je m'étais rendu plus d'une dizaine de fois dans le royaume, l'avais parcouru en tous sens, et cela piqua sa curiosité de savoir comment un Européen percevait le pays qu'il avait à cœur de moderniser. L'entretien prévu pour vingt minutes dura une heure et demie. Un peu sur le modèle du calife abbasside Haroun al-Rashid se déguisant pour prendre le pouls de Bagdad, il m'invita à passer une dizaine de jours sur place, pour y voyager à ma guise en bénéficiant de son soutien, à la seule condition de partager mes impressions à la fin de mon séjour.

Cela me rappela une autre anecdote que m'avait racontée Maxime Rodinson – il la tenait du savant orientaliste Henri Laoust, le meilleur spécialiste mondial du hanbalisme, l'école de jurisprudence du sunnisme médiéval dont le wahhabisme saoudien est l'héritier. Cet arabisant hors pair termina sa carrière comme professeur au Collège de France entre 1956 et 1976 – l'éminente institution confiait alors la « chaire de sociologie musulmane » à des personnalités d'excellence, à une époque où la connaissance de l'arabe était perçue comme un enjeu de société, à la fin de la période coloniale (elle le demeure à l'heure des banlieues de l'islam, mais le consensus des mandarins ignares en a décidé autrement). Au début de la Seconde Guerre mondiale, Laoust, qui dirigeait l'Institut français de Damas, tandis que Rodinson étudiait au Levant, lui avait confié que le roi Ibn Saoud, fondateur du royaume au XXe siècle et aïeul de Mohammed ben Salman, impressionné par l'érudition d'un professeur qui connaissait parfaitement la doctrine sur laquelle il avait fondé son pouvoir, l'avait invité en Arabie, logé en son palais... et traité de manière somptuaire, jusqu'à mettre à sa disposition un harem (offre qu'il aurait déclinée).

Sur un mode plus actuel, le prince renouvelait, dans sa courtoise invitation, le geste de son grand-père envers un arabisant français, trois quarts de siècle auparavant, mais le contexte avait changé. L'objet n'en était plus la connaissance érudite de la doctrine hanbalite, mais celle de la société dont « MbS » nourrissait déjà le projet d'instaurer une mutation radicale seule capable, tel que je le compris lors de notre entretien, de projeter le royaume dans le nouveau siècle, de mobiliser sa jeunesse, et d'en faire une grande puissance, à la hauteur de sa manne pétrolière.

Quel paradoxe ! J'avais dû me rendre au rendez-vous sous protection policière, en plein Paris, car condamné à mort par de lointains disciples exaltés d'une idéologie inspirée par Ibn Taïmiyya, pour rencontrer le futur héritier du trône saoudien désireux de réforme en mettant à distance pareille doctrine, et recevant à cette occasion l'orientaliste anathématisé par des jihadistes de nationalité française !

Remerciant le prince pour son invitation, je l'informai que toutefois je ne pouvais plus obtenir de visa pour me rendre dans son pays. Il ne sembla pas y prêter attention. Néanmoins, mon retour même sur le sol du royaume ne pourrait advenir qu'une année plus tard, dès l'élimination de son cousin Mohammed ben Nayef, qui dégagerait la voie pour l'assertion de son propre pouvoir.

Cette longue année et demie que je passais en compagnie de mes anges gardiens, en dépit de la sécurité et du confort psychique que m'assurait cette protection – surtout par comparaison avec le calvaire qu'avait vécu Rushdie à l'époque de Mme Thatcher –, s'avéra quand même pénible. Même si mon « mental », comme disent les sportifs, était bon, le corps a ses raisons que la raison ignore. La parution de *La Fracture* en octobre fit polémique chez celles et ceux qui se sentaient mis en cause par le livre. *Le Monde* refusa d'en rendre compte au prétexte qu'il n'aurait consisté qu'en transcriptions d'émissions de radio, et France Culture effectua le service minimum – après quoi je devins *persona non grata* sur l'antenne. La « fracture » était désormais culturelle avec la bien-pensance islamo-gauchiste, j'étais montré du doigt comme ennemi du peuple et réprouvé d'Allah. Peut-être Celui-ci choisit-il de me mettre à l'épreuve en m'affligeant d'épouvantables crises de sciatique, ou, plus prosaïquement, en avais-je simplement « plein le dos » ? En outre, n'étant qu'une « basse personnalité », on m'affectait pour mes déplacements, tous sous surveillance, un petit véhicule, généralement en fin de vie, dont les amortisseurs appartenaient au registre du souvenir. Je devais m'asseoir derrière l'officier de sécurité, souvent de grand gabarit et contraint de reculer son siège au maximum, m'obligeant de la sorte, pour me caser dans l'habitacle, à diverses contorsions qui n'amélioraient pas l'état de mon dos... Toujours est-il que tout mouvement m'était devenu un tourment, le seul répit, parmi les douleurs incessantes, advenant dans mon lit, en position allongée, des oreillers calant mes lombaires et épaules, un coussin sous la pliure des genoux. Dans cette situation de quasi-immobilité, seules ma tête et mes bras se mouvaient sans m'arracher de cri de douleur. Je remarquai que mes cuisses inclinées à 45 degrés composaient une sorte de lutrin en chair et en os. Il ne me restait plus qu'à poser mon ordinateur portable dessus, et je rédigeai d'une traite les cinq cents pages de *Sortir du chaos* entre l'automne 2016 et l'été suivant. Certains lecteurs se sont interrogés ultérieurement sur le titre que j'avais donné à cette mise en perspective des « crises en Méditerranée et au Moyen-Orient » de 1973 à 2017, notant que le chaos n'avait pas vraiment disparu de la région... Sans doute l'infinitif avait-il une dimension impérative, voire itérative, mais surtout était-il destiné à m'extirper de mon propre chaos, incarné dans un dos en capilotade, en projetant mes journées et une partie de mes nuits de grabataire sur les chemins de l'Orient infiniment parcourus en boucle autrefois, quand j'étais valide. Cette fois-ci, je ne pourrais opposer à mes détracteurs que cet ouvrage avait été conçu et écrit en chambre - et même au lit !

En fin de compte, la guérison advint dans des circonstances qui étaient paradoxalement liées, elles aussi, à mon objet d'étude de prédilection. J'avais réussi à obtenir un rendez-vous à l'hôpital de la Pitié avec le professeur de médecine qui était le grand ponte du dos. Mon arrivée, courbé sur une chaise roulante, poussé par mon « conducteur de sécurité » et précédé par mon officier, tous deux armés et originaires des Antilles, prêta à quelque confusion dans les coursives de l'Assistance publique. Le diagnostic déboucha sur l'ordonnance d'une infiltration qui s'avérerait salvatrice, acte médical extrêmement précis - sous peine de paralysie ou autre complication - pour lequel on m'orienta vers un spécialiste reconnu. Ce dernier exerçait ses talents dans un hôpital de proche banlieue, portant le nom de l'un des maréchaux vainqueurs de la Première Guerre mondiale. Telle que ma mémoire la restitue approximativement, voici la conversation téléphonique à l'issue de laquelle je serais délivré du mal :

– Bien sûr, cher professeur, nous allons fixer un rendez-vous au plus vite ! J'ai suivi avec beaucoup d'intérêt vos chroniques sur France Culture l'an dernier, savez-vous ! Mais, hum... cela vous dérangerait-il de passer l'après-midi, et surtout pas le matin ?

– Aucun souci, docteur, à l'heure que vous voudrez ! Mais quel est le problème que pose le matin, si je puis me permettre ?

– Eh bien, depuis quelques jours, nous recevons le matin en consultation externe des jeunes du quartier qui viennent avec un tee-shirt orné du portrait de Ben Laden... La rencontre avec vous dans la salle d'attente serait peut-être inopportune ?

– En effet ! D'autant plus que j'aurais bien du mal à courir, le cas échéant !

Après avoir franchi cet ultime obstacle dressé par les sectateurs attardés d'Al-Qaïda en version friperie, je reçus l'injection miraculeuse qui me rendrait de nouveau ingambe.

Je pus voyager, et l'un de mes premiers déplacements fut pour honorer l'invitation de Mohammed ben Salman à me rendre en Arabie. Mais celle-ci advint au terme d'un enchaînement incongru de causes et d'effets franco-saoudiens dont elle constitua le stupéfiant aboutissement.

Sur la scène hexagonale tout d'abord, après que le Premier ministre, Manuel Valls, eut jeté mon rapport à la poubelle, j'avais eu la surprise d'apprendre en mai 2015 que la ministre de l'Éducation nationale m'avait fait nommer officier de l'ordre national du Mérite. C'était une illustration de l'assertion facétieuse de Georges Courteline, selon lequel « l'administration décore les fonctionnaires qu'elle ne promeut pas » ! Ma pulsion première fut d'envoyer à mon tour la lettre qui m'apprenait la nouvelle dans la corbeille à papier. Mais après réflexion, comme j'avais remarqué que, au milieu du délitement du pouvoir socialiste, l'un des ministres commençait à prendre ses distances en des termes dans lesquels je reconnaissais ma propre exaspération, je lui proposai de me remettre les insignes, ce qu'il accepta, et rendez-vous fut pris pour le 28 octobre 2015. Il s'agissait d'Emmanuel Macron, auquel j'avais été présenté durant la campagne électorale de 2012, et que j'avais revu pour l'auditionner dans le cadre du rapport au funeste destin. Il m'interrogea longuement sur celui-ci, en prenant connaissance dans la perspective d'une ambition nationale qui déjà se projetait au-delà des salons de Bercy où il officiait alors comme ministre de l'Économie.

La cérémonie eut lieu peu avant la parution de *Terreur dans l'Hexagone*. Lors de l'une des émissions qui lui furent consacrées, le journaliste Jean-Jacques Bourdin m'interrogea sur la « congruence » que j'avais pointée, dans les conclusions de l'ouvrage, entre la montée du jihadisme et de l'extrême droite, qu'il accentua dans sa question en me demandant si c'était pareil. La présidente du Front national en prit ombrage et y réagit avec virulence : elle publia sur son compte Twitter trois photos de décapitation d'otages par Daesh, pour réfuter en la dramatisant cette mise en perspective comparative. Cela me valut les foudres de son adjoint d'alors, M. Philippot, et de solides animosités dans ce camp politique (dont j'étais pourtant accusé d'être le fourrier par la mouvance islamo-gauchiste). Quant à Mme Le Pen, elle se vit poursuivie en justice pour la diffusion de pareilles images. Se préparait ainsi l'un des épisodes de la campagne présidentielle suivante, dont je me retrouverais paradoxalement le protagoniste... depuis Riyad.

Lors de l'entretien initial que m'avait accordé Mohammed ben Salman, un voyage dans le royaume à l'automne 2016 avait été initialement envisagé, puis reporté au début 2017, et de nouveau retardé *sine die*. En réalité, son rival Mohamed ben Nayef, alors prince héritier, avait préséance et ses services me considéraient *persona non grata* dans le royaume, me refusant l'obtention d'un visa. À la toute fin d'avril, je reçus un appel de mon « officier traitant » à l'ambassade saoudienne, m'informant que j'étais invité séance tenante à Riyad à l'occasion d'une conférence s'y déroulant. Comme j'exprimais une incrédulité polie liée à l'obtention du visa, il me répondit que celui-ci me serait délivré sur-le-champ. Dans la demi-journée, un cycliste vint en effet quérir mon passeport puis me le rapporter dans la foulée, dûment tamponné du précieux sésame - procédure alors exceptionnelle par sa célérité. Le colloque, dont l'intérêt n'était pas considérable, avait lieu les 2 et 3 mai, et je fis valoir que le débat entre M. Macron et Mme Le Pen pour le second tour de l'élection présidentielle se tenait à cette date et que j'aurais préféré surseoir au départ. Rien n'y fit, et je compris que quelque chose d'insistant se jouait sans que j'en perçusse les tenants et les aboutissants. D'autant moins que le prince ne serait pas visible car il se trouverait à Djedda. Je n'avais pas mis les pieds en Arabie depuis sept ans et, d'emblée, je fus frappé par le bouleversement avant-coureur que manifestait la fin de la ségrégation sexuée dans la salle de conférences et les salons alentour, bon nombre de Saoudiennes ayant en outre tombé le voile - tandis qu'en France les grandes causes de l'islamo-gauchisme étaient devenues le port du burkini sur les plages d'une part, et des horaires de piscine municipale halal réservés aux femmes, promues par le CCIF (Collectif contre l'islamophobie en France) - lié aux Frères musulmans -, et soutenues par une campagne de presse internationale où s'illustrèrent le *New York Times* comme le *Washington Post* au nom de la démocratie et de la défense des minorités contre l'universalisme autoritaire de la République et des Lumières exécrées.

Rien ne justifiait mon incompréhensible invitation express. Je ne la comprendrais que le mois suivant, le 21 juin : Mohammed ben Nayef serait démis de ses fonctions de ministre de l'Intérieur et de prince héritier du roi Salman, auquel lui succéderait Mohammed ben Salman. C'était un événement considérable, en ce qu'il substituait une dynastie héréditaire à une organisation successorale bédouine privilégiant les frères et les cousins. Celle-ci avait engendré une gérontocratie paralysante, qui mettait le royaume en péril. Le nouveau prince héritier m'en donna en quelque sorte la primeur : dès lors que le visa m'avait été délivré après sept années de refus, cela signifiait que son cousin avait perdu la main - et sa disgrâce devenait inéluctable. Elle interviendrait dans les semaines suivantes, et il serait placé en résidence surveillée, où il se trouve toujours.

Cette extraordinaire leçon d'orientalisme contemporain, donnée *in vivo*, fut comme l'écho à ce que je vis et entendis sur le petit écran ce soir du 3 mai, lors du débat pour l'élection présidentielle que notre ambassadeur François Gouyette, le meilleur arabisant du Quai d'Orsay, m'avait convié à regarder dans ses appartements. Le matin même, j'avais correspondu depuis Riyad avec Emmanuel Macron afin de lui communiquer quelques éléments concernant la joute finale. Son adversaire lui opposerait des accointances supposées avec les Frères musulmans pour le discréditer, à ce que j'avais pu observer de ses propos antérieurs. Or, avec notre équipe de doctorants, nous avions visionné des vidéos de jihadistes qui, dans la logique de la « fracture » voulue par les émules d'Abou Moussab al-Souri, souhaitaient la victoire de Mme Le Pen : cela démontrerait à leurs coreligionnaires que la France était passée à l'extrême droite et qu'il n'y avait de salut pour eux que dans l'embrigadement derrière la bannière de Daesh. Le futur président, citant « Abou Moussab », reprit exactement ces propos durant le débat, ayant l'amabilité de les attribuer à « M. Kepel qui est un universitaire de renom ».

La mention de mon patronyme, qui rappela à son antagoniste la polémique dans laquelle elle s'était pris les pieds lorsqu'elle publia les photos de supplice des victimes de Daesh pour réfuter la « congruence » que j'avais pointée entre jihadistes et identitaires d'extrême droite, contribua à lui faire perdre sa sérénité. Celle-ci avait déjà été mise à rude épreuve. Elle en subirait au second tour du scrutin une rude sanction.

Dans sa dystopie *Soumission*, Michel Houellebecq avait imaginé qu'en 2022 un Frère musulman deviendrait président de la République. Cela n'est pas advenu – Emmanuel Macron a été réélu à cette date pour un second mandat. Mais l'articulation entre les enjeux intérieurs et étrangers liés à l'islam politique, à laquelle j'avais consacré toute ma carrière, s'était invitée au cœur même du principal débat politique français que je regardais tranquillement en ce mois de mai 2017 depuis Riyad, alors que j'avais été condamné à mort par Daesh dans mon pays.

XIV

Du woke au jihadisme d'atmosphère

Durant cette année où j'étais perclus de sciatique, il me restait, outre mes mains et ma tête pour rédiger *Sortir du chaos* du fond de mon lit de Procuste jihadiste, l'usage de l'ouïe. Et grâce à Dieu, celle-ci demeurait excellente - à tout le moins mes tympans n'avaient pas été déchirés par les hurlements de désespoir de la plupart de mes collègues, ni par les slogans hostiles qu'ils auraient pu entonner contre ceux qui avaient appelé à tuer l'un d'entre eux, au motif d'une existence consacrée à fournir des contributions modestes (et réfutables, comme le veut l'épistémologie) à l'avancement des sciences sociales. Ce silence d'or était d'autant plus remarquable par contraste avec les pétitions innombrables signées par ces mêmes collègues sans relâche, cris d'orfraie dénonçant l'islamophobie, exigeant l'usage de l'écriture inclusive, faisant du burkini l'horizon indépassable du bonheur de la musulmane actuelle, vilipendant la laïcité française comme l'aboutissement fascisant de l'universalisme des Lumières, ce crime par excellence contre l'humanité commis par Voltaire, à faire pâlir tous les génocides... Cette parole d'argent de soutien aux victimes de toutes les « microagressions » réelles, symboliques ou imaginaires - dont on a vu qu'elle s'accompagnait parfois de grasses subventions bruxelloises - m'avait été mesurée avec quelque harpagonnerie eu égard à la « macroagression » que j'avais subie... Fallait-il en comprendre que la sentence de mort à mon encontre entérinait simplement le destin funeste mais inéluctable d'un sexagénaire affligé de « blanchité », *dead white male* en sursis, déjà condamné en tout état de cause par l'Histoire, dont Larossi Abballa et Daesh n'auraient été que de simples accélérateurs, version islamiste du fléau de Dieu ? Ou, en termes plus prosaïques, la libération anticipée d'un poste de professeur titulaire liquidé par le jihad permettrait-elle, dans la lutte acharnée pour les emplois au sein d'une Université prolétarisée, de promouvoir plus rapidement un·e enseignant·e politiquement correct·e, qui introduirait dans l'École normale supérieure, institution révolutionnaire fondée par un décret de la Convention le 9 brumaire an III pour *écraser l'infâme*, la « religion woke » de notre temps déboussolé ?

Il y avait en effet une congruence étonnante entre la marginalisation croissante à laquelle j'étais condamné par le monde académique et l'élimination physique prônée par les jihadistes. Lorsque j'avais rejoint l'École normale supérieure, en 2015, en tant que professeur à l'université Paris Sciences et Lettres - un poste nouvellement créé et que j'inaugurais -, j'avais très rapidement perçu qu'en dépit des efforts des directeur et président respectifs de ces institutions alors, le physicien Marc Mézard et le mathématicien et philosophe Thierry Coulhon, l'un et l'autre universitaires de grand renom international, j'étais tenu pour un paria par la plupart des collègues. Pourtant, je me sentais infiniment heureux de finir ma vie professionnelle à l'École normale, où, paradoxalement, j'aurais voulu la commencer. L'échec sans appel à son concours d'entrée, à l'été 1974, s'avéra - en rétrospective - un mal pour un bien. Eussé-je réussi, je serais probablement devenu enseignant d'anglais, dans le sillage maternel. Carrière honorable au demeurant mais plus classique que ce qu'une vie sans filets m'a permis d'explorer, de l'assassinat de Sadate aux banlieues de l'islam en passant par les printemps arabes et les « voix des cités ». Et c'est en tournant pendant quarante années autour de *mare nostrum* - la « Mère Méditerranée » comme la nomma dès 1965 Dominique Fernandez - que je suis finalement revenu, tel le saumon au terme de son parcours, là d'où j'étais (si mal) parti... Dans la classe de khâgne du lycée Lakanal - l'ambiance y était aussi stimulante culturellement, sous les auspices de notre professeur de philosophie Michel d'Hermies, qu'assez peu studieuse - trônait au côté du tableau noir la carte numéro 44 des éditions Hatier par Jean Brunhes et André Fugier, représentant l'Empire romain. Des couleurs différentes distinguaient selon la date d'annexion les divers territoires qui s'étendaient du mur d'Hadrien dans les confins anglo-écossais d'aujourd'hui jusqu'à Volubilis dans le Maroc actuel, et de Trébizonde sur les rivages du Pont-Euxin (la mer Noire) jusqu'à Bérénice d'Égypte sur la mer Rouge. Ce planisphère du monde connu de nos ancêtres n'a pas survécu au PowerPoint de l'âge numérique - la « carte murale » n'existe plus. Mon attention décrochant fréquemment de certains cours barbants, je m'évadais en imagination dans ces villes et ces pays aux appellations antiques, dont certains avaient survécu et d'autres disparu. Je m'imaginais en Ulysse - nous ânonnions Homère au cours de grec - circumnaviguant entre Circé la magicienne et le cyclope Polyphème. En définitive, j'inscrirais la dynamique de ma vie dans cette rêverie estudiantine, grâce à mon échec inaugural au concours, qui m'amena à parcourir en boucle ces routes maritimes imaginaires, faute d'être admis d'emblée à suivre les sentiers battus des carrières rectilignes. Ainsi mon premier objectif, à peine nommé dans l'établissement, fut de rechercher la carte de la khâgne - j'en exhumai chez un libraire d'antiquariat voisin un exemplaire d'occasion. Un enseignant du temps jadis l'avait renforcé d'une latte de bois entourée de chatterton vert, percé du crochet d'un cintre pour le suspendre à quelque piton - prolongeant sa survie contre les déchirures, les outrages du temps et des potaches, jusqu'à ce que me tombe entre les mains cette rescapée du naufrage de la civilisation du papier, dans un monde informatisé où elle ne figurait plus qu'au nombre des *curiosa*. Je l'accrochai dans mon bureau - tel le diplôme qui m'aurait ouvert la voie d'une Odyssée dont le terme était arrivé : j'avais rejoint Ithaque.

Quand Ulysse s'en revient à domicile, l'île est plongée dans un désordre et une anarchie indescriptibles, qui m'évoquent la confusion où a mené l'entrelacs entre l'idéologie woke et les doctrines islamistes sur la scène médiatico-universitaire parisienne. Si la première n'a pas entériné explicitement les secondes, elle se maintient soigneusement, surtout sous sa composante « décoloniale », dans une posture strictement acritique par rapport à celles-ci. Alors qu'elle s'est édifiée sur la « déconstruction » des métarécits qui fondaient, selon sa lecture des pères fondateurs de la *French Theory* (Michel Foucault, Jacques Derrida, Pierre Bourdieu et Gilles Deleuze dans la vulgate des traductions américaines simplifiées de leurs œuvres), le pouvoir colonial puis impérialiste de l'Europe et de l'Occident, elle est frappée de mutité face au métarécit islamiste dans ses diverses composantes. Elle le tient pour porteur des aspirations imprescriptibles des « dominés », des « faibles », des *moustadafines*. Elle se prolonge ici avec l'islamo-gauchisme, précédemment mentionné, d'Ali Shariati et Frantz Fanon jusqu'à Tariq Ramadan, Edwy Plenel voire Emmanuel Todd. On chercherait en vain une « déconstruction » woke du pouvoir - et de la violence inhérente - que construit ce métarécit-là sur la jeunesse française originaire de l'immigration musulmane. Cela n'est pas sans m'évoquer l'intelligentsia française de retour d'URSS, qui restait muette sur ce qu'elle avait vu à Moscou « pour ne pas désespérer Billancourt » - topos métonymique désignant le prolétariat mythique rédempteur de l'humanité. Silence assourdissant également sur les contradictions au sein des « intersectionnels », autre composante de la nébuleuse woke qui fédère toutes les luttes contre le pouvoir des mâles blancs hétérosexuels, lorsque les islamistes anathématisent les homosexuels voués à l'enfer dans l'au-delà et aux pires tourments ici-bas (Daesh précipitait « l'actif et le passif » du haut des immeubles de Raqqa pour les tuer, en application d'un hadith attribué au prophète Mohamed). Quand Tariq Ramadan a fait face à ses accusatrices, les entrepreneurs islamistes qui utilisaient son aura, du Qatar aux Frères musulmans, s'en sont distanciés car il était devenu pour eux une source d'embarras politique. En revanche, l'égérie des « Indigènes de la République », Houria Bouteldja, le défendit en tant qu'homme racisé, considérant que ses tracas judiciaires faisaient d'abord l'affaire du « pouvoir blanc » qui souhaitait lui nuire, même si elle estimait nécessaire d'entendre aussi la voix des plaignantes...

C'est dans pareil contexte que je donnai mon premier cours dans l'établissement. Prenant place en salle des Actes, dont les murs sont ornés de plaques de marbre gravées au nom des normaliens les plus éminents ayant contribué à l'histoire de la France, je n'avais pas encore ouvert la bouche qu'un individu installé au premier rang se leva et, se tournant vers les travées pour haranguer ses camarades, se mit à éructer en ces termes : « Moi j'suis v'nu à c'cours pour le critiquer, pour lutter contre le sionisme, pour rappeler les droits du peuple palestinien, et c'est pas celui du traître Arafat [prononcé à l'arabe, en accentuant le '*ayn* initial] mais celui du cheikh Yassine, le fondateur de Hamas, le parti islamique, *hamdullah* ! » Mon officier de sécurité (je vivais encore sous protection policière, à la suite de ma condamnation à mort récente par Daesh) s'était discrètement rapproché de lui, pour prévenir une éventuelle voie de fait. Les étudiants l'écoutaient, stupéfaits. Le perturbateur eût-il proféré des propos d'extrême droite, j'imagine qu'ils l'auraient houspillé – mais sa qualité de « racisé » commandait sans doute la crainte de ces enfants de classe moyenne, redoutant toute accusation de discrimination. Je m'en sortis par l'humour, lui coupant le sifflet en lui signifiant qu'il serait libre de critiquer lors du débat qui suivrait l'exposé magistral, assaisonnant mon propos d'une phrase ironique en arabe qui le déstabilisa. Il m'avait ainsi fallu, dans le saint des saints de l'Université française, utiliser la même stratégie pour conserver la parole que dans la bibliothèque de la prison de Villepinte face au recruteur jihadiste du 93, qui avait initié le processus aboutissant à ma condamnation à mort ! L'individu quitta la salle, dépité, pour revenir une demi-heure plus tard, tentant de m'interrompre à nouveau, mais ce furent les étudiants, désormais pris par le (méta)-récit que déployait le cours, qui réagirent les premiers, et il se tut. Relatant ensuite l'incident à la direction, j'appris que le bonhomme n'en était pas à son coup d'essai. Il bénéficiait du statut d'« étudiant normalien », et non d'« élève », qui permettait d'accéder à l'École en passant un examen où étaient pris en compte des critères sociaux ; à ce titre, il occupait une « turne », logeant ainsi dans l'établissement aux frais des contribuables *kouffar*. Très actif sur la Toile, il appelait à se réunir dans cette chambre pour déconstruire le discours du pouvoir blanc, et y pratiquait également le harcèlement sexuel en ligne, pour lequel il avait fait récemment l'objet de plaintes d'étudiantes. La procédure était en cours, il fut confondu et expulsé de l'établissement, quelques mois après ses vociférations à mon encontre mais sans rapport avec celles-ci : pris à ses propres contradictions, il tomba pour avoir dérogé à l'intersectionnalité des luttes ! Après s'être présenté en victime de l'islamophobie, il quitta la

France mécréante et retourna dans son pays d'origine. Il y devint enseignant dans un lycée français, auquel son CV de « normalien » lui ouvrit l'accès !

Quelque temps plus tard, pénétrant dans les locaux par une issue de secours pour laquelle je disposais d'un badge afin de faciliter mon évacuation urgente en cas de tentative de mise en exécution de la sentence de Daesh, je sentis une résistance physique en poussant la porte. Elle provenait d'un individu, vêtu d'une djellaba et d'un anorak, longue barbe sans moustache, typique du « look » salafiste, qui accomplissait sur un morceau de carton sa prière en direction de La Mecque. M'adressant à lui en arabe, je lui demandai poliment s'il n'avait pas trouvé d'autre endroit pour sa *salât*. Je me rendis compte qu'il ne me comprenait pas bien, et qu'il était visiblement un converti, mais mis en confiance par l'usage d'un idiome qu'il considérait sans doute comme sacré, il s'enquit d'où se tenait le « séminaire de grammaire arabe ». J'en ignorais l'existence et n'en avais pas idée, mais nous découvrîmes rapidement avec mes doctorants que les réseaux sociaux islamistes avaient largement invité en ligne à un « séminaire d'élèves » sous cet intitulé. Celui-ci servait en réalité de faux nez pour faire venir des prédicateurs en tournée donner des leçons d'endoctrinement auxquelles assistaient des membres d'associations radicalisées localisées en banlieue populaire - qui profitaient de la bonne desserte de l'École par le RER. La direction, informée par mes soins, tomba des nues. Là encore, un « étudiant normalien » au profil similaire à celui qui avait tenté de saboter mon cours était en cause. Ne satisfaisant pas à ses obligations de scolarité, il finit par disparaître lui aussi... Le « séminaire » se tenait dans la salle Paul-Celan, le « poète de l'Holocauste », tenu pour le plus grand versificateur d'après-guerre de langue allemande, qui tenta de purger celle-ci de ses idiosyncrasies ayant engendré la rhétorique nazie, répétiteur à l'École normale supérieure, décédé durant l'année 1970 en se jetant dans la Seine du pont Mirabeau.

Le 2 mai 2018, j'assistai à un événement qui remit ironiquement en perspective l'ensemble de ma vie universitaire, depuis ses balbutiements gauchistes estudiantins initiaux jusqu'à ma condamnation par Daesh. Le philosophe italien Giorgio Agamben - autrefois proche de Gilles Deleuze, et dont nombre d'essais sont des best-sellers internationaux - était annoncé pour participer à un « colloque intempestif » auquel fut invité également l'économiste altermondialiste Frédéric Lordon, maître à penser des manifestations de Nuit debout du printemps 2016 qui avaient mobilisé l'ultragauche contre une réforme du Code du travail, à la fin du quinquennat de François Hollande. J'apprendrais ultérieurement que la rumeur d'une occupation de l'école avait circulé sur le Web dès la semaine précédente. Le directeur adjoint pour les lettres, Frédéric Worms - qui dirigerait quatre ans plus tard l'établissement -, avait animé à 17 heures ce 2 mai un séminaire avec Agamben, toujours disponible en ligne. J'avais fait sa connaissance lors de mon recrutement à l'école, et je me réjouissais sentimentalement d'échanger avec ce spécialiste de Bergson - car l'œuvre de celui-ci était nourrie d'une méditation sur Plotin, le philosophe de l'Antiquité tardive auquel j'avais consacré en 1976 des travaux d'étudiant, et qui, originaire d'Assiout, sur les bords du Nil, fut paradoxalement le déclencheur de mon premier terrain de recherche sur le jihadisme égyptien. Quelle déconvenue ne ressentis-je point lorsque j'appris de mon interlocuteur qu'il n'était pas helléniste - alors que l'école s'était enorgueillie d'une tradition si brillante en ce domaine. Mais après tout, le Collège de France lui-même était resté sans professeur arabisant pendant près de deux décennies au tournant du siècle - c'était l'esprit du temps. Le directeur adjoint disposait d'un impressionnant réseau relationnel, fils d'un fameux banquier d'affaires très introduit dans la haute intelligentsia.

À la fin de la conférence du 2 mai, les participants décidèrent d'occuper l'école, en investissant la « cour aux Ernest », entourée des bustes de Voltaire, Molière, Ampère ou Lavoisier, sur laquelle donnent mes fenêtres. Je les vis accrocher une banderole « Ça ne fait que commencer », et jetai un coup d'œil sur la foule avant de rentrer chez moi - me remémorant la fin des années 1960, lorsque l'établissement était devenu le forum de toutes les mobilisations des lycéens du Quartier latin, auxquelles je participais assidûment. De retour le lendemain matin, je remarquai une grande confusion : le monument aux morts à la mémoire des normaliens tombés pour la France avait été profané par des graffitis, des portes défoncées pour voler des matériels ou de la nourriture, et les murs des coursives et escaliers couverts de tags. Il en allait de même dans les années 1960, où les slogans peinturlurés des diverses sectes gauchistes rivalisaient de proclamations marxistes, maoïstes, trotskistes, spontanéistes, mâtinées d'esprit potache.

Je me souviens, avec acuité, de l'une d'entre elles qui dénonçait sans doute quelque compromission de l'Union des étudiants communistes avec la direction, vitupérée par l'un des groupuscules gauchistes : « UEC : Flic-Flace ». Ce dernier terme était une abréviation familière et volontairement infamante dans ce contexte du patronyme du directeur d'alors, Robert Flacelière, helléniste éminent, éblouissant traducteur d'Homère, dont j'ignorais qu'il avait consacré des recherches à l'Antioche de l'Antiquité tardive - qui deviendrait si chère elle aussi à mon cœur, et serait ravagée définitivement par les séismes de février 2023 en Turquie. Le directeur avait été démis de ses fonctions par le président Georges Pompidou, lui-même normalien, après la « nuit de la Commune » du 20 au 21 mars 1971, où l'occupation de l'école par des maoïstes en célébrant le centenaire avait causé de nombreuses déprédations et d'importants dommages matériels.

Ce stupéfiant bégaiement de l'histoire en mode farcesque me permit de mesurer l'étonnant chemin parcouru en un demi-siècle. En effet, dans l'escalier conduisant à mon bureau, je lus les slogans suivants, comme si l'islamo-gauchisme dont la réalité même était déniée par mes contempteurs avait souhaité me manifester sa prégnance jusqu'à mon lieu de travail, en une sorte de clin d'œil goguenard : « Jihad de classe », « Front islamo-gauchiste » et, à la place du monument aux morts profané, une représentation à la bombe de peinture de la stèle que voulait lui substituer cette mouvance. Sous l'épitaphe « À nos morts » s'étageaient de bas en haut : Pierre Overney, Zyed et Bouna, Clément Méric et Rémi Fraisse. Le premier, icône des « mao-spontex » de la Gauche prolétarienne (GP), établi comme ouvrier à l'usine Renault de Billancourt, avait été tué par un vigile alors qu'il forçait les grilles avec un groupe de militants, en février 1972. Zyed Benna et Bouna Traoré, comme on l'a vu plus tôt, furent les deux victimes de l'accident du transformateur électrique de Clichy-sous-Bois, le 27 octobre 2005, à l'origine du premier déclenchement des émeutes analysées dans *Banlieue de la République*. Clément Méric, étudiant à Sciences Po et membre d'un groupe antifasciste, fut frappé à mort lors d'une bagarre par un militant d'extrême droite, le 5 juin 2013. Rémi Fraisse, militant écologiste, succomba à l'explosion d'une grenade tirée par un gendarme, le 26 octobre 2014, sur le chantier d'une retenue d'eau controversée dans le Tarn.

Pendant ce temps, le jihadisme mutait. En mars 2019, le dernier réduit des combattants de Daesh, dont de nombreux Français, fut détruit à Baghouz, dans l'est de la Syrie, aux confins de l'Irak, à la suite des bombardements occidentaux et de l'action des Kurdes au sol. Le « califat » n'existait plus, et sa capacité de projection en Europe pour y semer la terreur, grâce aux réseaux sociaux qui composaient un « rhizome » - au sens deleuzien - transnational, disparut. Les frères Clain, qui avaient revendiqué les attentats du 13 novembre 2015, lisant le communiqué en l'accompagnant de chants sacrés (*anachid*) y finirent taillés en pièces par des drones tueurs. Ces revers mirent fin au *nizam*, le système réticulaire pensé par Abou Moussab al-Souri, et à la *daoula*, à l'État islamique, voulu par son paronyme Abou Moussab al-Zarqawi, dont la combinaison déclencha le cataclysme sanglant de la seconde moitié de la décennie 2010.

On arrivait au terme du grand cycle de la dialectique hégélienne du jihad, initiée en 1980 en Afghanistan, à travers ses trois moments consécutifs : l'affirmation - jusqu'en 1997, avec la focalisation du combat sur l'« ennemi proche » ; la négation - Al-Qaïda le recentrant contre l'« ennemi lointain » ; le dépassement - Daesh le redéployant entre le Shâm et les « banlieues de l'islam ». Ces quatre décennies, qui correspondaient peu ou prou à la durée concomitante de mon travail d'universitaire consacré presque entièrement à l'analyse, sans cesse remise sur le métier, du déploiement de ce vaste processus politico-religieux dans ses dimensions internationales comme françaises, touchaient à leur terme. Un nouveau cycle lui succéderait, dont les quelques mois en activité qui me restaient avant d'achever ma carrière ne me permettraient, au mieux, que d'anticiper les balbutiements. En tout état de cause, la capacité de mutation des dynamiques jihadistes, qu'avaient amplement démontrée les développements du dernier demi-siècle, serait à l'œuvre. Et surtout, pour la première fois, l'analyse du phénomène était quasiment en phase avec ses développements - quand, dans le passé, elle accusait un fort retard : l'avait bien montrée la qualification de « loups solitaires » que les ignorants, contrôlant tant les budgets européens de recherche que le renseignement français, avaient utilisée en 2012 pour interpréter les tueries perpétrées par Mohamed Merah.

Sayyid Qotb, le principal inspirateur du jihadisme contemporain, avait médité sur le destin du prophète Mohamed, alternant succès et défaites et calculant sa stratégie politique en distinguant précisément les phases de force (*tamkîn*) et de faiblesse (*istid'af*). Cela correspondait au « blason de l'islam » : l'épée et le Livre (*al-saïf wa-l mus.haf*). Utiliser l'épée, la violence, en position de force pour étendre le domaine de l'islam (*dar al islam*) sur terre, et le Livre, la prédication, en position de faiblesse, afin de ne pas risquer l'extermination par un ennemi supérieur et déterminé. En ces termes, à travers lesquels islamistes en général et jihadistes en particulier voient le monde, la situation qui fait suite à l'écrasement de Daesh à Baghouz, au printemps 2019, est caractéristique d'une « phase de faiblesse ». Cela d'autant plus que les « masses musulmanes » dont l'appui est indispensable à l'« avant-garde de l'Oumma » - pour reprendre la terminologie de Qotb - ont été déstabilisées par l'explosion d'une violence exacerbée, dont elles ont subi de nombreux effets collatéraux, et n'ont retiré que très peu de bénéfices.

Dans ce cadre, la tactique utilisée par les entrepreneurs culturels de l'islamisme, agissant en ordre assez dispersé à la suite des revers subis, a constitué à faire front en adoptant une posture de victimisation. Celle-ci est destinée à obnubiler la mémoire des véritables victimes des tueries jihadistes, au moment où les procès des attentats de la seconde moitié de la décennie 2010 se déroulent avec une forte publicité - et à ressouder les rangs autour de la lutte contre l'islamophobie, permettant de justifier l'usage d'une violence défensive. Le champ principal de ce jihad de repli s'est déployé sur la Toile, avec une prolifération nouvelle de sites salafistes militants qui, en attendant de pouvoir passer de nouveau à l'action, ont multiplié les discours de rupture, ou de « séparatisme » culturo-religieux, d'avec les valeurs fondatrices de la société française. Selon leur logique, ce qui « sépare » les musulmans, qu'ils souhaitent endoctriner, des autres citoyens de cette nation l'emporte sur ce que nous avons en commun. Dans leur langage, l'impératif catégorique - au sens kantien - de tout musulman de France est de pratiquer « l'allégeance et le désaveu » - selon la traduction de l'expression arabe *al wala' wa-l bara'a*. Il s'agit du double processus simultané fondateur de la « conscientisation » islamiste. D'une part, il consiste à faire allégeance principielle et unique à l'Oumma, la communauté des croyants de l'islam, à ses règles et normes représentées par la *chari'a*. D'autre part, il impose de « se désavouer d'avec » (selon le charabia des traductions des années 1970) les normes et valeurs des impies, ou *kouffar*. Ceux des musulmans qui ne pratiquent pas ce « désaveu » - ils demeurent la large majorité - sont considérés comme des apostats (*mourtadd*). Lorsque Daesh s'estimait en « phase de force » (*tamkîn*) dans la seconde moitié des années 2010, la mise en œuvre de ce séparatisme s'est traduite par les 272 morts - et plus de 1700 blessés - ciblant les juifs, les artistes et intellectuels *kouffar*, les soldats ou policiers de confession musulmane « apostats », ainsi que leurs nombreuses victimes collatérales. Bon nombre étaient musulmanes, et Daesh fit savoir, impavide, que celles-ci avaient rejoint le paradis avec statut de « martyrs » (*chouhada*), les autres subissant les feux de l'enfer. Après l'anéantissement de ses capacités opérationnelles au printemps 2019, au terme de la bataille de Baghouz, faute de pouvoir passer à l'action, les sympathisants de cette idéologie séparatiste, désormais en phase de faiblesse (*istid'af*), mutèrent en « entrepreneurs de colère » – selon l'expression du professeur Bernard Rougier –, cantonnant leur activité à la Toile d'où ils fulminaient l'anathème sur leurs cibles habituelles, mais sans plus disposer des moyens organisationnels pour passer à l'action.

C'est dans ce contexte que se développa le phénomène que je qualifiai de « jihadisme d'atmosphère », dans un article publié par le journal *Le Monde* – nécessité fait loi –, le 20 octobre 2020. Il fut rédigé dans les lendemains de la décapitation du professeur Samuel Paty, près de son collège de Conflans-Sainte-Honorine, dans les Yvelines, par le réfugié tchétchène Abdullakh Anzorov, âgé de 18 ans, à la suite d'une campagne de dénigrement de l'enseignant menée sur les réseaux sociaux islamistes par le père d'une de ses élèves accompagné d'un activiste dirigeant le Comité Cheikh-Yassine, fondateur du Hamas palestinien (dont se réclamait aussi le perturbateur de mon cours inaugural à l'École normale supérieure). Cette diabolisation fut relayée très largement par l'association ayant pignon sur rue et consacrée au lobbying électoral musulman, l'UAM93. Les candidats aux fonctions de maire et de député en Seine-Saint-Denis se livraient auprès de cette Union des associations musulmanes du département à une intense course à l'échalote halal - on l'a vu.

Quelques jours plus tard, mon analyse fut malheureusement revalidée lorsque trois fidèles succombèrent à des coups de poignard dans la basilique Notre-Dame de Nice (non loin de l'église où j'avais été baptisé), le jour de l'anniversaire du prophète Mohamed, par un Tunisien qui venait de passer clandestinement la frontière italo-française à Menton. Rien n'indique, à ce jour, qu'il eût fait partie d'une quelconque organisation, pas plus qu'Anzorov, ni que le Pakistanais Zahir Mahmood. Ce dernier, également immigré illégal, qui était sous le coup d'une OQTF (obligation de quitter le territoire français) non exécutée, regarda sur son téléphone des vidéos de gigantesques rassemblements dans son pays, dont les manifestants brandissaient des coutelas en réclamant la décapitation des journalistes de *Charlie Hebdo*. Par une sorte de mimétisme entre les images du monde virtuel et leur traduction dans le réel, il alla faire l'acquisition d'une feuille de boucher, chercha sur la Toile l'adresse de l'hebdomadaire et, son médiocre niveau intellectuel l'ayant induit en confusion et orienté vers d'anciens locaux, il blessa grièvement le 25 septembre 2020 deux personnes qui n'avaient rien à voir. Ces drames se produisirent durant le procès du massacre commis au siège de *Charlie Hebdo* le 7 janvier 2015, à l'occasion duquel l'hebdomadaire décida de republier les caricatures qui avaient fourni le prétexte à la tuerie, sous le titre « Tout ça pour ça ». Je reste pour ma part dubitatif sur l'opportunité de cette initiative, alors même que se réunissait le tribunal pour dire le droit et purger les crimes commis.

Le 2 octobre 2020, Emmanuel Macron prononça un discours aux Mureaux, dans les Yvelines, où se situait le commissariat de rattachement du policier Jean-Baptiste Salvaing et de sa compagne, poignardés par Larossi Abballa le 13 juin 2016, à quelques kilomètres de Conflans-Sainte-Honorine, où Anzorov commettrait son crime deux semaines après le propos présidentiel. Il y annonça le dispositif destiné à lutter contre le « séparatisme islamiste », c'est-à-dire contre le déploiement de la stratégie de « l'allégeance et du désaveu », dont on a vu ci-avant la signification et la portée. C'était la première fois dans l'histoire contemporaine que les autorités de l'État, au plus haut niveau, prenaient conscience en temps réel des défis mortels posés par l'islamisme à la société française en termes culturels, et organisaient une riposte appropriée. Il s'agissait d'une mesure complexe, qui faisait prévaloir, dans une situation d'urgence, les exigences de sécurité sur la liberté d'expression, à laquelle elle imposait des limites. Elle se traduirait par un dispositif mis en œuvre dans les préfectures autour des Clir (Cellules de lutte contre l'islamisme radical et le repli communautaire), combinant des mesures administratives et juridiques. L'efficacité même de ce ciblage lui valut les récriminations attendues des intéressés, qui se manifestèrent principalement depuis leurs relais dans la mouvance islamiste internationale. Selon une stratégie consistant à renverser la charge de la preuve, ceux-ci dépeignirent la lutte contre le séparatisme islamiste comme une politique discriminatoire envers les musulmans en général. L'un des principaux porte-parole de cette offensive contre le gouvernement français fut le président turc Recep Tayyip Erdogan, qui conseilla à son homologue Emmanuel Macron, chez qui il diagnostiqua une islamophobie pathologique, de consulter un psychiatre. Au même moment, il retransformait l'ancienne basilique byzantine, puis musée Sainte-Sophie d'Istanbul en mosquée, visant ainsi à incarner l'islamisme politique triomphant. Il chaussait les bottes du calife Mehmet le Conquérant, qui avait fait une mosquée de celle-ci lors de la prise de Constantinople, en 1453 - avant qu'Atatürk ne la laïcise comme « cadeau à l'humanité », en 1935. Il donnerait par la suite asile en Turquie au Collectif contre l'islamophobie en France, dissous à la fin de 2020.

L'ampleur de la campagne antifrançaise, relayée de la chaîne philo-fériste qatarie Al Jazeera jusqu'au *New York Times* et au *Washington Post*, pourfendeurs réguliers de la laïcité, fut facilitée par l'incapacité de l'État à communiquer en arabe, voire en anglais, pour argumenter ses décisions. Ainsi le discours des Mureaux n'avait-il initialement fait l'objet d'aucune traduction, et le réseau diplomatique français dans le monde musulman en fut réduit à une posture défensive. C'était un résultat de l'effondrement des études arabes et islamiques, et du mépris dans lequel elles avaient été tenues dans l'Université et par l'État, depuis des décennies, ainsi que la conséquence de la promotion d'incompétents notoires dans les positions mandarinales les plus prestigieuses, doublés de compagnons de route de la mouvance islamiste, arrosés par la manne des subventions de l'Union européenne. Cette situation n'était pas sans me rappeler l'incapacité de l'État à s'exprimer à l'étranger sur les conclusions de la Commission Stasi en 2003-2004, mais elle s'était aggravée, à la mesure de l'ampleur croissante des enjeux. Il n'était pourtant pas si difficile d'exposer ce que signifiaient « l'allégeance et le désaveu » - puisque cela était traduit de l'original arabe -, voire de se mettre dans la tête de ses interlocuteurs étatiques du monde musulman, très attachés à la cohésion de leurs nations respectives et à la prévention de la *fitna taïfiyya* (sédition factionnelle), un concept politique rebattu pour dénoncer les dangers sécessionnistes sur une base ethnique ou religieuse. Dans l'Andalousie musulmane, il avait été illustré par les *Reyes de Taïfas*, expression hispano-mauresque désignant les roitelets qui avaient fragmenté la péninsule Ibérique et facilitèrent l'entreprise de la *Reconquista* chrétienne. Dans le cas français, autant le sommet de l'État avait réussi à articuler en termes politiques une perception en temps réel des défis posés par l'offensive islamiste et ses mutations sanglantes en 2020, autant les institutions pâtissaient de décennies de déshérence, dans le domaine auquel j'avais consacré ma vie de professeur.

Au printemps 2022, mes étudiants m'avertirent que notre programme d'études de master « Moyen-Orient Méditerranée » n'était plus proposé à l'inscription sur le site de l'École normale supérieure, sans que j'en eusse été informé, et serait donc subrepticement supprimé au terme de l'année universitaire suivante. C'était le premier acte de souveraineté du nouveau directeur entré en fonction, quatre ans après la nuit d'occupation du 2 mai 2018.

Désormais interdit d'enseignement, il ne restait plus qu'à tirer ma révérence en écrivant cet *Ecce Homo* pour solde de tout compte.

Nul n'est prophète en son pays.

Table des matières

Composition et mise en pages
Nord Compo à Villeneuve-d'Ascq

Achevé d'imprimer en France
par CPI Firmin-Didot
en novembre 2023
N° d'impression : 177453